U0129122

本書榮獲周大觀文教基金會"2010全球熱愛生命文學獎"

悲憫・創意・跨領域/文學詩・視覺詩・有聲詩

杜十三主義
DO SHE—SUN ISM

《火的語言》局部1/5〈疤〉綜合媒材/25MX1.5M/1994台北雙年展國際評審團大獎

杜十三著/2010

文史哲學集成
文史哲出版社印行

杜十三主義

目　次

與杜十三郎商略黃昏雨

余光中

　　自古作家最怕的一句咒語「就是「江郎才盡」。此事說來神秘：相傳是郭璞托夢給江淹，對他說「我有筆在卿處多年矣，可以見還。」江淹探手入懷，果然得五色筆，就還給了郭璞，但從此不復能詩。其實哪有這麼簡單。作家才盡，不出二途：一是對生命不再敏感，所以題材枯竭；一是對語言不再敏感，所以風格僵硬。兩者有一，就成才盡。兩者並現，就沒救了。

　　可是杜郎十三比較幸運：迄今他一直左右逢源，活水不斷。有人守株待兔，等不到兔，因為聰明的兔總有三窟。我們讚人多才，說他「有兩把刷子」。學院的術語叫做「跟領域」，大概是來自 inter-disciplinary 吧。陳之藩、張系國都各跟一腳在電子科學。杜十三則像林泠、吳望堯、白靈，讀的專業是化學。常見的現象是：混血種有奇異的綜合之美，而合金的功用遠大於純金屬。我常幻想，如果自己能懂一門科學當能寫出更好的作品。我當然也可稱「跨領域」，不過所跨的還是人文、藝術的領域，只算「敦親睦鄰」。

　　杜十三像孫悟空，也像希臘神話的 Proteus 一樣，十分善變。他的領域包括詩、散文、小說、戲劇、繪畫、歌曲、設計、造型藝術等等，而發表的方式則兼及出版、展覽、演出、企畫；在台灣的文藝界，他認真創作，積極推展跨領域活動，並且調和當代

科技和社會關懷，在古典的背景上引導同儕和受眾向未來世界前
進，可謂中堅份子。與蔣勳、白靈、鴻鴻等並駕齊驅，杜十三恨
不得把一輩子化成好幾輩子來用，又要創作，又要啓蒙、又要合
縱橫聯，簡直要成爲當代具體而微的「文藝復興通人」。他是相對
於周夢蝶的另一極端，令人想起現代主義的龐德。

　　這麼不遺餘力的千面人，九命貓，今年竟然也到了耳順的六
十歲了。《杜十三主義》體系龐大，野心勃勃，該是他慶生的自放
煙火。書裏所收的文章，篇幅有長有短，份量或重或輕，有的是
概論，有的是雜文，顯得不太平衡。第四部是作者訪問各行的名
家，第五部是九位作家與學者對杜十三的論評。前三部通論從文
化到藝術與文學的跨領域現象，但各篇之間份量之輕重相當懸
殊。大致而言，杜十三的立論有文學史的回顧與現代科技的前瞻，
有意在精神文化與器用文明之間尋求互動與調和。他把詩藝的演
變分成「口唱階段」、「筆墨階段」、「印刷文字階段」、「後期印刷
術階段」四步；並且順著麥克魯亨的說法：「媒體即信悉」（The
medium is the message），預感文字（即杜十三所說的「筆墨」）不
但會被媒體放逐靠邊，甚至恐怕會被取代。這也是隱地和我和許
多「有心人」共同的憂慮。

　　許多「讀書人」都已變成「有機人」、「開機人」，甚至「機奴」
了。許多讀者都已變成了觀眾、聽眾。杜十三幾乎以佈道者的赤忱，
千萬百計要用新科技與多元媒體來誘引，來召回走失的讀書，當然有
其功效。台北的公車上展出詩句，要把文學生活化、現場化。近日杜
十三向詩人徵集名句，遍列在文化大學的校園。高雄中山大學附中也
在校園裏設立了「余光中詩園」。這些都值得做，也各有不同的效果。

　　但是文字在當代社會的色角，仍是十分重要的。總統把一句

並不淺顯的成語，「罄竹難書」用錯了，舉國爲之嘩然。教育部長
跳出來護駕，也「駟馬難追」，共陷窘境。三年來台灣大哥大舉辦
手機短訊創作比賽，對文字的精鍊也不無提倡之功。其實要恢復
詩教，不但可以乞援於科技媒體，也應該在教育制度，包括課程
與課本，甚至國文教師的進修與教課方式上，注意調整。台北縣
政府近年聘我爲語文課程總顧問，在我的建議下，曾編出一套國
中小學的韻文教材，免費供給四十萬學童。

　　科技雖然無所不在，無遠弗屆，但是人本的精神仍有其馳騁
的空間。近年我在各地演講，尤其是在大陸，最後常朗誦現代詩。
〈民歌〉一首特別成功，因爲語言透明，段落清楚，疊句不少。
我先念一遍，到第二遍時就請聽眾合誦。例如第一段：

　　　傳說北方有一首民歌
　　　只有黃河的肺活量能歌唱
　　　從青海到黃海
　　　風　　也聽見
　　　沙　　也聽見

　　我獨誦到「風」，數百聽眾就齊聲應以「也聽見」，再誦到「沙」，
又應我「也聽見」。台上台下立刻共鳴，近於民歌手的演唱會。去年
台東大學把我的〈台東〉一詩，用我的手稿放大，展示在校園牆
上。揭幕時要我自誦一遍，我要求學生和我合誦。例如前兩段：

　　　城比台北是矮一點
　　　天比台北卻高得多
　　　燈比台北是淡一點
　　　星比台北卻亮得多

　　我只誦第一行「城比台北是矮一點」，第二行「天比台北卻
高得多」則由台東人來朗誦，好像是他們自豪的答覆。這麼一來，

台上台下就密切呼應，合成一體。所以最理想的詩教，應該提供
機會讓觀眾或聽眾也參加演出，化「受眾」爲「施眾」。這種交流、
互動倒不一定要借重科技，反而要靠詩人的魅力與隨機應變。先
決條件是詩要雅俗共賞，受眾才會心悅誠服，充分配合。最近我
爲聽眾題字，就常常題這兩行：

　　曲高未必和寡

　　深入何妨淺出

　　詩運不振，跟詩藝不精有關。過份晦澀玄虛的作品，對推展
詩運其使是幫倒忙。這種詩可供學者去解謎破碼，成就研討會的
論文，但是只能使困惑的讀者更加離心，因此不管杜十三主義鼓
吹什麼，他的詩本身如果站不住，那就是買空賣空，白說了。他
的詩我未及通讀，但《石題悲傷而成爲玉》裏我卻讀到不少佳篇。
書名本身就是警句。杜十三的一些好詩，儘管超超現。卻和現實
有徑可通，但少在意象上有跡可尋，不像有些自命超現實之作，
其只能算自閉症。但如〈輪椅〉一首，左腳右腿的意像或許受了
瘂弦的啓發，但加入輪椅的意象後，形象就更加生動、曲折，詩
意也就轉深了。〈風〉把池上的漣漪吹成臉上的皺紋，也是一招絕
妙的蒙太奇。〈橋〉的劇台只有橋、岸、河三個道具，卻用匪夷所
思的辨証演出一幕多生動的喜劇：

　　他把一句謊話吐在地上

　　變成一座橋

　　駕在兩岸之間

　　河水不相信

　　從橋底下去過

　　　　　　　　　　　2010 年 5 月 2 日於西子灣

杜十三主義的演示：
道無所不在，藝也無所不在

陳啟林

　　杜十三是一位讓人無法歸類的藝術家。他寫現代詩，寫實驗性的前衛散文，寫融合詩、散文、小說於一體的「杜十三作品」；他還寫評論古往今來各型各類藝術成果、乃至各式各樣文明表徵的文章；所以他既是風格獨特的詩人、散文家、前衛藝術家，又是兼容並包、體察入微的評論家。但更重要的是，他對生活化、行動化、溝通性、互動性藝術展演的開發與投入，直可謂念茲在茲，這使他無時無刻不處身於美感體驗的沈思與探索之中。

　　既是滿懷熱情的藝術創作者，又是沈吟反思的文化思想者；既能以沈吟反思的理性觀照來適度節制創作時的洶湧激情，也能秉持「以我觀物」的藝術直覺來賦予自己的作品以真摯的感染力。或許，這種貌似吊詭互扞、實則相輔相成的心智交感，就是杜十三作品的魅力所在——事實上，我認為也正是作為藝術家的杜十三這個人的精彩所在。

　　從這個視角來看杜十三所強調的「跨領域」，包括他引伸種種後現代思潮、理念與作品，將原本界限相對分明的文學、繪畫、

戲劇、舞蹈、音樂、雕塑、建築、電影等八大藝術的畛域一併融解，進而強調受過後現代洗禮的「跨領域」藝術，已使得不同藝術類型之間的接合與轉化成為常態，從而人們欣賞藝術的觀念和視角，也逐漸由「固態美學」跨向「液化美學」，便會覺得乃是杜十三理所當然的表現。

不過，杜十三主張當代文化、藝術、文學乃至人物典型中都充斥著「跨領域」的狀況與特性，其實不僅是出於他對當代西方思潮、尤其對後現代主義的認知與體會，而更有一大部份是緣於他自己長期從事藝術創作的親身思感。

在杜十三的創作經歷中，他曾嘗試將生活中任何可以觸摸、可以想像的題材或物象入詩，正如被現今西方理論家推譽為後現代藝術典範的法國名畫家杜象（Marcel Duchamp），認為生活中的任何題材或物象皆可以入畫一樣。有西方藝評家指出「杜象之後，再不可能有從前那種意義上的藝術家了」；相當程度而言，倘若當今華文藝評界真正認識到杜十三所揭櫫的「跨領域」藝術觀，便不難發現：將廣義的生活世界全皆視為藝術創作的源頭與內涵，正是後現代藝術理論的核心概念。在價值多元化、媒體多樣化的時代，「跨領域」尤為常態。

而杜十三深切體認到生活中任何題材均可入詩，並秉此體認從事藝術創作，其最初的思維依據或靈感來源，據我所知，倒未必是西方的藝術社會學、現象學或前衛藝術理論，而主要淵源於中國的禪道意境。無論道家在老莊哲學中所揭櫫「道無所不在」、道在瓦礫、道在屎尿的人生智慧，或禪宗在台灣轉型為「人間佛教」所闡揚的無緣大慈、同體大悲，都強調生活世界的真實性與重要性。藝術家無不嚮往莊子在〈逍遙遊〉中描繪的「化而為鵬，

搏扶搖而上九萬里」的精神自由境界，但莊子畢竟仍要對「人間世」的種種疑難、「應帝王」的種種兇險再三論述；而在台灣，以聞聲救苦馳譽於時的慈濟功德會，其實是源出於不立文字、見性成佛的禪宗法門。

於禪道理念自小濡染的杜十三，在其藝術思想發展過程中受到影響，應屬意料中事；而從境界高遠的禪道概念看來，對各門各類的繁瑣名相要有「跨領域」統合運用的氣魄，亦屬當然之理。

但「跨領域」並不表示藝術家對他所處身的這個世界，一切平視而無所軒輊。我記得非常清楚：當九二一大地震造成台灣災情慘重、滿目瘡痍的時刻，杜十三在怵目傷神之餘，沈澱心情，伏首書案，數日不眠不寐，寫下〈汝有聽著地球崩落去兮聲無？〉的長篇敘事詩，以表達對受苦受難的同胞血肉無限關懷之忱。另一方面，在他目擊身歷敗德貪腐的政治權力者竟欲摧殘言論自由、藉端壓迫媒體時，他激於義憤，直接以電話警告權力者，卻差點為自己惹來不測之禍。

詩人之悲，發抒為對天災地變下難胞死傷枕藉、流離失所的痛苦感同身受的動人詩篇，這是將感性直覺沈澱、昇華為理性結構的藝術創作；詩人之怒，表現為對權力傲慢下主政當局的惡劣作為毫不留情的憤怒抨擊，因此是即時即有即景所演示的「行為藝術」。杜十三的「跨領域」創作，其實已從詩文藝術、視覺藝術、音聲藝術、造型藝術、舞台藝術，延伸到了舞台外的現實人生與公民社會，只不過，覺察者尚不太多而已。

但儘管不斷在「跨領域」，杜十三的創作與論述卻自有一以貫之的主軸；此次，他拈出了「杜十三主義」來概括這個主軸，正說明他有截斷眾流自成一派的雄心。他說「杜十三主義」即是

指「悲憫、創意與智慧的融合」，這誠然頗能概括他的創作、論述和社會關懷的內容與取向。此處的悲憫與智慧，與佛家華嚴宗哲學標舉的「悲智雙運」可謂聲息相通；一般而言，悲憫是宗教情懷的化育，智慧是文化深度的表現；而加上創意一項，則表明杜十三亦要強調作為藝術家所需具備的創新特質。而杜十三多年來的創作與論述，的確體現了這個「主義」。

　　杜十三是藝術家，也是特立獨行的性情中人；他有時意興遄飛，有時則落落寡合，如今想來，意興遄飛當是因為其時腦海正醞生創意，落落寡合則因當時心縈悲憫之情。

　　我與杜十三相交多年，一直敬其為人，喜其作品，如今他在六十華誕刊印此文集，正式提出「杜十三主義」，忝在知交，著實要為他浮一大白！

台灣跨領域的先行者

白　雲

　　杜十三這一生從來沒有安份過，而我是他不安份的行動中經常被他「抓去背書」的人。

　　二十五年前他要在當年臺北的新象藝術中心辦「1985中國現代詩季」，那時他剛「出道」不久，詩壇不熟，詩季各項展演中邀請的一大批詩人都不大認識他，只得以我與他共同策劃的名義出面具函邀約，而其中除了「詩的聲光」由我首度策動規劃一大批人「初試啼音」外，其他展場的具體行動都是他一手擘劃的。此後多年不少有關詩的大型展演行動皆大致如此，其中「詩的聲光」中關於詩與相聲、戲劇、舞蹈、幻燈、錄影、個人表演等動態演出的部份（如在臺灣藝術館、實踐堂、臺大視聽館、知新廣場、耕莘小劇場的詩演）成了我的「專長」，而詩與音樂、雕塑、造形、繪畫等其他藝術的跨媒介行動（如在春之藝廊、誠品書店、國家音樂廳、社教館等的詩演、北二高清水休息站的大規模詩造形藝術）則成了他的擅場。雖然他因此與音樂家、畫家、造形藝術家們走得越來越近，與詩壇的關係卻也始終如一。（除詩獎外，他曾獲得中視全國作曲比賽首獎，1994年台北美術雙年展國際評審團大獎，清水休息站大型公共藝術競圖，打敗了日本著名國際風動

藝術家新宮晉和十數個藝術家入圍團隊，贏得第一名）。

　　他這一生最不安份的行動眾所皆知自然是 2005 年 11 月 1 日打電話「恐嚇」當時的行政院長，不僅自稱是「台灣解放聯盟」，揚言「宣判謝長廷死刑」，且要對謝院長及其全家人不利，隨即鬧得滿城風雲，他大概是自有詩史以來唯一能在同一天博得所有報刊電視媒體頭條新聞的詩人。而做為他的老朋友，自然會被一大堆媒體追著跑，上各種版面、鏡頭，替他的行動找各種理由「背書」、「開脫」，包括上「2100 全民開講」。比如說他「只是發洩怒氣罷了，他只是一般老百姓和文人，怎麼可能真的傷到謝長廷？政府官員應該自省：為什麼老百姓會有這種反應？就像《尚書》所言：『時日曷喪，吾與汝偕亡。』老百姓到了忍無可忍的時候，就會選擇激烈的行動，每個朝代都是這樣導致革命的。」沒想到杜十三沒有堅持下去從此「光榮入獄」，倒是以喝酒鬧事、道歉了事，讓一干朋友為之扼腕。不過在那樣族群對立之激情年代和低迷無力的政治氣氛下，杜十三「敢展現」和「出示」他的不安，無論如何仍是勇壯的、令人激賞的，是絕大多數詩人都做不到的。為此我寫了一首散文詩〈我的朋友杜十三〉紀念這件事，以表達他的勇氣、無力感，和我的感慨：

　　　　沒事時他會在門前小公園的樹頂上繞圈子奔跑，喝了酒就從酒瓶口鑽出頭聞一聞春天的味道，這一回他跑進一株樹中，鑽入枝枒，把頭顱削得銳利，擠身到了頂尖，才發現那是一條電話線。他跑了回頭，露出一張發綠的貓臉，對我說：糟了，那一頭原來被鎂光燈燒熔了。我的朋友杜十三有三星期窩在一根桌腳內，不發一語，任新聞記者把他的門敲爛。

> 有事時他會站在頂樓十公分不到的護欄上叫喊，我在十幾
> 公里外的木柵就聽到了，他急於把自己的身體寫成草書，
> 但找不到握住他靈魂的筆，我雙手一攤，不知怎麼告訴他
> 飛翔也可以飛成空中一行無人能懂的狂草。隔著一座墳場
> 一樣的臺北，我的朋友杜十三縱身一躍，竟撞在各大傳聲
> 筒幾百萬份油墨紙張上，吐出一句血，那是他一生最紅的
> 詩句，那晚他拿著酒瓶把自己的夢敲碎。

「他急於把自己的身體寫成草書，但找不到握住他靈魂的筆」，這就是杜十三，始終活在行動中、不能沒有行動的杜十三。即使到了 2010 年，一旦他受邀在中國文化大學當駐校藝術家，他的「不安份症」再度發作，令他再發奇想，要將一百名兩岸詩人的名句用銅版鐫鑄，嵌成一長列人人可親近閱讀、閃閃發光的詩牆，這是一項創舉和壯舉，他又找我在邀請函上替他落款背書，一起具名和壯膽，做為他的老朋友，當然只有點頭應允了。

他一生在展現自己時，從來就「不願純粹」，什麼都可能擺在一塊，「藏多於一」是他的特殊嗜好。而這樣在各種藝術之間「遊走」，乃至以行動介入社會事務、政治事件中，不甘於以「純文字」面世而「始終處於游離狀態」的身分，無以名之，只能名之為「跨領域藝術家」。但對杜十三而言卻是既得意又痛苦的，他得意於統合了所有人類感性想表達的「全貌」，卻又痛苦於純領域藝術家排擠他的「不純粹」（其實他就是台灣少有的跨領域創作者）。然則「無法被歸類」本身其實是更原始的、更具原創性、甚至具革命性的，就像麒麟或龍的圖騰於古代藝術史冊的出現一般，是具有預示和警醒作用的。

杜十三此種特別的「跨領域癖好」，包括大量創作跨散文與

詩的散文詩（近年有十篇被選入哈佛大學的中文教材，乃至小說、劇本集《四個寓言》之英文譯著 "FOUR FABLES" 以五顆星的評價在 AMAZON 國際網路上長銷十三年），創作兼圖象與詩的圖象詩，甚至將之作爲瓷盤藝術品、造形藝術、裝置藝術，創作音樂與詩結合的自創歌曲，創作出版各種結合繪畫、音樂的特異詩集或大型手工書等，其他當然還有不少搞怪藝術行動，已簡述於上。而他這種種驚人之舉，表面上好像是使「詩的純粹」走向了「不純粹」，其實卻是臺灣後現代式「打破邊界」的急先峰（從1982 年起），有意鬆動世俗「分類的必然」，破其「純粹」的迷思，回到多元可能的「人性的本然」，將弱勢的詩與其他或弱或强的媒介或形式結合，使其更符合人生本即是包含多領域、跨領域的內容。有誰的生活內涵或方式是單一、純粹的呢？杜十三不過試圖還原人生的本質、反映生活複雜多面向的真實面貌罷了。

因此當我們回過頭閱讀杜十三這本藝術文論時，也就較易明白所謂「杜十三主義」其實即是「『藏多於一』主義」、「打破邊界主義」、「人性本然主義」、「媒介互濟主義」、「虛實互通主義」，這其中自然就包含了杜十三所倡議的「悲憫」（互動互濟）、「創意」（各種「敢」的展示）、「智慧」（融合差異），乃至亦即古訓中所謂「智（智慧）、仁（悲憫）、勇（創意）」的後現代名詞和新潮說法。

而杜十三在此書中所體悟的「『性靈所在』往往即是黑白交界之處」一語，其實即深明宇宙現象的定則就是「凡物沒有定象定則，任何事物，都有可能在時間和空間的遞嬗過程中產生質變」，是不斷地邊界漂移的、虛實不定的、有無不定的、色空不定的、質能不定的，並無永恆不變的事物、形式，只有站在這一切

的「交界」、「交叉」、或「交滙」點，才能看清文類和媒介相互運動、運轉的關係。然則這樣的看法一旦落實到實際的創作行為上時，又不易對一般人甚至「講究純粹」的文學家藝術家說清楚，不得不常懷「千山我獨行」的孤寂感，而唯有先以行動、實踐去自行開展了。而這本文論應該算是他從十七歲走到六十歲、長達四十餘載之行動藝術家生涯後留下的一冊「說帖」吧？他強調『觀念基因』和『細胞基因』是同樣重要的，任何形式的閱讀都是為了形塑我們的『觀念基因』」，那麼這本書應該算是他的「藝術觀念基因論」了。

誠如他所說「真正的藝術家首先必須能夠掌握『獨創』與『傳達』的平衡點」，不少文學作者只注重「獨創」而忽略「傳達」，也有不少作家只注重「傳達」而忽略「獨創」，前者失之於晦澀，後者失之於膚淺。杜十三常採取的方式則是跳脫舊有形式的束縛，以「形式漂移」或「邊界漂移」的策略、甚至一次「傳達形式」就是一次新的「獨創形式」、新的「邊界漂移形式」，以此同時完成他的「獨創」與「傳達」。以是其看似不按牌理出牌的表現或表演，其實正是要呼應他所倡議的「新閱讀」而非「舊閱讀」、講究「身體閱讀力」和「行動閱讀率」、乃至「五千年來從未有過的『五官閱讀法』──用腦『閱讀』文字，用眼睛『閱讀』影像，用耳朵『閱讀』音響，用手『閱讀』物質，用雙腿『閱讀』地球」的新時代生活形式和觀念。而他早在 1982 年所出版的《杜十三藝術探討展》複數型作品集一書中就已開始大展身手了，而時代的快速變動，包括上世紀九〇年代中期才開展的網路閱讀、2009 年底才開始的 3D 閱讀形式正逐步呼應了他「複數型生活的內容和閱聽方式」、以及「邊界」必然快速「漂移」的預見和觀念。

　　杜十三說「每個具有行為決定能力的成年人，都是經由社會『制約』（編輯）過的一部『多媒體有機書』，值得自己好好的用心閱讀」，「制約」就是「邊界的制定」，打破或令此「邊界」開始「漂移」即是使其由「有界」回到「無界」、由「色界」回到「空界」、由「質界」回到「能界」，最終是令自身自如往返其間，到達最終沒有邊界的境界。因此當杜十三對「性」提出這樣的看法，說：「『性』彷彿是上帝賜給人類的『能場』，負載著人類全體的熱量與生活動力，那是相對於時間與空間的一種運行，更是每個人供給世界或他人『閱讀』的一部有聲有色有質有味，能動能靜如夢似幻的『多媒體天書』」時，便是促使「性」的「邊界」也開始「漂移」，由床上床下和身體內外的接觸開始，向一切的可能轉移和前進了。

　　由於宇宙的邊界就是沒有邊界，本文提出的「邊界漂移說」正在說明杜十三實踐、行動的新形式新邊界是是沒有止境的，就像科學、藝術的可能形式也是沒有定則沒有邊界的，新邊界代表有一天也會成為舊邊界。而所謂「杜十三主義」最終要貼近的正也是中文中「人」字此一符碼的本質，不管是細明體或標楷體，在今天看來，「人」此一符號是始終在運動中的，是必須大踏步走的，不管是朝左或朝右，他同時踩在這張紙上的兩個點，距離即使不大，卻早已在寫下時就占據了此一空間的兩個位置，「人」字的前一撇和後一撇必須是不同時間寫下的集合體，因此它們是前進的、不斷演化著的，只要是始終抱持著悲憫、創意、和智慧的融合，就不必知道「邊界」將漂移、或終止在何方。

自　序

慈悲、創意與融合的智慧

從 20 世紀的<u>固態美學</u>跨進 21 世紀的<u>液化美學</u>

　　由於後現代主義促使美學溫度的上升，使得原本是文學、繪畫、戲劇、舞蹈、音樂、雕塑、建築、電影等八大藝術各自為政，互有界線的固體化現象，逐漸的在後現代熱潮的浸潤之下，融解既有的範疇。時進二十一世紀，這種藝術美學液體化，界線模糊化的現象正方興未艾的擴散開來，其中尤以當代藝術的表現最為明顯，因此，所謂的聲音藝術、以文字入畫的綜合媒材作品、以詩為主的藝術創作、以攝影結合繪畫、、等等相較於傳統八大藝術的純粹或是固執的表現，這些「跨領域」的藝術展演風貌，也正大量的在全球的藝術圈裡，由非主流翻身為主流，並且隨著科技的進展，大舉入侵各地的重要畫廊與博物館，甚至進入時尚的家居生活圈裡。

　　在這些無數的跨領域創作中，其實要以「詩」的歷史為最久，中國數千年來的詩書畫同幅是一例，古代建築的廟宇和民宅，其所配置的門聯、屏風、額扁也是一例，、在那個世代理，可以說

舉目都是詩詞，而且都是和書畫、建築、雕刻等不同領域的藝術結合的「跨領域」的詩。可是現代詩呢？大部分的現代詩仍然穩坐在現代主義的躺椅上動也不動，只能以單一文本嚴肅的訴說他艱深的語言，企圖去感動別人。也有人嘗試以新的美學手法找尋不同於傳統的跨領域表現，所得的卻多是一些不成熟甚至畫蛇添足的作品。難得的是，第一屆「台北詩歌節」由黎煥雄導演的「詩的變幻」，有幾齣配合音樂獨誦，獨舞和簡單劇情串成的詩劇，卻是令人耳目一新，讓人驚喜。

其他，在台灣，從事有關詩的跨領創作的大都是傳統的中國水墨書畫，如洛夫的書法詩，侯吉諒的中國畫，以及李泰祥的以現代詩為歌詞的創作歌曲。再來就是白靈和筆者共同創辦的「詩的聲光」，把詩融入舞蹈、默劇、布袋戲、短劇、武術，相聲……等不同領域，雖然還不算成熟，但卻深刻的影響了全台各級學校朗誦比賽的模式，從過去排排站，講求聲音抑揚頓挫的生硬形式，變成了多采多姿的詩歌表演朗誦，一直持續至今。另外，1989 年的「因為風的緣故」，1992 年的「弘一大師五十年祭」，也都是結合詩與多媒體藝術的大舞台演出。

在國外，從事現代詩的跨領域創作者，則不勝枚舉，其中有個人的也有團體的，有視覺藝術的，也有聲音藝術的。1997 年，筆者親臨參觀「威尼斯國際雙年展」，在奧地利展館的門口看見一個令人驚訝的景象，數萬本比電話簿還厚的詩集堆成小山一樣任人索取，翻開一閱，發現裡面都是一個叫做「奧地利詩社」數十年來的詩的跨領域創作，涵蓋了視覺詩、具體詩、人體詩、朗誦詩樂譜……等等，這個以詩為主體的展館，在近百個國家館當中顯得相當熱門，我當下拿了一本，帶回台灣好好欣賞研究。

　　另一個就是名聞歐洲的「眼鏡蛇畫派」，英文叫做 COBRA，取北歐五個都市名字的首字排列而成，如 C 就是哥本哈根的簡寫，以此類推。「眼鏡蛇畫派」是由北歐五個國家的八名畫家、建築師與詩人共同組成的，其中詩人扮演著重要的角色，他們共同討論，共同創作，由建築師和畫家把詩人的作品進行再創作，同時詩人、建築師也學著畫畫和寫詩，有如一個有機的跨領域創作團體，在歐洲藝壇取的得相當的獨特地位。此畫派曾在北美館展出，獲得讚賞無數。

　　個人方面，美國近代詩人 MARCEL BROODTHAERS 以他精彩的詩文結合現代裝置藝術的「環境詩」（如圖）創作已經受到國際議壇的肯定；蘇格蘭詩人藝術家 DAVID TREMLET 和 HAMISH FULTON 的地景詩受到了矚目和喝采。在聲音方面，美國詩人 LAURY ANDERSON 以其獨創的朗誦音調，配合簡單的音樂節奏表現出現代詩的音韻之美，同時強化了詩的意象，可說是當今詩壇的異數。反觀之，發明化學元素「週期表」的俄國化學家門得雷夫，也是從音樂家休曼的弦樂四重奏得到「八」（OCTA）的體會而得的。

　　依筆者觀之，「詩的跨領域創作」在台灣還有很大的發展空間，詩人們除了可以多多觀賞現代藝術的展出，何妨也拿出膽子來試試。當然，純粹的文學詩經由多元化媒介的「再創作」之後，或許就像小說改拍成電影一樣的不能完全「忠於原著」了，重點是，在一流的翻譯都很難「忠於原著」的情況之下，我們為何不能把這些經由再創作或是原創的跨領域詩藝術，看成是詩的多元文本（TEXT）來欣賞呢？更確切的說，在不可避免的後現代主義波詭雲譎之下，各種原本獨立的藝術界限正在消除之中，不僅

詩和其他視覺藝術、聽覺藝術的界限正在消除，戲劇和表演藝術界限正在模糊，即使是音樂和語言、繪畫與裝置、裝置與建築……，越來越多反應二十一世紀新特質的整合行動正以一種超乎「傳統現代主義」的想像，快速而強悍的，有如當年印刷術逼退筆墨書寫的姿態，向聲光電化一片混沌的人類嶄新環境進行或明或暗的偷襲與進佔。

以此趨勢觀之，可能不出二十年，現代詩除了艱困的保留某些優秀的純文學面貌之外，將難得有更多的作品。試想，當所有的紙本印刷品因成本高昂被網路高科技，逐步取代或稀釋之後，純文字的詩也將進入網路，以多媒體的面貌和讀者相見，近幾年興起的「妙繆廟」網站即是一例，該網站把純文字的文本經過多媒體創作之後，呈現了「互動網路詩」的全新面貌，較諸純文字詩來得動人而深刻。像這樣，未來將難免有更多的現代詩作品，像中國筆墨時代的詩被轉化成為書、畫、戲曲「再創作」的素材一樣的，變成現代藝術家、詩人再創作以及互動創作的素材，而以迥異於印刷字體的形貌，更具體、更活潑的在未來的的嶄新環境中，融入各種藝術的表現與聲光電化的材質而立體起來，甚至還可能以「新詩中的新詩」的新姿，和現代文學純文字詩在未來詩壇上同時並現或者爭榮競存。

誠如一百多年前，哲學大師黑格爾就已經在他的鉅著《美學》中提到了如下的觀點：

> 「詩和藝術不應在具體現實世界裡要求保持一種絕對孤立的地位。詩本身是有生命的東西，就應深入生活裡去。」，「因此，詩可以不侷限於某一種藝術類型，它應該變成一種普通的藝術，可以用一切的藝術類型去表現一切

　　可以納入想像的內容。」

　　2002 年，經過多年實地創作經驗與廣泛閱讀凝結的心得，我把自己的創作理念歸納為〈杜十三主義〉：亦即「悲憫、創意與智慧的融合」，簡單的說，就是我要求所有的創作必須要從悲憫的胸懷開始，追求「感動人」；必須具有創意的過程，追求「獨創性」；必須能與其她的智慧融合呈現，追求「跨領域」，而這樣的「主義」，也在 2006 年的一次奇遇中被證明是正確的：那年多天某夜，我獨宿於新竹的一家汽車旅館裡，晚上九時整我打開 DISCOVERY 頻道，節目正在介紹智利某處曠野峭壁上的一塊巨石，石壁上刻著一排巨幅的圖案，無人知曉該圖案的意義為何，直到某精曉希伯來文的考古學家運用科學視覺儀器削煩為簡之後，才發現石壁上刻的文字居然就是「悲憫、創意、智慧的融合」，我當時大吃一驚，沒想到天底下會有如此巧合的事情，事後我打電話給詩人白靈，他說他也看到了這樣的報導。這件事給了我莫大的信心去相信三十年來我所篤信的創作理念與行動。今年 2010 年 12 月我即將屆滿 60 歲，為了留下記錄，我把數十年來在各大報刊與發表會發表的思想論述與創作心得結集成為本書，這是我在詩、視覺藝術與音樂創作之外，主要的論評呈現，希望以此薄思淺見，提供給關心我的朋友以及讀者，並作為我進入六十歲，對人群社會的一份真誠的獻禮。

杜　十　三

第一部　跨領域的文化

── 觀念基因

不能缺席的「新閱讀時代」

　　英文中的「閱讀」/Read，依據拉丁語源，除了一般的「閱讀」之意外，另有「解謎」、「判斷」、「解釋」、「看穿」、「檢視」……等等和「心靈的發現」有關的豐富意涵，而不僅僅是「透過文字的了解」而已。每一個時代因其面對的環境不同，自然的，對所謂的「閱讀」所採取及能夠採取的行為也就不同，因此，一九九四年以電波文化為主流的「閱讀」和一九七四年以印刷術文化為主流的「閱讀」，當然也就不同了。換句話說，這是一個「新閱讀」的時代！

　　「新閱讀」涵蓋了心靈的發現多元途徑和嶄新觀念，「舊閱讀」的時代，則只視「讀書」為「心靈發現」的主要、甚至唯一的方法。重點是，新閱讀時代的「書」已不只是文字、圖片的冊頁式編輯結果而已，而可能也是電波聲光的編輯結果，或是編輯過的語言、影像、行為、程式……等等，因為，「書」已經不知不覺中從「被敘述、被詮釋、被形容的世界」變成了「新的世界和新的宇宙」本身。生活在廿世紀的新人類，將沒有人可以逃避「新閱讀」並因而接觸到更寬廣的新世界，發現到更新的自己。如此，如果「書」的嶄新定義是「被新科技、新物質、新觀點編輯過的世界」；「編輯」的嶄新定義是「被『解構』、『再現』多重處理過的多元符號新系統」。那麼，「新閱讀」的特質應該

是什麼呢？文字之外的新生活現場，其「新閱讀」的基本方位乃是以「電波符號」爲主體的「閱讀網路」新視野 —— 透過涵蓋電腦、傳真、音響、電話、螢幕、虛擬系統、書籍、報刊……和生活現場組合配套而成的「閱讀網路」我們將發現「影像文本」實已凌駕單純的文字之上，成爲「新閱讀」的主要對象了 —— 記錄式的影像、定格式的影像、蒙太奇過的影像、虛擬的電腦影像、演出的影像……，各種影像從東南西北、古今中外，經過各種不同的「編輯」和「敘述」，大量結合聲音和文字構成我們生活現場之外的第二個實存世界，使我們不得不改變文字閱讀的習慣，而以全新的「影像閱讀」和「電波閱讀」的姿態去進行「心靈的發現」。因爲面對如此大量、兼具模擬、象徵、類比和數位……等嶄新敘述手法和多媒體手法「編輯」的「影像之書」，我們有必要提升對各項「視覺文法與語言」的「閱讀」能力，才能有效而準確的解讀一個新興的世界而不被矇蔽。電影學者 Bill Nichols 鑑於此一趨勢，曾經大聲疾呼在各級學校開設「視覺語言」課程，就是因爲他相信「視覺語言」就像文字語言一樣重要，有必要作系統的學習，否則以後將會出現有如舊時代「文盲」一樣的「視像盲」（Visual illiterate），而對新世界的本質喪失「閱讀」的能力。台灣由於教育體制的囿限以及觀念的束縛，因此即使同處「第三波」文明的衝擊之下，大部份的人仍然只能視「影像」爲娛樂，卻看不懂柏格曼的電影（雖然有對白），看不懂電腦終端機上的影像視覺（雖然有說明）看不懂美術館裡的抽象繪畫（雖然有解析）……。比較年輕的一輩，或許因爲有趣而能深入接觸電腦語言和光碟系統所演繹的電波影波影像世界，但對於文字和影像之間的「界面」互透情況卻不如西方國家那般具有文化自主性，於

是常不知不覺的陷入歐美日影像文化的「同化槽」之中而不克自已。

　　因此，爲了在即將全面降臨的「映像文明新時代」中搶得文化出頭的先機，我們除了加強原有的文字閱讀能力之外，也有必要鼓勵自己同時多元「影像文化」閱讀率和閱讀力，諸如好的電影（經典國際電影藝術節）、好的音樂（各式具有國際評鑑制的CD）、好的演出（國家劇院）、好的展覽（美術館）以及，最重要的，多接觸傳統中文書籍電腦化、多媒體化的嶄新軟體並關心其趨勢（中央圖書館、資策會、科技大學）── 因爲這是一個全方位的「新閱讀時代」，每一個「讀書」人都不能缺席。

【1994-06-30／聯合報／41 版／讀書人專刊】

環境閱讀

── 帶你橫向進入「空間」這本書

　　「走千里路勝讀萬卷書」── 這句話在廿世紀末來說依然不假，因爲相對於握卷神遊的定點閱讀，身心並用的「環境閱讀」將以包涵「身體閱讀」和「行動閱讀」的臨場閱讀和四度空間的閱讀方式，帶你進入世界和心靈最真實、最深邃的核心所在。

　　透過圖文並茂的圖書或是影音俱現的光碟系統，我們可以對一座陌生的城市、一處古蹟、一座紀念館，或是一棟建築物、一處生態公園……等「編輯」過的環境進行某種逼真程度的「發現」與理解，但是，如果我們無法對上述的「環境」以實際的身心和行動介入，那麼，我們所從事的「環境閱讀」其實只能算是完成了一半，或者，只是掃描了「封面」和「目錄」而仍然未能進入「真實」的內容。新閱讀大道通過資訊高峰依照「新閱讀」的定義，任何一個經過編輯規劃的「環境」（Environment）同樣也是一部等待閱讀的「書」── 一般的書有報導、歸納、想像、演繹的特性……，「環境的書」也有實體的（如古蹟）、再現的（如仿古建築、海洋世界科學館）、模擬的（如太空館）、虛擬的（如未來世界）……等等。選擇的重點是，這些環境書的閱讀過程是否能讓「讀書人」透過時間、空間、材質、符號、聲音和行爲的綜合閱讀，去發現一個嶄新的世界，並能充實自己的智慧和心靈。

因此針對環境閱讀而言，如果一般生活起居對周遭環境的進出只是一種「次資訊」的接觸行動，那麼，一次有計畫、有目的的旅遊和參觀，則有可能是比書籍閱讀更為嚴肅的新閱讀行為。近年來國人休閒風氣日盛，出國旅遊的人次和年齡層也日漸擴大，可惜的是，大部分的旅遊除了娛樂、購物、逛街之外，少有提升成為「環境閱讀行動」的意識，以致花了大錢都白白浪費了自我再教育、再成長的契機。所以，為了迎接「地球村世紀」的來臨，讀書人實有必要以全新的視野加入有效的環境閱讀行列，用心學習在書籍閱讀、聲光閱讀、影像閱讀之外，再闢一條「新閱讀大道」通向資訊時代的高峰。

有效的環境閱讀包含下列幾個步驟。

環境閱讀三部曲

一、善用城市字典做好閱讀計畫：針對環境閱讀的主體進行書籍閱讀和資料閱讀的準備。比如說要「閱讀」希臘龐貝古城遺址，便應在行前對紀元一世紀羅馬帝政初期的歷史、希臘神話，以及遺址拿坡里海灣的地理位置，運用圖書館的圖書做一番初淺的理解，而後到了現場，更應詳閱有關的解說資料，充分利用入口附近提供的多媒體簡報設施，並仔細聆聽導遊的解說，如此，十八世紀發掘出土的龐貝古城對你而言將不會只是一片殘垣斷壁和美麗的風光而已，因為透過你對時空的掌握和材質、符號的理解，龐貝古城的一石一牆將隨著你的呼吸而呼吸，跟著你的步履而復活，你會發現你正使用每一個細胞，血脈賁張的「閱讀」一個有生命的歷史現場。

二、事後追蹤閱讀：如果是臨時遭遇一個值得你進行「環境

閱讀」的對象，比如日本箱根到東京途中的侏羅紀公園，那麼，除了用心聽取多媒體簡報、參加身歷其境的洪荒世界模擬導覽、觀賞恐龍模型和考古作業電腦說明之外，如果有興趣，你還可以購買現場提供的「恐龍生態大觀」做為事後追蹤閱讀的資料，如此一來，你很有可能在一個禮拜之內就從外行人變成了「恐龍通」。

　　三、行進中的「發現閱讀」：任何人都有可能在行旅中不經意的遇見一處值得閱讀的「環境書」，最大的可能就是一座陌生的城市或是一棟吸引人的建築物。如果是一座陌生的城，譬如東京、巴黎，那麼，建議你使用一套「城市字典」，包括地圖、大眾捷運系統導覽、報紙、電視、電話詢問服務，以及隨處可得，針對特定空間功能使用與建築地標的解說小冊，如此，再加上普通的外語會話能力，你就可能在短短的數天之內熟悉出入這個城市的「目錄」和「索引」，再進行參閱其他的史地資料，充分的解讀這個城市的一切了。

　　總之，「環境閱讀」是一種結合圖書、資料、多媒體設施和環境現場的「臨場閱讀」行動。做為一個「地球村」的「讀書人」，我們實有必要多利用機會提高我們的「身體閱讀力」和「行動閱讀率」。

【1994-07-28／聯合報／41版／讀書人專刊】

潛能閱讀

　　每個具有行為決定能力的成年人，都是經由社會「制約」（編輯）過的一部「多媒體有機書」，值得自己好好的用心閱讀。

　　依照行為主義學者史金鈉（B. F. Skinner）博士的理論：「人類過去經驗的總和決定了他目前的行為。」在此，「過去經驗的總和」乃意指這個人過去所聽、所見、所言、所做和所遭遇的一切──而這「一切」的精華，無非就是這個人在歷經的無數生活事件中所聽過的「語言」、所讀過的「文字」、所閱過的「圖像」、所接觸過的「材質」和所遭遇的「人物」與「行為」……等漫長時間和不同空間的「多媒體經驗」，在其心靈深處所沈積而成的潛意識層──就像電腦的軟體磁碟片控制著終端機的表現一樣，這個「潛意識層」也以有機的生物反應方式程控著人類行為，成為驅動人格發展的主要「軟體」，同時，它還是一部經過高度壓縮，時空編序複雜非常，無法直接讀取的「多媒體有機書」，對自己進行深度閱讀。以此觀之，如果一個人在成長的歷程中能有機會打開這一部「多媒體有機書」對自己進行深度的「閱讀」，相信對他未來掌控和潛能開發一定有相當的助益。想想看，你是否會不知不覺的，根據過去所看過的一篇動人文章的語調說話，而影響了你的人際關係？是否曾經模仿一部感人電影的情節談戀愛不自知，卻始終找不到伴侶？是否嘗試過依照一幅名畫的色彩和布局改變

家中的擺設而自認為神來之筆，且意外養成孩子早歸的習慣？要知道，你所看過的那篇文章，那部電影，那幅名畫，已經早在你的某個生命歷程中形塑成為你的「觀念基因」，且深層加入指揮你的行為和命運的程控系統之中了。

小兒麻痺症疫苗發明人沙克博士曾經說過：「是基因的運作決定了人，人的運作決定了文化社會。」形塑我們的「觀念基因」和「細胞基因」是同樣重要的，任何形式的閱讀都是為了形塑我們的「觀念基因」，藉由「潛能閱讀」，我們有可能找出自己潛意識層的軟體中有那個「觀念基因」出了錯或發生了病變，如能及早找出加以修正，我們便可以防止未來的「人格生病」、「人格癡呆」或者「人格致癌」了。但是，「多媒體有機書」既然不可直接讀取的「書」，那麼，我們要如何進行有效的「潛能閱讀」呢？

首先，我們要了解「潛能閱讀」是一種「間接閱讀」和「時間閱讀」：找個安靜的時段，把你從小至今所曾拍過的照片、所曾錄過的音、影、所曾寫過的筆記、日記、書信、紙條……等有關成功的「多媒體記錄」全部找出來，然後依照時間的順序編列，從頭到尾重新「閱讀」一遍，一邊「閱讀」、回想，一邊進行紀錄整理，並且用心的找出影響你最深的十個人、十本書、十句話、十幅畫、十首歌、十件事、十個地方、十種想法……。再把上面的記錄做成表格和重點說明，附上重要的照片和錄音（影）帶完成一分自己的「多媒體有機書」目錄和內容綱要，再據以書寫個人的綜合筆記，如：未來要成為怎樣的人？最快樂的事是什麼？目前要努力的是哪些？……

其次，「潛能閱讀」是一種「心理閱讀」和「互動閱讀」：把你的「書」拿給一個可靠的、有經驗的師長朋友或是心理醫師，

和他討論你這個人，讓他客觀的告訴你是一個什麼樣的人，有什麼優缺點，以及能力所在、觀念所蔽之處，如果可以，再請他給你做一次包括性向，智商和人格的綜合測驗，然後把這一切列入你的「書」內容之中，保存起來隨時翻閱。

最重要的是，「潛能閱讀」必須是一種「自我閱讀」：藉由前述兩個階段的「閱讀」結果，你可以把「自己」放入大環境和大未來之中去思考、反省，因才適性的找出你的應對之道和努力的方向，如果你的「閱讀」徹底深入，你將有幸找到一兩個已然發生「病變」的「觀念基因」進行修補，拔除思考的陳規舊習，並用來導正你的價值觀和未來的人生，。

最後，我們必須掌握「潛能閱讀」的最終本質乃在於鏟除心中的恐懼和不安。恐懼和不安是生命成長的最大殺手。黑人由於遭受歧視產生恐懼以致影響他們原有在藝術和運動上的傑出表現，智障兒和自閉症患者在安全信賴的環境中卻可以發展獨特官能……，經由「潛能閱讀」，我們也能克服自己的對自己的恐懼，解放自己原本存在的生命力和創造力迎向更高更遠的世界，而不至於像最近北一女的兩位同學那樣產生無助感而自殺。

誠如羅素在《幸福論》中力陳拔除個人心中繁複的的陳規舊習，以簡單扼要的「幸福三元素」：「健康、愛、利他」大膽迎接新經驗以找尋自由的心靈一樣，身為「讀書」人，我們實有必要以去蕪存菁的態度，把自己這一部陳年的「多媒體有機書」好好的，徹底「閱讀」一遍，並重新「編輯」才是。

性　閱　讀

── 延伸內在慾望，還原感官生命

　　依照佛洛依德的「人格論」的觀點，每個人的「自我」（ego）都是他所從出的文化形塑而成的「超我」（superego）和植根於欲念底層的「本我」（I.D.）兩者間不停的互動和彼此的制約而成的，因此，每個人的「自我」，在某種意義上都是他的「本我」在環境中的折射或反射的面目，「性」則往往是這些折射和反射的轉射點。

　　「**性**」經由文化的途徑可以折射成為創造性的愛情，但若只是單純的本能反射，則往往只是「自我」赤裸裸的攤現。舉例來說，一個人為了滿足他的「異性情欲」追求一個女子，他可能從事一連串諸如寫情書、唱歌、製作禮物、編故事、戒除某項壞習慣、培養某些技術……等等寓有創造性的活動，也有可能像買個易開罐汽水一樣的，買了就開，開了就喝 ── 此為兩種根本不同的「性」追求過程，前者把「性」的追求提昇為一種自我生命的「閱讀」過程，讓「性」在文化中「氧化」成某種感受情境的「閱讀」行動：後者則把「性」的追求降低為一種物性的滿足，讓「性」在欲望中「還原」成感官衝擊的低意識行為。因此，一個有智慧的人面對陌生的異性，若能結合高提昇及低行為，便有可能成為一位面對空白畫紙的藝術家，延伸出內在欲望，從畫下第一筆開

始到完成作品，就像說出第一聲「哈囉」到建立深情世界，成為一次完整的創作過程，使每一個思維和動作都有如在書寫性的文化和創造，而有別於感官的反射記錄。

　　但是人生當中的性發生不計其數，即使不以「現實之眼」觀之，而以給自己一份禮物的態度來看，何謂有效的「性閱讀」呢？可以這麼說，一個人從長大的「成人」開始，一直到「返老還童」的更年期之前，除非發生「故障」，生命中不可避免的都會受到性欲的驅策，就如同一個人擁有電流一樣的擁有吸力或磁場、擁有風雨一樣的擁有速度和音聲、擁有火焰一樣的擁有溫度和姿勢……，「性」彷彿是上帝賜給人類的「能場」，負載著人類全體的熱量與生活動力，那是相對於時間與空間的一種運行，更是每個人供給世界或他人「閱讀」的一部有聲有色有質有味，能動能靜如夢似幻的「多媒體天書」，因此成功中或還想再成長的男女，若有意不斷感動自己，發現生命，都可以運用此一新觀念進行閱讀：

　　一、把理想中的異性當成唯一的一部 CD：在這個「出版市場上」，性伴侶或情侶就像一部影音或文字俱全，能夠讓你充分溝通的「互動光碟機」，他（她）的容貌、聲音、談吐、姿勢……，事實上就是最吸引你（妳）注目的影音文字「多媒體系統」，問題是，你（妳）能夠藉由操作「關鍵的按鈕」充分的「閱讀」她（他）嗎？或者，你只能讀懂他的「封面」，卻永遠找不到他的「目錄」？從「性閱讀」的角度看，你每「輸入」一個有「情」的指令，他就會依照你的「想像」改變終端機的色彩、造型和意義，但你必須找出你和他互動的理想「程式」。

　　二、性閱讀應該是一個找尋「愛」的閱讀過程：美國當今重

要的女性治療學家海倫辛格・卡普蘭（Helen Singer Kaplan）一向抨擊「社會生物學」派的性觀點不遺餘力，她認為那批人在論及人類性行為時往往忽視了「愛」的存在，以至於讓人類的「性」遭受誤解而變形。事實上，當我們努力追求「性」的時候，經由一連串的挫折、學習、制約與創造，往往會發現唯有先找到了愛才有可能找到「性」的真諦──而「愛」的發現，其實就是「性閱讀」深入後的結果。

　　三、性閱讀應該從自己開始：把自己理想中的「性」找出來，讓「祂」形象化、音聲化、文字化，然後從這些經「多媒體」化過的「性」中延伸出自己理想的文學和藝術作品──你會發現，讓你神魂顛倒的那個「性」，其實早已經在很多地方化成某個人、某件事，或者某種圖像、聲音……，以一種你全然沒有想像過的「程式」去獲得他們的滿足。

　　總之，「性閱讀」可以是一種「人體閱讀」，也可以是一種「行為閱讀」、「環境閱讀」和「多媒體閱讀」。但最重要的，「性閱讀」必須是一種打破欲望羈絆的，「自我救贖」的閱讀。

【1994-12-01／聯合報／讀書人專刊】

詩　閱　讀

　　在遠古的部落時代，詩就像火把，必須由唱詩的人親自發聲吟誦，由這一山傳到那一谷，或由那一谷傳到這一山以進行「點狀傳播的閱讀」；在農業時代，詩則像燭光、像燈籠，詩人運用文字的筆墨書寫後派人從這一家傳到那一村，或拓印在門廊亭閣，或抄寫在信札帛卷上，經由需要的人接引傳遞以進行「線狀傳播的閱讀」；在工業時代，印刷術發達了，詩就像電燈泡，只要詩人接通了編印單位的「電流」，詩就可以在報刊上「亮相」，以提供讀者進行「平面傳播的閱讀」。問題是，在進入後工業社會的現在，日光燈、太陽燈、霓虹燈……等等五花八門的發光體大量出現了，「電燈泡」就只好留給少數孤傲寂寞一的書房，在「接觸不良」的情況下和詩人的影子進行「原點閱讀」了。

　　「詩閱讀」是方向的閱讀，是發現你自己「平面」之後應該是「立體」而不是「原點」，正如同「電燈泡」之後應該是「鐳射光」而不是「手電筒」，詩的閱讀只要找對了方向，詩就不會跟著文學一齊死亡。要知道，一首好詩就好像一把可以修正你的「感覺基因」的鐳射手術刀，可以讓你以不同的觸感重新去發現生命，去發現你自己，「詩閱讀」則是發現這把「手術刀」的途徑。

　　隨便舉例，我們都可以驚見詩的世界原來是多麼的新奇：「天空沒有痕跡／但是我已經飛過……」（泰戈爾）；「玫瑰枯萎時才想

起被捧著的日子／落葉則習慣在火中沈思」（洛夫）；「……天真的起點呢，剛剛滿月／除非是貼身將你抱住／最最原始，用體溫，用觸覺／用上游的血喊下游的血……」（余光中）；「她用力地梳著／直到把全部的思想都梳成了頭髮」（嚴力）；「廿年前他興奮舉起瞄準未來的那把槍／在今天早晨終於擊發了 —— ／「碰」的一聲擊倒了還不認識自己的自己」（杜十三）—— 這些詩句多數摘自「八十二年詩選」，以此類推可想而知，還有多少動人的詩等著我們去閱讀去接近了。我們應該如何找到這把「鐳射手術刀」呢？

　　首先，要破除成見，並建立「模擬多媒體閱讀」的習慣：一般讀者之所以對現代詩歌產生排斥感，最重要的原因乃是因爲晦澀難懂，事實上這些都是錯覺，因爲「閱讀」一首詩並不完全等於「讀懂」一首詩。一首詩的「內容」除了文字的意義之外，還有這首詩的聲音、形象甚至觸感等方面的聯想，而這方面的聯想本身對讀者的激發作用，有時候甚至大過文字意義本身的理解。就好像聽一首動人的歌，也許你聽不懂「她」的詞義，但是你仍然可以被「她」的節奏、旋律以及「她」所激起的想像所感動一樣，更簡單的說，「詩閱讀」本身就應該是一種「模擬多媒體的新閱讀」—— 除了文字本身的閱讀之外，你還必須在內心裡模擬「她」的聲音、形象、質感以及「她」的動態……，只不過你所使用的接收器是「腦波螢幕」而不是「電波螢幕」罷了。一般文學作品的閱讀縱然也需要這種「心法」，但是，「詩閱讀」卻更需要這方面的認識、練習與實踐，要知道，詩就像一個人在我們面前呼吸，寶貴美感經驗的獲得就像談戀愛，不能只靠本能，而是要用心學習的。

　　其次，要知道「詩」事實上是可以用多媒體的形式閱讀而無

所不在的。哲學家黑格爾就主張「詩應該運用想像進入生活的各個領域裡去」，目前我們透過報刊詩集所接觸到的詩，只不過是詩可以存在的一種形式而已，當這種形式受到後現代資訊洪流的「解構」而日漸消褪之際，「詩」其實可以趁機綜合過去的「點狀閱讀」（聽覺詩）、「線狀閱讀」（文學詩與視覺詩）和「平面閱讀」（純文學詩）的特質，再運用後工業時代各種聲光電化媒介的優勢，溶入現代的多媒體系統中來一次更切入現代人生活節奏與形態的「再現」，使其在平面的純文字之外同時也具有立體的聲音、形象與觸覺，像一個人一樣活生生的在我們面前呼吸。對於此種「詩閱讀」的新覺醒，在國外和台灣都已有或大或小的行動配合，諸如義大利的「視覺詩運動」、比利時詩人 Marcel 的詩裝置、蘇格蘭詩人 Tremelett 和 Fulton 的地景詩、加拿大詩人 Leonard 的現代歌詩、美國詩人 Laury Audson 的詩表演……，以及台灣的「詩的聲光」、「詩與新環境」、「視覺詩展」……等展演行動，都意圖在被動的純文學閱讀之外，主動的將詩納入生活和環境的軌道之中。希望在不久的將來，除了「印刷詩」之外，我們也可以更容易的在舞台上、在街道上、在電視螢幕上，在建築物裡和各種形貌的「詩」邂逅，甚至還有機會見到紐約大眾運輸系統的「活動詩篇」在台灣出現，像空氣一樣左右你的思維和情緒，到時，就請讀者進行一場動人的「環境閱讀」吧。

　　總之，「詩閱讀」的左邊是傳統的文字閱讀，右邊則是即將鋪路完工的「臨場多媒體新閱讀」，台灣的讀者現在正站在路中央。「讀書人」何妨先抽空到左邊的風景區走一遍，再回過頭來準備進入右邊新「詩」界，詩，是永遠不死的。

【1994-09-08／聯合報／41版／讀書人專刊】

圖像閱讀

依照「新閱讀」時代廣義而多元的「閱讀」理念來觀照這個複雜的世界，我們可以知道整個文明的認知系統，事實上可以簡單的化約成為幾個部門，此即文字、符號、聲音、圖像、材質、行為、味道與溫度。而人類相對於這些部門的認知（閱讀）行為，則必須透過耳、眼、鼻、口、肌膚、手足等感官的接收之後，在大腦中完成 —— 這個「認知」的過程就好像把整個世界的現象當成等待輸入的程式資料，把人體當成電腦，而上述的認知部門，則是可以接受符合人體神經網路規格的多媒體資料的傳輸設備了。

在目前多媒體的世界裡，圖像資料的「傳輸」將日漸凌駕文字符號的「讀取」之上，文字符號在一片聲光電化中，將從過去的主角地位淪為輔助說明的配角 —— 這種「顛覆」的現象只是讓「閱讀」從大腦的直接「讀取」回歸到比較符合人體感官性與結構的「傳輸」基礎上而已，因為不只一個心理學家說過，人類的學習與創作有七〇％是依靠視覺與圖像，以及相關的活動上。「視像盲」會斷絕閱讀升級，因此「圖像閱讀」的能力將成為日趨重要的「閱讀能力」。一般人看得懂電視連續劇，卻看不懂費里尼、柏格曼……的電影；看得懂寫實畫、漫畫，卻看不懂抽象畫、現代畫；看得懂照片，卻看不懂攝影，於是乎，對於依照圖像的詞

彙、語言和文法結構而成的「篇章」便完全的喪失了閱讀的興趣
與能力，以致成為某種程度的親像盲（Visual illiterate），斷絕了
使自己經由關鍵傳輸進一步「升級」的機會。

　　「圖像」其實和文字一樣，有許多相對於象形、指事、形聲、
會意、轉注、假借的認知原則和線索，依照簡單的分解，任何圖
像都具有下列的認知元素，此即：形、色、質、量、空間感與時
間感 —— 這些認知元素以其部份或全部共同組成一個圖像的認知
「詞彙」，比如樹、筆、藍色、空、硬的、舊的……等等，再由這
些「詞彙」的並置組成一幅或一件「篇章」，比如一張畫、一幅照
片、一輯廣告、一座雕塑……或連互構成一冊「書籍」 —— 如一
部電影、一齣演出、一件裝置藝術……。重要的是，從圖像「元
素」到「詞彙」的「造詞」，或由圖像「詞彙」到「篇章」、「書籍」
的「造句」和「起承轉合」的每個過程，只要是好的，能夠引起
行家共鳴的「作品」必然有其獨到的敘述美學和表現技巧可供公
評和公認。做為一個圖像閱讀的「升級」讀者，首先就是要擺脫
純感官反映的窠臼，從圖像的「元素」、「詞彙」、「文句」組構成
「篇章」與「書冊」的過程中去熟知某些基本的「字、詞」，並進
而體會某些重要的圖（影）像文法、邏輯和非邏輯 —— 這個學習
結果將會有效的轉化讀者的認知部門成為高效率的「掃描系統」，
讓讀者在面對日趨繁複的圖像世界能夠迅速而深入的進行廣泛的
「傳輸」，大幅提高你的視野，擴大你的能量，使你成為永不過時
的「神經網路多媒體超電腦」。從文字到圖像尋求類比結果，想進
一步學習圖像閱讀從「篇章」集合成「書冊」的「文法」，可以從
文學作品得到若干有趣的啟示。柏格曼的電腦使用的蒙太奇敘述
手法，很多即是從中國「六書」得來的靈感，比如：象形 —— 用

寫實的影像直接對鏡、指事 ── 以鏡頭上下左右……的運動本身附加意義於影像上、形聲 ── 運用類比聲效平行或獨立敘述、會意 ── 利用借景以象徵手法描寫心理、轉注 ── 同一動作卻連貫不同場景的跳接、假借 ── 同一場景運用不同速度互換焦點的運鏡手法改變原有意義。文學作為講求的表現技巧，諸如形容、暗喻、餘弦、象徵、暗示、歧意等，和前述的運鏡形式亦有深刻的對應關係，這些情況在現代文學作品之中，尤其是詩與小說，都能找到豐富的類比情境，只不過一個是文字的，一個是圖像的罷了。

　　總之，「圖像閱讀」是新時代日趨重要的閱讀形態，只要參與前述的觀念多讀、多看、多聽、多聯想，必然能夠因為「圖像閱讀能力」的提高而具備嶄新的視界，進而重新擁有一個美麗而多姿的新世界。

【1995-06-15／聯合報／41版／讀書人專刊】

「閱讀」改運法

　　台灣地區犯罪率的上升，無疑的，正深刻的影響著整個社會和部分人群的命運，與此同時，台灣地區書籍閱讀率的下降，也正深遠的影響整個國家和大部分人群的命運。如果說閱讀率下降、犯罪率上升和命運三者之間有直接的關係，事實上一點也不牽強，想想看，槍擊要犯陳新發會由一個父母眼中忠厚老實的孩子突變成窮兇惡極的死犯，並且強力的影響整個社會治安的命運──這之間，「缺乏閱讀」或「不良閱讀」一定扮演著某種重要的機制，因為「缺乏閱讀」代表著缺乏認知、缺乏內省與缺乏想像；「不良閱讀」則代表著不良接觸、不良觀念與不良選擇。對陳某而言，他對整個人生與社會的「閱讀」能力一定極為有限，否則他不致於只能在彈火下數鈔票，在血腥裡玩女人。同陳某一樣，有許多罪犯或有不幸遭遇的人，可能就是因為少讀了一本好書、少聽了一句好話或少看了一部好的電影……的緣故，而遭遇噩運。換句話說，也就是因為少了一次好的「際遇」而使他個人的觀念產生偏差而影響了自己和別人的命運。胡適在「社會的不朽論」裡談到一個人吐了一口痰，可能使整個社會感染疾病；在「混沌」裡提到：「北平一隻蝴蝶展翅對空氣造成的震動可能觸發紐約的暴風雨」；小兒麻痺疫苗發明人沙克說：「一個人的觀念和他的基因一樣重要。」……，依此類推，我們自然更能相信陳新發可

能是因爲少讀了幾本書才使得刑警李富星跟著慘死。毛澤東是因爲多讀了一本李白成傳才使得中國冤死了上億人，以及，因爲你今天在聯合報上多看了一篇好文章，才使得你明年獲得升遷並討得一個好老婆的道理之所在了。運用有選擇的、內省性的閱讀改變你的觀念與際遇，其實，就是改變人生命運的重要法門！

【1992-05-14／聯合報／31 版／聯合副刊】

五官閱讀法

　　如果說用腦「閱讀」文字，用眼睛「閱讀」映像，那麼，用耳朵、手和雙腿「閱讀」什麼呢？如果依照「閱讀是透過符號的接收與聯想運作以獲得資訊、知識、想像與思想」的機制而言，在台灣的中國人並非不喜歡讀「書」，而是在現象的傳播比符號的傳達更快的廿世紀末，大夥兒經過多年的西風洗禮，也跟著發展出一套五千年來從未有過的「五官閱讀法」── 用腦「閱讀」文字，用眼睛「閱讀」圖像，用耳朵「閱讀」音響，用手「閱讀」物質，用雙腿「閱讀」地球 ── 在此如嶄新的「五官閱讀法」之下，因為「書」不再只是一本本經過裝訂的印刷字頁，而可能是一部電影、一卷錄影（音）帶、一片 CD，或是一個人、一趟旅遊、一場展演、一次演說……，閱讀，當然也不再正襟危坐的逐字觀想，而可能是實地、實質的介入與參與。問題是，台灣的中國人在降低了傳統圖書的閱讀頻率之後，是否已經普遍提高了「五官閱讀」能力，而可以主動的選擇和解讀日益龐雜的聲光和電波之「書」呢？

　　讀了美國人柯南教授的「文學的死亡」，他所帶給我們的正面聯想應該是：當我們因為逐漸遠離了文學的閱讀時代而悲觀時，不要忘了，我們也正同時面臨了一個更需要講求想像力與實踐力的「五官閱讀」新時代，因為，廿一世紀的閱讀除了仍是眼睛和腦的工作之外，也可以是全身和腦的集體創作。

【1992-06-12／聯合報／31 版／聯合副刊】

爲「文化」講幾句話

── 《馬關條約的省思》

　　今年恰逢「馬關條約」割台一百週年，也是「台灣光復」五十週年。百多年來，台灣歷經了清朝、日本和國民黨三個不同政權的統治，也經驗了中原傳統文化、日據文化和五四新文化的洗禮和現代化國際思潮的衝擊，雖然，也曾身處長達數十年的戒嚴、壓抑，但由於近十年來幡然翻醒，日趨強勢的民主化和本土化導致的社會重整運動空前激烈，使得原本穩定存在的「文化一元化」認同現象又再一次的迅速解構，進而促使共同生活在這個島的不同族群在某種程度上又必須和過去一樣，主動或被動重檢自己的「文化認同」意識。於是乎，「文化認同」的歧見又紛紛的打扮成各種面貌，混入了全台灣的政治、文學、藝術和經濟活動……等等文化和非文化的領域，去影響、說服，甚至「脅迫」其他不同立場的人。面對這種文化「混沌」的現象，身爲台灣島上的一份子，我們應該如何思辨「文化」這個看似不實用，一百多年來卻在台灣島上幾度迷惘，和台灣歷史發展的命運息息相關。一九九五年三月十六日聯合報「文化廣場」同一版面便出現了兩則有關「文化認同」的報導，讀罷令人感動。

　　先說有關報導的內容 ── 其一是文建會主委鄭淑敏應立委針對所謂的「本土文化」提出解釋：「本土文化不等於『台灣文化』，因爲從歷史的縱軸看，台灣的『本土文化』實際上是西、荷、日本、漢族、原住民、光復後來台的中原文化，以及目前仍在廣泛

吸收的西方文化……等等交會於此地，而被此地所吸收的文化之綜合。」沒想到此言一出，立刻引起在場的某些立委不滿，或指責鄭主委逃避使用「台灣文化」的字眼，或認爲她的解釋沒有把「大陸」包括進去，顯有違憲之嫌。

　　第二則報導則是「台灣當代藝術」在澳洲舉行展覽引起的「文化認同」問題。或許是籌展單位太強調展品對「台灣文化景觀」的整體呈現效果吧，以至於展場的藝術質素難免被諸如意圖表現「台灣本土化特色」、「台灣和大陸的文化互動」或是「台灣殖民文化的省思」……的連串作品表象所掩蓋，於是乎，一個原本應以藝術本質的呈現爲主的展覽，卻因爲如此的景況而有「淪」爲政治色彩濃厚的「文化認同展」之虞。

　　由上面兩則實例，我們可以發現所謂的「文化」在台灣，事實上已有逐漸被泛政治化的內在動機所扭曲，甚至醜化可能。可是，「文化」是什麼？「本土文化」真的就是「台灣文化」嗎？

　　根據「文化決定論」學派和人類學家 R‧本尼迪克特的看法，「文化」乃是一種塑造個人心智的力量，是一種「生活的方式」，這種「方式」有其典型性卻不是封閉的，具有特殊性卻不是排外的。如果要爲「台灣文化」下個定義，我們便寧可相信她是「中原漢文化、荷據、日據文化、台灣移民文化、客家文化以及不斷移入的西洋文化的綜合」，雖然無庸諱言，佔有大多數的閩南人以其早期來自大陸的文化傳統，結合了來台後的移民經驗和日據經驗，已隱然發展出一脈和大陸中原文化不盡相似的海洋文化風貌，但這個面目仍然不甚清晰的「文化」，卻仍有待長時間和其他族群以及外來文化互動融合之後，才有可能蛻變成一種可大可久的整體性的「台灣文化模型」，否則，如要硬說「台灣文化」就是

歌仔戲、布袋戲，就是吃檳榔，就是唱「那卡西」，看電子花車……。那麼，身為台灣人，我也會真正的感到悲哀。

藝術應該是文化的結晶，而不應只是文化的現象。近年來，在類似當年「鄉土文學」的氣氛之下，台灣的某些藝術家似乎有一股踴躍回歸本土的趨向，各種直接對台灣民俗、歷史、政治現象的描摹、並置、倒敘……等運用現代與後現代手法表現的創作便紛紛的出現，也成功的引起了某些看膩了西洋觀念與技巧的國外藝評者的青睞，但是當澳洲當地的所有媒體只對這個展覽的「政治性文化認同問題」有興趣時，那麼，到底這是澳洲民眾的錯？展覽企劃人的錯？還是藝術家的錯呢？

藝術的創作主要是看「如何去表現」，而不只是看「表現什麼」的，「文化」特色的展現也是一樣，主要是看生活在這個文化之下的民眾如何去運用他們的心智 —— 要找出如何「運用心智」的「文化」特色，而不只是從「現象」去摘選「形貌和這個文化似乎有關」，但骨子裡表現這種形貌的「心智活動」卻不足以代表這個「文化」的特色的作品。藝術是文化的花朵，如果一個「文化」的精緻展現只能讓人用現象去感覺，而無能讓人透過其本質去體悟，那麼，這個「展現」本身是否應該再調整呢？

總而言之，「文化」是一種心智形塑的內在動能，也是一種生活方式的外在氛圍。「文化」必須在「生活」的時候敞開胸襟，尋求活化拓展其生命力；在「展現」的時候直搗本質，使其昇華以延續其特異性。最重要的是，「文化」不是某些特殊的人文現象，而是形成這些現象的精神過程，「台灣文化」，即是所有「新台灣人」能夠在未來和諧共榮，充滿幸福的內在經驗與智慧。

【1995-03-29／聯合報／11版／民意論壇】

文化是一棵會成長的大樹，不是雕塑
── 給新總統的文化建言

「文化」是一種生活的方式，不同「文化」之間雖然沒有良窳之分，但「文化」本身卻有創發、提升、融合與保存之義，在能夠增強那個文化氛圍照拂之下人民的生活品質爲前提之下，本質上，文化應該是累積的、加法的，可以傳承，可以移植，也可以生長的，而不應陷入只要「保護固有文化」，或是只要「復興傳統文化」的迷思之中，或是只要發揚我的「臺灣文化」不要你的「中國文化」的迷障底層。

日本融合中國唐朝文化和本土「神道教」及西洋文化的新文化觀，以及猶太教，配合時代，不斷修正教義內涵的開明作法，都是能夠讓一個固有文化得以嶄新形貌迎合時代生活，而仍能保有高度文化自主性的「文化進化論」作法，這種「文化進化論」的實踐，對於即將進入二十一世紀數位虛擬與地球新村新時代的臺灣，尤其值得思索、面對和採取因應。根據以上的觀念，茲提出數點實踐的方式，作爲新政府制訂文化政策的參考：

一、大眾生活文化方面：臺灣的婚喪禮俗缺乏禮節而趨於流俗，甚至流於不健康、不道德的種種現象遭人詬病，例如婚禮要來賓看脫衣舞，葬儀手續繁瑣，喧鬧有餘而莊嚴不足等等，已讓所謂的「臺灣文化」和髒亂劃上等號，對此，新政府應謀對策，

向古禮與同受中國文化薰陶的友邦尋求可供改良或簡化的模式，制訂幾套合乎現代生活型態的儀軌供民眾參用。

二、傳統節慶方面：從春節、元宵、清明、媽祖生日、端午、六月半城隍爺生日、七夕、中元、中秋、重陽、祭孔、十月半三太公生日、冬至等等大陸中原流傳過來的傳統節慶，即使到了今天，還受到大部分臺灣民眾的重視，甚至在家或到廟宇依古禮祭拜或慶祝，然而這些在祭拜或慶祝的儀式，除了「元宵」或「祭孔」尚有可觀之外，似乎都已難在聲光電化的現代生活中煥發代表「臺灣文化」的光彩。新政府是否可以參考國外甚多提升傳統節慶文化的作法，全盤對臺灣目前仍然盛行的傳統節，從服裝、道具、儀軌、活動、場地、視聽效果，像日本的「盂蘭盆」會那樣的進行全盤規劃，讓臺灣整體的傳統節慶更精緻化也更有特色？此外，對於直接、間接由黑道把持的廟宇管理，也應有全盤改弦易轍的思考與對應作法。

三、精緻文化方面：在文學、音樂、戲劇、電影、視覺藝術、建築與其他新興的精緻藝術方面，新政府除應大力鼓勵創作，擴大發表管道之外，對於文化行政人才的進用亦應排除以意識型態掛帥，避免「以本土排斥國際」、「以意識扭曲藝術」的反文化進化現象蔓延。此外，以公共資源設立具有學術權威的「臺灣文化藝術公共論壇」（公辦雜誌與公共電視共行），從純粹文化與藝術價值角度，對臺灣值得重視的各種文化藝術活動與發表進行公正而有深度的檢視與批判，同時提拔優秀的作品，以公共資源譯介到國外，或推介到國外展演。

四、族群融合方面：臺灣基本上由四大族群，共同以各自的文化形成「臺灣文化」的整體氛圍，其中又以河洛文化與中原文

化為主，但對於少數文化除了採取尊重、保護的態度之外，似應更為積極的輔以「自己的文化自己來發揚」的政策，鼓勵少數民族有系統有步驟的維護、發揚本族的文化，對於已經受到漢化較深的族裔，則可以「文化進化論」的觀點，在漢化的部分之內，嘗試引回或再融合自己的文化，以創發自己族裔的新文化。

　　總之，「臺灣文化」和世界各地各種不同的文化一樣，都是「一棵會成長的大樹」，而不是「一座具備固定形象和材質的雕刻」，樹要長得更大更高，除了廣納雨露蟲鳥之外，有時也必須修枝剪葉，或是盤根挺幹 —— 接受了這個觀念，所謂的「臺灣文化」才有可能找到真實的本體。

【2000-04-14／聯合報／14版／文化】

台灣的 24 小時

── 讓影像舉起歷史的麥克風說話

　　一九九二年的八月十九日，兩百多個銳利的鏡頭以光圈連線，從台灣的基隆一路「卡嚓、卡嚓」的看向高雄，看向澎湖與綠島的時候，那些被看到的，發生在八月十九日的「24小時」之內的台灣，是否已能告訴我們許多屬於台灣的民眾，屬於台灣的時間和空間的「台灣」？想想看，兩百多張銳利的鏡頭卡嚓作響所「切」下來的，是不是就是掙扎在時空洪流中的、台灣的一塊清晰、生動的「切片」？

　　把這塊「切片」仔細的夾出來，放在歷史的透視鏡底下看，會使我們聯想到：如果把台灣光復後至今四十八個年頭的每兩年當成一個「小時」，那麼，我們是否也可以從光復後的「台灣的24小時」內，同時看到中國、看到世界，甚至看到地球和人類？事實上，從一九四五年八月十九日開始，到一九九二年八月十九日的「廿四小時」內　也曾經有過無數的攝影家在台灣的各地拍下了如下精彩的台灣的「24小時」：

　　A.M.1:00（一九四五年八月十九日）：台灣銀行發行了千圓券及百圓券。

　　A.M.2:00（一九四七年八月十九日）：台灣在二二八事件發生半年後，已恢復平靜的秩序。

A.M.3:00（一九四九年八月十九日）：美國第三艦隊增加在台灣海峽的防衛兵力。

A.M.4:00（一九五一年八月十一日）：胡適在「自由中國」發表「致本社的一封信」，要求辭去「自由中國」發行人一職以抗議軍事機關干涉言論自由。

A.M.5:00（一九五三年八月十九日）：國軍與美軍第七艦隊舉行全島大演習。

A.M.6:00（一九五五年八月十九日）：孫立人將軍被扣禁第二年，因案「引咎辭職」。

A.M.7:00（一九五七年八月十九日）：外交部公布我與賴比瑞亞建交。

A.M.8:00（一九五九年八月十八日）：國貨幸運彩券發售。

A.M.9:00（一九六一年八月十八日）：中日商合作投資在台設立「台灣鋼管股份有限公司」。

A.M.10:00（一九六二年八月十九日）：教育部公布「接受捐助獎學金辦法」，並成立委員會。

A.M.11:00（一九六五年八月十九日）：瑪麗颱風災情公布，全台死傷九十八人。

A.M.12:00（一九六七年八月十二日）：總統府以命令公布「九年國教實施辦法」。

P.M.1:00（一九六九年八月十九日）：政府展開全面工資、工時調查工作。

P.M.2:00（一九七一年八月廿五日）：「台灣時報」創刊。

P.M.3:00（一九七三年八月十九日）：中華華興青少棒隊贏得世界青少棒冠軍。

P.M.4:00（一九七五年八月廿日）：國際電算機會議在台揭幕。

P.M.5:00（一九七七年八月廿一口）：余光中先生在「聯合副刊」發表「狼來了」一文，認為鄉土文學作家是在提倡「工農兵文藝」。

P.M.6:00（一九七九年八月廿二日）：台北市音樂季揭幕。

P.M.7:00（一九八一年八月十九日）：遠東航空班機在三義上空爆炸解體。

P.M.8:00（一九八三年八月十九日）：監委郭學禮、黃光平提出旅美學人陳文成博士陳屍台大校園報告。

P.M.9:00（一九八五年八月十九日）：經濟部審議通過美國杜邦公司來台投資設廠案。

P.M.10:00（一九八七年八月十五日）：台灣四家民營加油站成立。

P.M.11:00（一九八九年八月十日）：台灣歷史最久的詩刊「創世紀」舉行卅五週年紀念酒會。

P.M.12:00（一九九一年八月）：台灣最精緻的民營書店「誠品書店」隆重開幕。

A.M.0:30（一九九二年八月十九日）：「台灣的 24 小時」攝影活動開始。

綜觀上面的這些「鏡頭」，只是台灣過去的「24 小時」內曾經被「拍攝」的、無數精彩畫面中的「吉光片羽」而已，但經過時間的脈絡排列之後，我們依然可以讀出某種屬於「台灣」的意涵。因此，當一九九二年八月十九日，「台灣的 24 小時」攝影隊分散到台灣各地去為台灣捕捉幾萬張表情豐富的台灣面貌之後，

再經由五位分別在影像、人文、社會、生態……等範疇具備銳利
眼光的挑片委員所挑選出來的二三八張少數的珍貴照片，攤開在
我們的面前時，我們與其認定這些鏡頭乃是台灣社會一連串隨興
的事況紀錄，倒不如在精神上把這兩百多張照片當成「一張」難
得的「台灣肖相照」來看——正如同我們從一張精湛照片的影像
本質裡就可以發現許許多多用文字所無法表達，卻能夠因為了解
了其歷史或時間的背景，而更得深刻體會的照片一樣。

【1992-10-25／聯合報／25 版／聯合副刊】

台灣的文學就是本土文學嗎？

　　據報載，以台灣筆會爲主體的若干文學作家與團體在十九日「台灣文學經典研討會」的同時由全台各地北上聚集，以召開「搶救臺灣文學會議」的方式，抗議文建會以政府單位的身分委由民營的聯合報副刊選出一份不能讓人滿意的「台灣文學經典」三十冊書單，並嚴厲聲明「反對政黨操控文工，以集體方式撰寫台灣當代文學史，及入侵國立台灣文學館」云云。筆者讀罷深深感慨，真有今夕不知何夕之嘆，難道台灣政治上那種主流與非主流意識的鬥爭戲碼，也非得在講求藝術深度與人文關懷的文壇上搬演一次，然後弄得「中國與台灣互不相干」才能大快人心嗎？在這個可能對台灣文藝創作有所影響的事件上，筆者認爲有三個重要的觀念，必須與關心台灣這塊土地的所有臺灣作家心平氣和的交換一下：

　　首先，我們有必要以比較寬容的胸襟界定「台灣文學」的範疇。「台灣文學」應該是所有生活在（過）台灣、關懷台灣的作家透過文學創作所累積文學作品的集合（SET）。因此，基本上，只要是上述的台灣作家，不論是閩南人、外省人、原住民、客家人或甚至是外國人運用中文（不論你喜不喜歡）或「台灣話」（如果有的話）寫作，而能爲任何台灣人讀得懂，那麼無論任何題材都可以稱爲「台灣文學」，而不是只有台灣省籍作家的作品，或則

是只寫台灣本土事物題材的作品才是所謂的「台灣文學」—— 這個界定，放眼全世界的「文學評論準則」（The theory of criterion）都是可以被接受的。

其次，所有的作家都會認同，決定一件文學作品好壞的標準主要是他的「創作藝術水準」—— 也就是他的「敘述表現美學」是否有獨到之處，再換句話說：「題材的選擇是現實的關照途徑，但在藝術的價值上，如何寫，卻比寫什麼更重要」。如果我們不能理解這其中的道理，甚至還要捨本逐末，以勉強凸顯的「意識形態」和狹隘的「去中國化」本土觀掛帥，進而以其做為文學成就的主要或重要標準，那麼，將會有許多的「台灣文學」淪落為「不同形式的，優美的文字紀錄」而已。

第三個觀念是：此次的「台灣文學經典」評選當然有其不足與遺珠之憾，然而整體而言，此一經由台灣本地上百位優秀的學者、作家，經由純粹美學標準，公正客觀評選（至少在動機上是如此）過程所產生的三十冊經典書單，無庸諱言的，都是一時之選的優秀「台灣文學」。只是由於名額的限制，難免的也使許多其他優秀的作品未能上榜，但這並不表示那些未能上榜的作品就是比那些上榜的作品來得差。如果我們能以較寬闊的胸懷當此次的評選只是一個起步，又何必在乎那些優異的台灣本土作家不在榜上呢？即使有所遺憾，也應只有「遺珠之憾」而不需有「遺本土之憾」，更不應有「外省排斥本土之憾」吧。

上面三個觀念若能被接受，那麼，又何來「政黨操控文工，以集體方式撰寫台灣文學史及入侵國立台灣文學館」之不平呢？

（中國時報／民意論壇）

石頭的史詩

── 「美索不達米亞文物大展」的啓示

　　與人類基因一起流傳下來的「恐懼」、「慾望」與「佔有」，可能才是「美索不達米亞」這個以「石頭」爲主要元素布置而成的文明舞台上的主角……

　　美索不達米亞（Mesopotamia）係從希臘語而來，用中文翻譯是「兩河之間」的意思，而「兩河之間」，用現今的伊拉克文翻譯就是"Iraq"（伊拉克）。早在五千至八千年前（西元前三〇〇〇至六〇〇〇年），人類的第一座城市、第一次社會改革、第一部法典、第一部曆書、第一部藥典、第一種文字、第一座學校、第一座圖書館，甚至是第一部史詩、第一種宗教、第一種樂器、第一瓶啤酒、第一片彩釉、第一桶瀝青、第一件青銅器、第一類天文占星術、第一種六十進位法，以及第一次「自由」（Amargi）概念的出現，都源於現今仍然充滿戰火與仇恨危機的伊拉克境內：「幼發拉底」與「底格里斯」兩河之間的「肥沃月灣」。

一、整個「美索不達米亞」文明的氛圍是以石頭來展現

　　這兩條河流曾經何等神秘，只用其間適合農耕的肥沃土地、來來去去的不同種族，以及在當地觸手即是的各種石頭，如閃長石、玄武岩、天青石、蛇紋石、大理石、赤鐵礦石、石灰岩石、

雪花石，和兩河流域特產的赤陶土與黏土所碰撞、浮雕與壓印而出的「新石器文化」，就能在八千五百年前至兩千年前之間的六千五百年之間，率先爲人類的文明樹立了燦爛無比的典範，進而深刻無比的影響了後起的埃及及希臘文明。舉幾個例子來說：麥梗削尖加上黏土板，使得楔形文字的書寫、複印與傳遞變得可能而方便普及；小石器製成的圓滾筒式印章上刻了證明身分或計數的符號，便利隨時複印在黏土版上且不易僞造或仿製，促使了貿易與契約的盛行；刻有二百八十五條規範婚姻、繼承、買賣、盜竊處罰……等有關生活的「漢摩拉比法典」法律條款，用整塊高達兩百二十五公分，直徑六十五公分的堅硬黑色石灰沙岩雕成巨大的雕塑，分別立在各個城邦的公共地點，供人民隨時得以黏土版複印、傳遞、遵循。這種用石頭複製、傳播、用石頭自衛征戰、用石頭耕種吃飯、用石頭蓋房居住、用石頭記錄學習……依循「工具理性」的文明特質，至今仍然是追尋希臘文明遺蹤的西洋文明的重要骨幹。雖然從西元前二五○○年前開始，銅器與鐵器文化也逐漸成熟，但整體而言，整個「美索不達米亞」文明的氛圍，仍然是以石頭肌理的展現、物理的運用與形式的創造爲主調的。但如果我們細細思量「美索不達米亞」文明的其他「成分」，當可以發現，除了以石器爲工具耕種收割的麥穗、以石器爲傳播印材的黏土及各種石頭、利用石頭傳遞的楔形文字，以及各種來來去去運用石頭戰鬥與生活的民族之外，與人類基因一起流傳下來的「恐懼」、「慾望」與「佔有」，可能才是「美索不達米亞」這個以「石頭」爲主要元素布置而成的文明舞台上的主角。

二、人類文明是乘著「慾望」、「戰爭」的兩個輪子而來

　　「美索不達米亞」文明從較中國「良渚文化」要早六千二百年的西元前九五〇〇年興起，至西元一四〇年左右隨同楔形文字的消失而被阿拉姆語與希臘文明取代為止的近一萬年間，計有以攔人、蘇美人、波斯人、閃米族人、阿摩利人、阿利安人、伊蘭人與馬其頓人……等數十種民族在這個舞台上演出締造人類先期文明的歷史，從最初的城市「艾力都」、「蘇美文字時期」、「基西、烏魯克、烏爾、拉卡希、烏瑪城邦時期」、「阿卡德帝國時期」、「烏爾第三王國」、「古巴比倫時期」、「卡賽人的巴比倫第三王朝」、「新亞述帝國時期」、「新巴比倫時代」、「波斯帝國」、「大流士一世」、「亞歷山大統治巴比倫時期」、「賽流卡斯王朝時期」到波斯文化與希臘文化興起而導致這個文明舞台的沒落，我們看到的是不同民族之間的不斷血流征戰，各種追尋永生與信仰種種天神的宗教祭拜，以及為了避免恐懼、滿足慾望而導致的各種發現與發明。誠如《哲學的華廈》一書的作者哲學大師威爾‧杜蘭所說的：「人類的文明是乘著兩個輪子來的，一個輪子是慾望，另一個輪子是戰爭」，為了滿足慾望，為了贏得戰爭避免死亡，同時也為了死後能有永生，為了解決各種生命、生存與生活問題的「文明」，才能找到溫床迅速繁殖。「美索不達米亞」的文明發展也是一樣，是人類的慾望、戰爭與恐懼乘著麥穗、石頭、文字與宗教構成的四輪車所碾壓而成的道路，引著人類到達二十一世紀此地的文明的。

三、人類尋找文明的過程是為「愛」的追尋？

　　《聖經》上有關「創世紀」與「大洪水」的傳說，都曾在古

蘇美語 "Gueden"（古伊甸）是「水草豐美的平原」的說法，以及最早史詩《吉爾拉加美斯》與蘇美歷史文獻《蘇美王表》的記載中找到其原型。人類在以新約聖經出現而劃分的新年代以前，幾乎花費了一萬年的時間才從仇恨、慾望與恐懼之中找到文明的出口，而來到仍然充滿仇恨、慾望與恐懼的今日，《聖經》則早已料到今日種種，而把過去一萬年間人類找尋文明的過程，莊嚴的歸納，並指示爲「愛」的追尋過程，然而，在面對此刻「石頭」已然失去光輝卻充滿聲光電化的嶄新時空，人類的文明是否仍會以仇恨、慾望與恐懼駕馭著比「美索不達米亞」的石頭還要實用、精準與華麗的數位化高科技，毫不理會「愛」的呼喚而自行飛奔發展下去呢？那會是一個什麼樣的世界？走筆至此，我不禁想起法國羅浮宮提供，在台北「國立歷史博物館」的展場中一件象徵與希望，由白色大理石刻成，用紅寶石嵌上雙眼與肚臍，在巴比倫希拉墳場發現的高約二十五公分的伊希塔女神像，同時，耳邊也響起另一首來自「美索不達米亞」史詩，描寫猶太人被囚的《巴比倫哀歌》裡的幾句詩：「我們曾在巴比倫的河邊坐下，一想到錫安就哭了。我們要把琴埋在那裡的石頭下，因為在那裡擄掠我們的敵人，要我們唱歌……」

【2001-04-12／聯合報／37版／聯合副刊】

論人類「存在」與「本質」的來去

一、前　言

　　我們所處的這個社會之中，包括人與人之間，人與物之間，以及物與物之間，存在著許許多多爲人類所共認的當然之理。根據這些共識的當然之理，人類演繹成一個龐大的真理體系：科學的、宗教的、倫理的……於是構成了一個諾大的本質世界（essencial world）。人類就生活在這個廣大的本質世界之中，受環境支配，再支配環境，逐漸的，人類對一切理所當然的習慣了，對於那些共認的當然之理也就不去關心了；然而那些所謂的當然之理，其真確性是否誠如想像中的事，是一成不變的？而其錯誤又足以構成什麼後果呢？也就更少有人去注意了。有人覺得這是一個不容忽視的問題，因爲這些因素足以構成人類文明進展的阻礙，而影響整個人類以後的生機。於是愛因斯坦出來了。他把牛頓式的宇宙觀念，從近代科學家的腦海裡連根拔除，否定了根深蒂固的傳統宇宙觀。然而他是少數的幸運者，有更多的真理之士卻因爲搖喊著他們的新見解，而被社會否定、被埋沒。主要的原因沒有其他，不外是那些新思想與傳統的當然之理抵觸。人類因爲受了傳統的羈絆，而對於新事物力加排擠，或冠以邪說詖辭，抹煞了它整個進展的機會。這種眾口鑠金的例子在歷史上可以找

到很多，從哥白尼的繞日說以至尼采的否定上帝，一直到廿世紀的現在，仍然屢見不鮮。這些事實指出了一個很可悲的現象：「大家是錯的，而你也是錯的，你是對的；大家是錯的，而你是對的，那麼你就錯了！」

因此，懷著有點顧忌的心理，我完成了這篇似乎違背了傳統的論文。不是怕它帶給我什麼壞的惡果，而是擔心大家傳統的道德觀念來研判它，要是那樣，那就大錯特錯了！所以我必須事先表白：「這篇文章內所闡演的思想，完全是一種真理的探討。我只是在肯定或否定一件事物而不是在破壞一件事物。」

這是一篇從各方面討論人類「存在」（existence）與本質（essence）來去問題的文章，或許有人看了題目之後，會認為我在談「存在主義哲學」，事實上不是如此的，我只是藉用這兩個已界定的名詞，來說明我對人類的一些看法罷了。在展開討論以前，容我把這兩個名詞的意思，再做一番簡要的說明吧：

（一）存在（existence）：Fact, mode of existing or living。亦即 being 的意思，簡單的說，一切的「有」——包括事實上的，可見的與不可見的表徵——就是「存在」。

（二）本質（essence）：that which makes a thing what it is。亦即原素，要素之意，人類的要素是什麼呢？就是人性，什麼構成了人性，當然是後天的道德、宗教、科學……等等文化形式，因此「本質」也可以這樣解釋：（An immaterial existence）——精神之存在。

下面，就讓我們開始來討論正題：人類本質與存在的來去。

二、存在的起源

「生命的來源是什麼？」

「人類來自何方？」

這兩句話卻是生物學上的問題，雖然有些人已經知道了，然而我認為還有擴充說明的必要，因為上述的兩個問句裡，還包含了一項「環境塑造存在」的概念。

科學告訴我們，地球開始形成於十億年前，形成的當初，它只是呈融熔的狀態，經過了一段長時間的冷卻之後，原始大氣層裡的元素在熱海水中漸起了變化，由僅含的甲烷、氨、水蒸氣和氮氣等等，合成了複雜的機物，如蛋白質、糖類、脂肪以及嘌呤和嘧啶是生物體內合成核酸的原料，海水中因而慢慢的產生了一種含氮而能自行生殖的膠體，這就是地球上最原始的生命，爾後再經過自然淘汰，以及連續突變（mutation）的結果，慢慢的演化成為各種原始生物，這是生命來源的簡單說明。而人類的產生，便是此種原始生命在長時間的衍生與轉變之下，以及自然環境的影響之下，演變而成。寫到這裡，我要開始引藉達爾文的進化論，來說明我前述的那一個概念。達爾文的演化論就是自然淘汰說（Theory of nature Selection）他認為這就是生物之所以由簡而繁，由一個單細胞生物形成各種不同高等動物的主要因素。生物體經突變而產生新種，這是新動物必須經過環境的考驗與選擇，才能決定它能否生存，而人類便是在這種選擇與考驗之下，幸運的勝利者之一。人類軀體的構造與生存環境的關係，用來說明那個概念是最好不過了，人類有兩條腿用在陸地上行走，有利用空氣的肺，用來呼吸地球上的氧氣，有明亮的雙眼用來辨明世界上

的事物嗑啶。這些例子說明（一）腿與陸地。（二）肺與氧氣。（三）雙眼與事物，於是乎就形成了一種對應的關係：祇有在這種合理的對應之下，人類才有生存在地球的可能，若把人類的這些軀體結構帶到海洋的環境中去，人類根本就無法生存了，在這裡我們可以得到一個結論，即：因為有這種環境，而存在是一項事實，所以才有這種形式的存在。也就是說：某存在的形式恒為某環境的一對應，唯有在這種環境之下，這種存在的形式才合理。就像一個模型，只有把形象鍛成模型的樣式，這種形象才能存在。例如：海樣的環境形塑海樣式的存在，陸地的環境形塑陸地式的存在……等等。

　　上面所說明的有關人類存在的起源與性質，乃單就「環境」一方面來說。至於時間對人類的存在有什麼意義呢？從地球的形成與改變以及生物的演化過程來看，我們可以這麼說：「時間改變環境，環境影響生存。」這句話說明了此後人類存在的改變性，亦即告訴我們一切生物的演化隨著時間對環境的改變而繼續。就如我們把「現在」移到中生代，那麼，以前是個演化期，以後仍是個演化期。我們無法肯定在此後過著一段漫長的生命週期裡，人類仍然保有此刻的生命形態，不是有人預言將來人類會形成巨首細肢的怪物嗎？要是在那漫長的時間以後，人類所屬的環境也來個巨大的變易，而與我們生存的形式成不了合理的對應時（如變成了整個汪洋大海），那時人類可能就要被淘汰了。

三、本質的決定

　　人類從草昧之中掙扎了出來，帶著純獸性的血肉之軀，在榛莽湖沼之間打天下，從啃生肉、飲鮮血的純本能生涯，一直到目

前這種聲光電化的高水準生活，從殘殺肆虐的原始獸性，變成周遭這種有道德、有價值的文化性，這段漫長的經過之中，說明了一項本質已在人類的身上逐漸形成，然而是什麼促使了這一系統本質的形成呢？現在主要就在討論這個問題，並為大家說明下列這些概念。（一）存在決定本質。（二）環境與存在的相對影響與演變。（三）真理的時間性與空間性。（四）價值相對論。

（一）存在決定本質（existence create essence）

存在主義有一句名言：「存在先於本質」（existence precedes essence）。這個命題通常的意旨是：「任何一樣東西，除非是存在著，否則便不具任何性質，也不屬性任何類別（coplestion）」（Contemporary philosophy p. 126）在「存在主義即是人文主義」一文中，沙特（Sartre）曾對這句話做了一個詳盡的說明：「如果上帝不存在，那末至少有一個東西，它的存在先於他的本質，這個東西存在於它的任何概念所能界定它以前。這個東西便是人。我們說存在先於本質是什麼意思呢？我們意指著人類先存在著，在這世界上遭受各種波折，而後界定他自己。……」在這句話，他很明確地再告訴了我們一個概念：「存在決定本質。」我們可以這麼想，人的本質與人的存在本身必須是一個合理的對應，「唯有人這種存在，而存在是一件事實，所以才有這種本質。」

以上是我引用了存在哲學所做的一個輪廓式的說明，至於這種決定的過程，我認為引藉佛洛伊德（Freud）（1856-1939）的人格形成（Character Formation）可以解釋明白。

我們先把人類的本質形成，縮小為一個人的人格構成來談吧！

　　佛洛伊德（Freud）在他的人格論裡，把人的結構分為三個部份，即伊底（I.d.）自我（Ego）與超我（Superego）。一個小孩子剛誕生時只具備了生物體的一切本能，亦即佛氏所說的「伊底」，而後逐漸養成了本能應用的技能，談話、吃奶、抓東西、走路等。舉個例子證明，一個嬰兒若是有人教他做些事情，一段時間之後，他就會很快學會這一切，若是突然間中止了，他伊底上的希求，如養奶等，因為飢餓，這嬰兒可能咬吻自己的手指頭，但是因為手指頭給他在本能上的感受譬如味覺，與以前喝奶的感覺不一樣，於是他便會企圖於周圍尋找其他東西，例如拿木塊塞在嘴裡，這樣一次又一次，最後他終於找到了一塊麵包，於是，他就由這些經驗領悟到一件事實，他知道一些白白的，軟軟的東西是可以吃的東西。根據這個原則，他用來判斷以後所遭遇到的東西是不是食物。這些事情的發生使他的經驗更為完全，而形成一種知識，此即自我完成的初階，這些思想早在歐洲篤信的時代（age of faith）就由一位哲學家西圭納斯（Aquines）提出為來為駁奧古斯丁（Augustine）的邪說了，他辯稱一切知識，基於經驗，而且人類的經驗亦只有經由人體的感官經驗獲得。人類在這種環境下所獲得的經驗，除了自我的形成之外，尚有自我對超我的絕對影響。因為自我是在一種「實有原則」之下的經驗知識，自我的形成使一個小孩子懂得如何取食，或如何去做一件事情，然而這只在實有原則之下做出來的行為，還必須經過一段外在的允許之後，才能得到「合理」的自由。舉個例來說明，一個小孩子懂得如何找食物吃了，於是他把一隻糖罐打破，拿出裡面的糖塊來吃，東西吃到了，滿足本能的需要了，卻受了父母的懲罰，於是這個經驗指示了他以後不能這麼做。類似這些經驗的累積，做某些事受到

褒獎，做了某些事受到懲罰，逐漸在他的腦海裡形成了一種行為的指導系統，這便是超我的形成，人類道德與行為規範構成的初階，此後他個人的所做所為必須在伊底、自我、超我三者的協調下完成。

「我肚子餓了，想吃東西。」這是伊底的反應。「櫥子裡的幾個麵包，我可以設法偷幾個來吃。」這是自我的作用。「不行啊！我不是犯罪了嗎？」這是超我的「壓抑」。於是在三者交戰之下，倘若這個人的超我戰勝了伊底，無疑，他便可以做個君子；要是他的確餓得不堪忍受，那麼他就可能犯罪了 —— 以上便是一個人格形成的簡單說明。

下面就讓我們論到本題，把人類本質的形成過程，做個說明。

從洪荒到初民，為了團結抗拒野獸與洪流的侵害，人類開始組成了部落，在這裡面，自我與超我逐漸形成，並擴大了。前者演成了目前的科學，後者則為法律與道德，這便是本質世界的前期。我們可以分為1.宗教的成因。2.道德。3.知識。三方面來談。

1.宗教的成因：人類所處的環境原來就是個等待瞭解、探討的對象，初民時期的人類，對自然充滿了新奇與畏懼。產生了閃電，他們就猜測這是天上的神發怒，有洪水，他們說是神的懲罰；他們把遭遇到的一切不能解釋的事物，都歸之一個「神」。於是這個神在他們心中，便是一個充滿威力、神秘而可懼的東西了。上帝的觀念便是由此而起。「乃由於人類的無知和恐懼心所造成。接著人類的幻想、熱心、欺騙把它加上裝飾和歪曲，人類的懦弱它表示崇拜，輕浮使它保留了下來。」（這是 Herbert 和狄德羅的說法，見陳鼓應著「悲劇哲學家尼采」P.60）在他們的心目中，有力量使他們幸福，也有能力使他們悲慘。為了獲得神的授福，他

們便用各種方法博得神的歡欣，於是他們打祭禱告，默拜，各式各樣的宗教便由此開端了。總而言之，宗教是由自我的不健全以及伊底的渴望之下產生的。依照尼采的說法，宗教是自由我的不健全以及伊底的渴望之下產生的。依照尼采的說法，宗教只是人類一種懦弱的文化，我認爲這種說法是不無道理的。我們可以這麼說：「宗教的形成也就是人類存在形式的一種本質決定。創造與幻想的本能加上環境的啓發，使人類導出這種設想，這是一種合理的對應，存在對本質實行的一種塑造。」

　　2.道德與法規的成因：人類在最初的部落生活之中，由於互相接觸的宗教不同，單一滿足式的行爲，必須經過互相妥協的階段，方能保有原有的利益。兩個人爭一塊肉，由於妥協之後的利益和競爭之後所得的損害比較的結果，往往促使他們肯定了一次新的行爲標準，而這個標準則必須在使他們作爲伊底滿足的原則下成立，於是就這樣的，人類與人之所以需要妥協的地方，逐漸變成一次法規，這便是道德、法律形成的初態，這是就本能的影響方面來說的。此外的因素則尙有宗教的影響，這種迷信的作用往往成爲堅固的道德法規的主力與後盾。因爲人人畏懼神，因爲神具有懲惡獎善的權利。這種以宗教爲束縛人類的行爲的例子，尤以西歐國家爲多，由此演成了他們以基督教文明爲體系的文化。中國人的道德法規則完全是獨立於神權之外，他們只講入世的實用，講完美，因此光「妥協」所產生的規律並不足以形成他們超我的所有結構。此外，道德的形成思想家也有決定的作用，這可以周公、孔子一系列的儒家思想事例說明。由於周公的制禮作樂，形成中國社會道德的初模，而後再經孔子的發揚與擴展，益增加了它的完美，此後這些思想便一直統馭了中國人的行爲，

中國人的超我於是溶進了「捨生取義」諸類的高超思想了。

3.知識（knowledge）的成因：依照心理分析學派的說法，由每一個人滿足「伊底」的方式，可以看出一個人的人格是否成熟。

人的生命力完全依賴於本能的推動，小孩子餓了，伊底把這個感覺傳遞給他，於是促使了他產生一種反作用式的行為，他餓了，便亂抓咬。然而，成年人餓了，他們卻懂得達到更高的滿足。初民為了滿足性慾，便採取了亂交的行為，而文明人則採更進一步的方法去滿足這種性慾，例如接吻、藝術，有若干藝術追根究底，其原始成因就是性慾的裝扮（disguise）。為什麼人類會以這些間接的行為去滿足慾望呢？主要是由於伊底與超我的衝突。譬如人類的性慾與性禁忌便是一種衝突。然而人類為了滿足這種本能，除了合理的允許（如婚姻）之外，還利用了許多扮裝的辦法，把滿足性慾的行為加以裝扮，而演變成一系列的性文化（人類的文化「性」是一種主要推動力）根據這些說明，人類文明的主要成因，就是在本能的慾念與外在的限制下，採取的一種裝扮行為的衍生，也就是伊底與超我的衝突，促使了自我的成長，因為要解決那些衝突，就必須仰賴自我的調節，於是人類文化便在這種自我的進展中逐步向前推進了。或許有人要問，人類初時超我的結構尚不健全，與伊底引起的衝突必定很少，在這種情況下，文化如何形成呢？

當然，人類的文化有時只是沿伊底自我的方向，而沒有牽涉到超我衝突的。烹調術、醫藥、交通……等就是一些例子。

寫到這裡，我想可以看出，所謂的本質之如何決定，伊底的趨力是主要的原因了。

道德規範的形成是隨環境而異的。西方宗教式的道德規範與

中國入世的道德不盡同，然而，環境只能影響微小的差異，其共通的原則仍然是由「本能的同一模式」決定而成的，統觀世界各地的道德體系，其構成的主幹無疑的都是人道主義。人類需要生存，則需仰賴本能，而能予人類本能以實有原則的指揮的，不外乎文化道德，亦即雖有在這種文化與道德的庇護與應用下，人與人之間的本能作用才不致由互斥而導致互滅。

總而言之，因為人有這種存在，人類才有這種本質。人身上的衣著，是因為有人類的存在而存在的，有了人，才顯示衣著的重要，也就是因為有了人的存在，才決定衣著的形式。因此，人類的本質（包括一切道德、宗教等等文化形式）與他的存在便是一種合理的對應，在這種合理的對應之下，人類建立了他的生活。

寫到這裡，讓我們先回溯前一章的結論「存在決定本質」附合一下。我們可以說三者是成一系列的關係的，最後，我要舉出兩個例子，加強這兩個概念的說明。

1.環境塑造存在：海中與陸上的環境不同，因此兩者的存在便不相同，例如魚與人類。

2.存在決定本質：人類和魚類的存在不同，因而兩者的本質便不同。例如人類的文化與魚類的文化（我們不知道魚類有無文化，但也不能否定魚類沒有文化，這個問題留待下面「價值相對論」再討論。）

以上已勾出了我這篇文章的前提，下面開始讓我們深入地討論吧！

（二）環境與存在的相對影響與演變

「地球是人類生存的環境，人類是地球上的一個存在。」這個命題存在與環境之間有那些關係？本文告訴你一個「主客循環影響」的概念。任何生物的存在，無疑地，都是一種生命的感體，然而，藉由先天本能上的各異結構，這些感體對環境的感受作用也就不同。我們是人類，人類的感體受了環境的什麼影響？又影響了環境什麼？在討論這些問題之前，我們先成立一個定義，設人為「主觀體」，設地球為「客觀體」，然後以下面的例子為前提。

有一個生長在窮困家庭裡的青年，由於幼年飽受了這種環境給他的影響，諸如飢餓、寒冷、疾病等等的折磨，這些外在的壓力因素使他的「伊底」得不到先天的滿足，然而本能的驅力卻命令他的自我解決這個問題，於是在這種外窮內渴的狀況下，他只得努力成長他的自我，幾年後，他有健全的「自我」去解決這些問題，因此他的家庭便由困窮而富了起來。環境於是改變了，原來只有草茅地蓆的地方，一變而為豪華寬敞的洋房，後來輪到他的兒子。這環境給了他兒子兩種可能的影響，一是上進的鼓勵，一是安逸的消沈，所以這個環境可能會益加堂皇，也可能再衰淪為貪乏。如此下去，一代又一代的，環境影響主人，主人影響環境，便構成了一種相對循環的情況。

這個例子就是人類與地球的關係的一種縮影（在這裡家庭、地球是「客體」，主人、人類則是「主體」。）

大洪荒時代，人類持著滿身的慾望，面對著蕪莽的世界，由於周遭充滿了恐怖、洪水、猛獸，隨時都有毀滅的可能，這些外在的影響加於他們身上，再由本能的驅使，他們以奮鬥來擴展生

存，因此，他們藉本能搏鬥，想盡方法逃避洪水與災難，逐漸的，這些原本只是本能「反射作用」式的活動，使他們獲得了許多生活的經驗，藉著這些經驗，他們成長著「自我」。由生食穴居而造車起屋，由漁獵活動到農作耕耘，慢慢的，他們生活的環境也跟著改觀了。他們不用在荒草野藤之中穿梭，也不用在深淵污沼邊徘徊，因為，他們擁有了一個蒼翠碧綠的田園世界。房舍遍佈，坦道四通，他們用這種安逸的環境來培育他們的下一代，於是，舊的去了，新的來了，環境不斷的轉移，他們也不斷地改變。然而，人類在這個環境所受的影響，只是成了一種表象的主客關係而已。我們稱這種環境為「存在環境」。存在環境藉著人類的感官，驅動了人類的本能，發展了人類的自我。人類再藉著自我，指揮本能改變環境，以達成使「伊底」更覺舒服的環境，這便是主客循環的初階。僅限於感官與主客循環影響，後來人類的文化在部落生活中開始演繹，構成了一種新的精神世界，即「本質世界」。此後本質世界也加入了影響人類的環境了，自然有了人類的歷史之後，這種本質的世界對人類的影響逐漸代替了「存在環境」，我們稱之為「本質環境」。毫無疑問的，「本質環境」是「存在環境」藉著主體對它的感性形成的後天環境，兩者對人類的存在與本質的形成，都居著模式的決定地位 —— 這個說法與「環境」塑造「存在」，「存在」決定「本質」的說法並不衝突。最初的形成的確是這樣的，然而本質環境形成之後，它就必須分擔影響「本質存在」的任務，因此我們可以這樣列式：

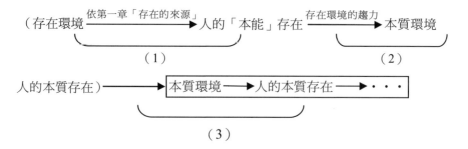

註1：→（箭號）＝form（形成、創造……等等）

註2：右式（1）表「環境塑造存在」階段；（2）表「存在決定本質」

　　　階段；（3）表「主客循環」階段

　　譬如我口袋有十塊錢，再以這十塊錢賺了一百塊錢，那麼，這是一塊錢賺了一百塊錢？或是十塊錢賺了一百塊錢呢？都可以說。這個列式又說明了一個事實，即存在環境對人類具有兩種影響，第一是在「幸福的來源」裡所寫的「人類存在形式的塑造」。第二則是「對本能的影響」（驅使人類的「本能存在」創造出「本質存在」。）

　　在本質環境中，一切禮教與道規一一的出籠。而形成影響人類最深的一種新客體。誠如前一章所說的，它促使人類的「超我」愈臻完整，於是進而與人類的「伊底」引起糾紛而掙扎出來一系列的文明。這裡所說的「超我」當然是最原始的「超我」，因為在原始社會裡，周遭所加於他們的禁忌仍少，他們的腦海受妥協法規的控制仍然是微弱的，雖然如此，它影響了他們的後代，在人類的行為經驗中日益增大，而形成了上述的禮教與道規。（此外當然還有宗教與思想的輔因）

　　現代人剛誕生便被拋入聲光電化的社會裡，我們的幼年時代

對環境的感受，早已不再是原始人面對著湖泊與荒野了。我們耳濡目染的視覺上是充滿建築性的近代世界，有大樓、有汽車、有電燈、有……聽覺上接觸的更是一片不停的煩囂，並且在受教育的時候，除了那現成的道統之外，我們更學習了一些解釋環境，征服環境的科學知識，現代人一呱呱就地，除了和原始人血肉之軀相同的「本能存在」之外，從乳母的懷抱開始，就有一套現代的自我與超我等著加諸於他了；不像原始人，還要在一片神祕中自己摸索，自己創造。於是，在這種「本質環境」中，人們很容易的受了影響，吸收了人類千萬年來的經驗，因此，持著一個空前完整的「自我」，他們把整個力量投注於更遠的前途上。

　　寫到這裡，「存在」與「環境」的主客循環影響的關係應該有了一個交代了。這種「主客循環影響」的關係，永遠是促成人類文明向前進展的一種主動力，也就是說：有這種關係的地方，才有生機，才有文化。

（三）眞理的時間性與空間性

　　由前面所述我們可以看出，形成人類道德法規的成因，主要是行爲的「妥協」，再由於宗教的輔助，思想家的宣揚而完成的。有人說：仁義道德觀念是人類的本能，我認爲這種說法有加以斟酌的必要。依我看來，人類除了軀體的本能構造之外，其他都是這種本能對應的衍生物。由於這一套道德與知識在幾萬年來的歷史中迭遭考驗，幾千年前適用的規則，有的因此而被淘汰了，於是新的崛起，代替了舊的。譬如中國古代女子須遵行的「三從四德」與黑暗時代的「唯心論」，便從人類的道德中被拉下來了。這些例子說明了，真理具有時間性，西方、東方的道德不盡相同，

其原則上亦有顯明的相異之處，這說明了真理的空間性。本質的時間性與空間性，以人類既有的幾千年歷史以及人類生存的地球上來說，其差異就有許多令人驚異的地方了。這裡我們只討論人類「本質環境」裡的真理的時間性與空間性。

「人類的本質包括道德價值上，宗教上以及科學上的知識，永遠都是一種變易，因爲我們尋不出永恆不變的真理」。下面我要開始這方面的事實來說明這命題。

1. 宗教：在西方，神的觀念早就開始它對人類行爲的統治了，它除了直接影響人類的道德之外，對其他文化亦有不可磨滅的決定性作用。一直到猶太人創出了一神教，這種神的觀念更深深地支配了西方人的一言一行，在這種神權的世界裡，奧古斯丁以他的唯心論演成了歷史上的篤信時代（Age of faith）在這個充滿迷信的時代裡，奧古斯丁的哲學爲人類決定了一次空前的神權世界，他塑造了一個可怕不可知而具有一切權力的上帝，並闡揭了一種「原罪」的理論（Original sin），把人類蒙上了深深的罪惡感。因爲人生來就有罪，因此他必須處處以行爲來彌補荒謬的行爲，諸如（1）以獻金給教會來確知其他在煉獄受苦的時間，（2）他們可以兇殺或其他強暴行爲來取悅上帝，因爲當時社會人們篤信一個具有神威的上帝存在，它爲真理的主宰，於是由這種思想演繹成那種令人卑視的行爲了。在那個時候，他們對上帝信仰的程度就像我篤信「1＋1＝2」一樣虔誠。在那種時空下，上帝的存在就等於真理的存在，是不容置疑的，然而，時間促使人類「自我」成長，加上基督教預言世界未來以及十字軍東征結果的失敗，便開始了「懷疑時代」（Age of doubt），於是「上帝即真理」的時間過去了，代之而起的是「文藝復興」的時期。在這個時空之後，

只能利用一番改變來獲取繼續的生存。這時，神權仍然苟延殘喘，直到尼采的出現，上帝才被判了死刑。尼采否定上帝是基於本能的觀點，下面便是他否定的理由：「我們應該了解每個人的一舉手一投足均非上帝的意旨，人類生存的意義無需假想一個上帝來肯定，信仰的範圍亦不可能交給一個不可知的上帝去管轄。人類的活動與客觀的存在均可由人類自己意識作用與認真活動去體驗，去了解，去肯定。」（見陳鼓應著「悲劇哲學家尼采」P.60）。儘管宗教在二十世紀的今天仍然盤據著人類生活的一部份，然而和中古歐洲那種篤信的盛況比較起來，宗教似乎已被從貴族降為平民了，原來是人人必須的「主」，現在只是可理可不理的安慰品，宗教的時間性至此可以大白了，至於它的空間性，更是清楚不過，各個地方都有不同的宗教，不正是個很好的說明？

　　「信教才能懂得真理」是一類的論調，「宗教對人類根本沒有用處」又是一類的論調。我認為一個人只要自己能發揮崇善排惡的個性，對自己的行為有勇氣負責，宗教對他便是多餘了。要是宗教能助長一個人的修養，信信也未嘗不可啊！

　　2.**道德**：道德對人類的約束與宗教有異曲同工之妙，同樣的，古代的道德標準與現代的道德標準有很顯著的變異，在目前的社會裡，一個人所做所為只要合於法度，縱使他把仁義道德拿來當幌子，做鄉愿，人們再也不能用前那種尺度來詬病他的行為了。尤其是兩次大戰之後，這種道德價值更是瀕臨毀滅邊緣，因為人類在和平時講的仁義互助，在這種弱肉強食的情況之下，也不過是一幅殘破的生靈圖罷了。在戰爭的殘酷之中，人類真正的體會到，道德上那些善美的言語只是醜惡人性的裝飾，這裡到底是個冷酷無情並充滿暴力的世界啊！於是那些有關神的合理的概

念便紛紛被人唾棄了，於是他們只能生活在「主客分離」
（Subject-Object Split）之中，存在主義興起了，他們叫囂著要創
造一套價值系統，尼采也出來了，他把上帝拉下寶座，要人類回
歸自我。在這種情形之下，傳統的道德有逐漸被否定的傾向，人
類已面臨一次轉變的邊緣了。羅素也在「犯罪的意識」（見《幸福
之路》）一章中，主張我們要以「自我」去懷疑「超我」、「去批判」
超我。因爲世俗在道德上過份的做作阻礙了人類情慾活動的範圍
太大了，他認爲人類必須先持有理性，然後才有理性之外的美麗
與幸福。「像一座花園一樣不必要的籬笆徒然增加視觀上的阻礙罷
了：我們應該舉起理智來破除這些腐敗的道德。」羅素如是解釋。

由此觀之，人類理性的發展，有改變「超我」結構的趨勢。
我認爲在不久的將來，一定會如今天之對於往日，道德的尺度將
隨人類文明的進邅而逐步轉變。在歐洲，「性」已慢慢的解放了
──在中國，陳腐的道德律亦已殘存，這些不都是道德性與空間
性的最好說明嗎？

綜觀上面之例，再看看下表對傳統形上學與現代形上學架構
的比較，我們可以得到更完全的結論來了。

類別＼時期		柏拉圖到黑格爾	黑格爾到存在主義者	
本質論		絕對精神	物先在	
觀　念	整體論	普遍存在	個　體　論	特殊的存在
	確定性	永恆不變	動　盪　性	沒有永恆不變的法則
合　理　性		現實的即是合理的	荒　謬　性	現實的都是荒謬的
齊　一　性		個性無差別	物　異　性	個性自由
有　神　論		上帝永遠站在人類頭上	無　神　論	上帝死亡
理念世界		最高的世界──天堂	現實世界	建造人間天堂
感　　性		意識決定存在	感　　性	存在決定意識

		感覺	割離	人與物、人與人、人與自己的割裂
			遺棄	上帝被人遺棄，人被人遺棄
		絕　望		希望是靠不住的保單
		虛　無		絕望、焦慮、顫慄
		死　亡		存在的結束，人生的盡頭

　　總之；人類的「本質」是「存在」本身選擇的一種人格的結構式。某種「本質環境」對人類的影響如何？「伊底」告訴自我，「自我」便替伊底設想。假使他能給伊底好的感受，「自我」便相信他，要是他給「伊底」只是一種蒙蔽，「自我」發現了便會出來干涉，於是，「本質環境」便發生時間性與空間性的改變，用來迎合「自我」的需要。譬如大戰以前，人類本來是對仁義篤信不疑的，然而戰爭造成仁義的破損，給了「伊底」苦痛的感受，這種感受促使「自我」對仁義本質的堅固起了懷疑，於是仁義的本質就可能被改變了。人類的慾望是無涯的，因此他們對「自我」的操縱亦無涯，「自我」不斷地被壓迫，面向新環境，而伊底正是這種創造的監工，就這樣，在時間的洪流裡，在各種變動的環境之下，本質不斷地被改變，被決定。

（四）價值相對論

　　「人類是萬物之靈」是一個命題，是人類用來自己肯定自己，歌頌自己的一個「真理」式，不知從什麼時候開始，這個觀念被灌輸到每一個「人」的腦海中，還被「理所當然」地應用著，幾乎所有人類對它的絕對性均深信不移。然而，這句話真是牢不

可破的嗎？這裡，我試用一種價值的相對觀念來斟酌它。

獅與牛的故事：一隻野牛在草叢中吃草，獅子走過來，看見牠吃得那般起勁，就笑牠說：「傻子，那麼鮮美的小動物的肉你不吃，卻偏偏啃那些枯澀無味的草根，世界上再沒有比你更荒唐的了！」

野牛聽了獅子的嘲諷，不甘示弱的回答牠：「你才荒唐呢？這些美味可口的嫩枝不會享用，卻吃那些腥味刺鼻的血肉，你還有頭腦嗎？」

兩個東西就這樣辯了起來，最後只有鬧到山神去請求裁判。山神向牠們說：「你們都對了，你們也都錯了。然而，要是你們把食物對調，你們都要餓死了。牛總不能要獅子吃草的，獅子也不要牛吃肉，你們有各異的能力，循著自己的能力去選擇自己的食物吧。」

比較兩件事物的價值，我們得先選取一個客觀的標準，而這項標準必須是同時適合這兩件事物的。獅子與牛的能力條件不同，一個是肉食動物，一個是草食動物，因其能力條件，用來判定其行為正確與否的標準亦不相同。當然不能就單方面的標準，用來衡量能力條件不同的雙方面啊！若單就牛而言，因其同一的食物標準，我們就可以拿這項共通的標準，來衡量兩隻牛取食物的價值了。人吃的是這樣的食物，若有人以草根為食，那麼我們就可以根據人類共通的取食標準（美味的，營養的）來否定那個人的取食價值了。

把這種相對關係擴展到整個人類的生活以及其他生物的生活上去，再來看「人為萬物之靈」這個命題，以我們人類的觀點來看，其所成立的原因，不外乎人類有文化、有理性，而其他生

物則無，而文化之所以有價值，亦不外乎它造成人類生活的美滿與舒適。我們姑且不去研究對這種文化的形式，而單拿它的價值來說，我們可說任何生物均有其仰賴各種生活方式來獲得生活美滿與舒適的能力。這種生活方式即本能形式的對應，隨本能形式的不同而異的。人類有複雜的本能結構，為了滿足這種複雜本能的需要，他們賴以各種複雜的文化，而其他生物的本能結構較為單純，每一種存在形式都有其本位的主觀作用，就如獅子與牛一樣，人類也不例外。說不定其他生物也以人類衡量他們的眼光來衡量人類呢！文化價值的意義在於使其生存得以更完美，然而近世紀來的現象指出這些文化，逐漸的顯現了「在小部分滿足你，在大部分屠殺你」的現象了。從此而生的痛苦，不就和文化的價值背道而馳了嗎？各種存在形式（本能的）形成了各種世界。

　　而各種世界的標準不同，我們就不能以一個世界去衡量另一個世界。就本能構造的相異性來說，人與物是如此，而就「本質感受」（人生觀）的差異來說，人與人亦復如此。哲學有它自己的世界，市儈、藝術家也有自己的世界，然而各個世界的標準是因人的本質感受的差異而不同的，因此，各個世界均不相干。

　　由上面這些說的，我們得到一項結論，一切的價值都是相對的。（人間之所以會有苦悶的存在，「絕對」的不存在是一個最大的因素）。

四、「本能主觀」的科學

　　看到這個標題，可能大家要以為我在胡說了：人類科學怎會是主觀的呢？

　　科學是人類為滿足慾望，「自我」（ego）發展的一項活動，

為了追求更美滿的物質生活，人類在智能上發揮了空前的能力，一行行新的事物被創造出來，人類的生活涉入聲光電化的境界。然而，這些能證明人類的科學前途是循此而不易的嗎？我認為事實並不這麼樂觀，因為人類的科學受了主觀本能的牽涉太大了。

叔本華曾有一句名言：「世界是我的意念。」這句話說明了什麼呢？說明了世界只是人類感性的一種對應。巴涅特（Lincoln Barnett）曾對我們人類的「存在環境」下了這樣的解釋：「因為每項客觀物體均是它的多種性質的總和，又因為這些性質只在於人的意念之中，所以質與能，原子與星球組成了整個客觀宇宙，除了把它當成一個意識的結構以外，它並不存在。……」愛因斯坦把這一連串的邏輯條理拓演到了極致。他說明連時間和空間也是直覺的兩種形式，和我們觀察顏色，形狀和大小的概念一樣，同是不能脫離意識而存在的。空間除了藉我們所發覺的客觀事物的群眾與排列來認識它之外，並無客觀的存在：時間，除了藉事情發生的先後次序來度量之外，也沒有獨立的存在。」相對論入門這個結論很令人驚訝！既然世界是意念塑造的，整個「存在」也就離不開本能主觀的樊籠了。那麼我們的科學行為超出某個範圍之外，還能得有它的客觀性嗎？「憑模糊的感官來觀察宇宙的人類，對可能存在宇宙內任何客觀實體之間的那重障礙，幾乎是無法跨越的。」舉個例子來說吧，「我們感官所認同的形象與波動力學所測出的，便毫無相似之處。」「在科學思想進化過程之中，有一件事已經非常明白，這就是，物理世界的神祕，沒有一個不在告訴你，它後面還有神祕。一切智力探究，一切理論和推論的引領，最後只把人類領到他的一切智慧所不能跨越的深淵。因為人類受到他本身的存在，也就是他先天的有限性和直覺的桎梏。人

類視界擴展得愈遠，就會明白這個事實，就如物理學中所說：「我們同是生存在這幕大戲劇中的觀眾和演員。」因此，人類最神祕的問題就是：「人類自己，人類因為不認識自己，所以也不明瞭把投身其中的廣大無垠的神祕宇宙。」由此，我們得到一個結論，「主觀的感受不能解釋客觀的真理」。因為，「主觀的感受」（本能的主觀性）只是客觀環境（存在環境）的一個對應，而我們不能以該定理去證明該定理本身。

　　真理的客觀性在人類本能的主觀中迷失了，這不就等於宣判人類前途的末路嗎？為了挽救這方面的危險，有人認為當前最重要的問題就是「建立一種超感性的工具來取代感官，而將表象世界加以區別，以指明宇宙內的基本構造與真相。而這種實體的真實世界，也就是無色、無聲，像潛伏在人類理解力之下的一座冰山，那樣的空虛的宇宙，那是用象徵符號搭起來的架構。」於是，人類的智力設計出了重力、電磁力、能、電流以及動量原子、中子這些「概念」，用來幫助他認識隱藏在事物表面之下的真正客觀存在。「因此，科學提出了多種不同的象徵符號來說明純客觀的現象，替代了感官所提供的紊亂的，不實的解釋。」

　　柏拉圖說過：「視域所及的世界就是監獄。」本能主觀的科學被判定囚禁了，而這種超感官的符號真能構成科學越獄的路徑嗎？我們知道，在那種不能直覺的符號世界，是得不到經驗世界的消息的。在這種形式與經驗脫離的狀況下，我們所有的只是一片抽象罷了。誰說它不會把人類帶向更深遠的迷濛呢？

五、結論 ── 人類的前途

　　人類要往那裡去呢？從存在的形式，以至本質的決定，我們

可以看出環境是先天性的主要影響條件，綜合以上的多種說明，
我們可以這種關係列成一個次序：

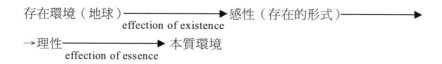

存在環境（地球）——————————→ 感性（存在的形式）——————————
effection of existence
→理性——————————→ 本質環境
effection of essence

　　在這個表列裡，環境是一個變元，環境變了，一切都將改變，
而時間是改變環境的動力，因此在這種時空性的限制之下，人類
的一切，包括存在式，本質式均將隨著時間與環境的改變而改變。
以今日觀察，人類的存在由無而有，有劣有優，而以未來看今日，
何嘗不會有這種改變？我們可以這麼預測，假使宇宙其他的星球
中存在著生物，他們的一切，一定與我們不同，而他們的文化也
是我們所不能瞭解的，就誠如我們不能瞭解螞蟻和蟑螂有否文化
一樣。愛因斯坦的相對論正指出了一項驚人的事實：「我們在這個
環境裡所經驗的一切機械現象，在這個宇宙中只是一個例外。」
您相信嗎？

　　顯然人類的生存是被限制住了，他只能在某一段時間與空間
之下，用一種不變去解釋另一種不變。超越了這個時空，我們所
能獲得的，也就很渺茫了。或許在長時間的繼續演化之後，人類
的存在形式又要來一次改變，（如由猿類化為人類）那時，將有和
今日絕不相同的存在式，周遭的環境意義也將大大不同了，物理
世界不同了，所謂的絕對也不過是某一段時空裡的事。既然我們
沒有一個不變的環境，用來從事不變的真理活動，我們對遙遠的
將來也就無法臆測了。

　　人類往何處去？物理世界的探討對這種本身就是一種變易

的存在來說，似乎已經很渺茫了，那麼我們能夠做些什麼呢？我認為這是人類應該反省的時候了。我們應該想看看，物質世界給了我們什麼？又帶我們走向何處？人的存在難道只是慾的存在嗎？我的答案是否定的，人類應該導引自己，因為我們可以摒棄外在世界的永恆，卻不可不有內在的永恆。人類「不變的存在」的範圍的時空性，在整個宇宙中不過是曇花一現，滄海之一粟罷了，如何在這只有一粒沙的地方創造出永恆的世界，這才是人類務須警覺的地方。有什麼路帶我們走向這個世界呢？要能解決這個問題，人類務須對現實的文化價值做一番重估 —— 至少，人類應該把物質的方向轉向精神的世界了！

　　從一開始，人類就把一切的文明價值建築在慾望之上，這無異於把高樓大廈建在狂流急湍之中，那有不受毀滅的理由，戰爭鼓動了這條激流，而在慾望狂飆之中，在你爭我奪的烽火之下，這一切價值體系還能經得起考驗嗎？迫切的問題不是再建，而是如何化這股激流為靜流，然後，我們的建築才能獲得保障，人類才有幸福可言，當然，我的意思並非抹煞人類的慾望，而是以精神的價值來導引慾望的昇華，藉它來建造永恆的世界，水靜了，我們仍可讓它昇華，藉著水蒸氣的力量，我們非但不怕建築的倒塌，還可以完成更偉的工程呢！肯定生存是價值重建的根本，假如人類還有希望，在於我們把「慾」投向一個新的方向。記著！存在的滿足只是生命的手段，惟有本質的建設，才是生命的目的。

（本文發表於 1968 年「台中一中」校刊，作者
當時就讀於台中一中理科二年級，時年十七歲）

靈魂的觸感

― 面對朱為白的藝術有感

　　與朱為白在陽明山的華興中學同事，已經是近三十年的往事了，印象中，那個時期他的作品主要是黑白分明的木刻版畫，古樸純真，兼具深沈而充滿力道。之後在台北他與李錫奇合作的「三原色畫廊」裡，看到了他另一系列以撕貼與筆墨並置的作品，感覺他的生命情懷已經朝著「無為而有為」的方向邁進，直到最近在北美館的「朱為白八十回顧展」，才更驚覺於他創作內涵的躍升，已然是「以白為朱」，「以白為黑」，「以黑為白」，經由靈魂的觸覺從「空」中演化而出的萬象萬物與千年萬年了。

　　「剪刀」的基因，從朱為白以剪布製衫為業的祖先三代以前，就已經伏潛在他的創作元素之中，這基因或許是經由東方老莊的「空」，西方封達那（FOUNDANA）的「切」，以及蘇拉吉（SULAGI）的「觸」……等東雨西風的聯合誘發，終於構成了朱為白晚近以「朱、黑、白」為相，以麻、棉、紙為質，以剪、刀的「破」為節奏、韻律與速度的，可用獨到面貌彰顯他「靈魂觸感」的嶄新創作文法。

　　朱為白的「靈魂觸感」，雖然和其他無數的視覺藝術一樣的起於視覺，過程卻是從年輕到老年的「悟、淨、化」（朱為白三個時期的作品名），不斷擦拭自己靈魂的「觸感再現」，讓人「看」

到的則是內在幽微之處的轉折、層疊、昇華、頓悟、上升，以及張開靈魂才能觸摸得到，感覺得到與發現得到的「禪的肌理（TEXT）」。

是這些看似無為卻大有作為的肌理，「化」成了朱為白「是朱又是白」，「是白也是朱」的「大破」藝術。凡事無破不足以見真相，朱為白的「破」類似禪靜的「頓悟」，是非邏輯的，是直指人心的，是和朱為白在年少時與大地、砲火、生離死別磨擦過的經驗，以及和他步入中老年之後與妻兒朋友與及敵人擁抱過的歷煉有關的。因此面對朱為白的藝術，平面的或是三維已經不是重要的觀點，重要的是，那些看似和剪、刀一樣銳利，卻和心臟跳動一樣真誠的「肌理」與觸覺，是否能夠讓你用靈魂觸摸到朱為白生命中那些深刻的「磨擦與擁抱」。

偉大的藝術家大都擁有獨特的「生命結構」，先有豐實的「生命結構」，加上好的美學理念與技巧，方有豐實的藝術表現。面對朱為白的藝術，筆者相信，空有美學理念與高超技法，若無豐實的「生命結構」做為土壤，所生長的藝術終究是貧乏的，無法動人的。巴爾札克說過：「藝術除了感動人之外，甚麼都不是。」

台灣是需要更多感動人的藝術，像朱為白一樣。∎

第二部　跨領域的藝術
— 新「看」法

迎接一個新的「批評時代」

在最近十年當中，台灣的整體文化生態已經產生了前所未有的急劇變化，一方面，由於兩岸的隔絕已達四十年，中原母文化的根源因爲阻塞而減弱了歷史承續的傳輸功能，而另一方面，則由於資訊科技的發達，早把台灣從一個古老國度的邊陲之地快速的推向聲光電化的國際生活舞台之上 —— 在如此長期而振幅頗巨的時空位移之下，即使近兩年來的開放政策已使得「文化中國」中比較敏感的「微血管」開始近鄉情怯的嘗試再度聯結，卻仍然因爲時空的扭力大於人的抗力，相信至少在可預見的未來，台灣的文化形貌仍然是以四十年前退守而來的中原文化向現代或後現代的國際思潮「跳接」所剪輯而成的，不同於中國歷史上任何一刻的嶄新「映像」爲主了。

因此，即使是所謂的藝術，也難逃此種宿命式的影響。在比較慎思明辨的精緻藝術或精緻文化的層面，都已因爲此間蒙受了自由主義長期的影響，使得傳統的慣性美學思維在西風的衝擊之下紛紛「解構」，而朝向一個比較吻合多元化世界觀的形貌進行空前的「再現」了，更何況一般的大眾藝術及文化？後者可說是毫無招架之力，不是依樣畫葫蘆模仿日本原宿的青年次文化，便是「東施」效「西施」，把速食店式、好來塢式的一些腔腸刺激當成了自己發諸肺腑的詩歌舞蹈……，全然讓自己的個性、族性

和創造力解構成罐頭、吸管和踢死狗舞步，而只能用第二天茫然而模糊的一面鏡子尋求生命的再現 —— 在這麼一個百味雜陳、價值混淆的文化生態中，做為一個現代人，究竟要如何選擇，才能從這一塊結實的浮木做為美的信仰，用來撐起或者安置自己那一顆逐漸遠離傳統陸地，卻在世界性詭異的美學洪流中掙扎的，孤獨而彷徨的心靈，而免於迷失甚至滅頂的命運呢？對於大部分的現代中國人而言，「美」，和其他的文化一樣，雖然也逐漸摻雜了其他外來文明的形貌，在本質上卻仍然是慣性的接受大於理性的思辨與發諸內在的需要，在東方向西方靠攏、傳統向現代跳接的高溫速變過程中，在還來不及看到一個均勻的、穩定的、和諧的，化合（synthesis）了古今中外優美質素的嶄新美感文化出現在台灣之前，我們此刻看到的是前衛和傳統的對抗、創新和保守的拉拔，歐美和漢唐明清的對峙……等等「極化」的文化混合情境 —— 美和藝術在此便愈加顯得難以捉摸，和道德的「善」、價值的「真」同樣的面臨了被徹底稀釋的遭遇，然更無所不在，卻也更加的難以確定，因為原先具有定形定位的美學「固體」，此刻，已經在時空的高溫之下，化成了隨容器而異，隨氣候而變的美學「液體」了。因此，面對此間種種聲色蓬勃，透過畫廊、舞台、劇院、唱片、印刷……等等大眾傳媒「容器」不斷向現代人的耳目和心靈展示，訴求的所謂藝術，一般人如欲分辨其中的好壞高下，恐怕很難只從其繁複的形象中獲得一致的看法，即使有人進一步想以冷靜客觀的學術性程序，意圖把所見的「藝術流體」現象凝固，還原成可資丈量尺寸、可資描述形貌的「固體」，並用來告諸大眾，可能也會因為難以再現藝術創作的過程和動態，而淪為符號的「再解釋」與作品想像的文字障。但是，即使在如此進

退兩難的情況之下，我們卻仍然深深的企盼一種有效的藝術批評風氣能夠建立起來，並以其做為專家之外的大眾也能參與共享的，美感經驗交換的橋樑 —— 因為我們相信，對於一個開步邁向多元化的開放社會，批評的存在與過程確實要比批評的結果來得意義重大。

　　當然，在堅持這樣一個理想之下，對於「什麼樣的批評形式才是台灣的藝術現況所需的」這個前提，聯副的立場是希望在時下一般報紙文化版的報導（review）和學院派的學術評論（critics）之外，以國內主要副刊的身分，提供一種具有學術觀點而省略學術論證，具備大眾關懷特質，而能寓合美學啟示的，類似紐約時報、巴黎論壇先鋒報、時代新聞週刊⋯⋯一類的藝術短評形式，期望以一針見血的論評，直指藝術作品的良窳和特色所在，而以之做為大眾思考的參考座標。這一類的短評寫作對執筆的評論者而言確是一個考驗，因為，第一，他必須拋除一己的偏見和人情的包袱，以自己確實經歷的美感經驗對藝術作品做一番誠實、理性而嚴謹的評斷；第二，誠如藝評大師愛克曼（James S.Hckerman）所言，他必須以其評論找出該藝術品的唯一性（uniqueness），也就是要找出某種材料、技巧、象徵或觀念，在同一類藝術家或同一文化中是唯一的那種特質。

　　馬戈里斯（J.Margolis）認為：「藝術批評是對藝術作品，主要從美學的立場，加以描述與評價的活動。」以此觀之，如果這一類的短評省略了描述（詮釋）的過程，而只著重在評論家摒棄了政治、道德、宗教的偏見之後的理性、誠實評價，那麼，無疑的前述「唯一性」的洞察，便成了批評者最主要的任務了。

　　事實上，藝術創作在具備了一定的技巧水準之後，已很難單

從它的形貌評斷它的高低，在此一足以傳達的階段，除了從其聲色形式接受感動之外，應再從其本質的內裡去找尋此一形式所從出的原創性美學根源，並依此一美學信仰的理念去檢驗其創作實踐的程度，看看作品的結果是否具備了提昇生命意義的獨創性美爲條件 —— 此種心腦合一、信仰和行動合一、創意和實踐合一的創作本質，不僅是畢卡索、塞尙、杜象、康丁斯基、費里尼、貝多芬……等等大藝術家是如此，即使是嬉皮的大眾藝術、龐克的叛逆藝術……等等，亦莫不是從一種「唯一性」的美學思維中找到其存在的獨特風格的。

所以，如果一個理性的藝術批評系統的建立，能因此而使人了解到「藝術真誠」的意涵並找出原創性與唯一性的可貴，那麼，即使不是那般刻意的要求絕對的客觀或四方討好的可愛，此種批評存在的本身和其展現的過程便必然的，能爲此間逐漸茫然而不知所措的美學價值產生激濁揚清的淨化效果了，而我們除了虔誠的期符此一開風氣之先的創舉，能爲台灣日趨紛亂、彷徨、人云亦云的藝術環境產生積極的辯證作用之外，更希望能藉以使掙扎在美、日次文化之中和遭受西方美學襲捲耳目心靈的朋友們，擁有一個比較清明和省思機會，用來復興生命的自主性、創造性和文化的使命感。

畢竟，藝術、文化和生命一樣，都是要在不斷的批判之下才能成長壯大，才能獲得尊嚴的。

【1989-09-16／聯合報／27版／聯合副刊】

現代詩藝的新展望
——「詩與新環境」展演後的省思

　　詩的源流起先是口唱的詩 —— 一種非文學的歌謠藝術，而後是筆墨、口唱並行的詩 —— 詩開始文學化，卻同時也和繪畫、歌謠戲曲等產生結合，以多元的藝術形態共存共榮 —— 接著，則是印刷凌駕筆墨時期的詩。

　　詩接受了現代主義的觀點，以文學形式獨立化，並以文字符號純粹化。換個層面說，詩在接受不斷輪替的大環境所制約而演變的傳播形態，是從早期的「點狀傳播」（面對面口語傳播）、「線狀傳播」（筆墨記號傳遞傳播）進入了近期可以大量複製傳播的「面狀傳播」時代的。問題是，在面臨近十多年來的資訊電波洪流的激烈衝擊，而使得人類文明傳播的基本質素由文字符號迅速蛻變成電波符號的此刻，詩，這種在人類史上曾經光榮的只以純文字形態存了近百年的文學藝術，是否就此停止了因應此一嶄新的新環境的呼吸和脈動，而拒絕從平面傳播的時代奔向和聲光電波共存的「立體傳播」時代呢？

　　這是一個值得爭論的課題。但是，如果我們也能從另一個「並時」的角度同時進行思索，那麼，上述那種可能性的堅持則已然正在遭受挑戰之中，因為我們已經看到了：

　　美國近代詩人 Marcel Broodthaers 以他精采的詩文結合現代

裝置藝術的「環境詩」創作已受到國際藝壇的重視；蘇格蘭詩人藝術家 David Tremlett 和 Hamish Fulton 的地景詩作受到了矚目和喝采；義大利的新潮作家 Magdalo Mussio 等人仍在孜孜不倦的從事視覺詩的研究……，此外，加拿大的詩人兼小說家 Leonard Cohen 把他的詩溶入民謠的歌唱中，感動了許多人；被譽為「愛爾蘭的靈魂」的 Van Morrison 仍舊狂熱的將愛爾蘭的詩作溶入自己的現代詩歌詞中 ── 這些散布海外，意圖融合現代詩與現代聲光媒介與質材的實例，如果再加上早年的眼鏡蛇藝術群、六十年代的 Bob Dylan……等，將讓我們更加清晰的發覺：現代詩在文學的純粹形式之外，同時也藉由聲光等嶄新媒介向現代人的生活領域努力擴散之中，當然，純粹的文學詩經由多元化媒介的「再創作」之後，或許就像小說改拍電影一樣的不能完全「忠於原著」了，重點是，在一流的翻譯都很難「忠於原著」的情況之下，我們又何苦去苛求一種新興的藝術必得百分之百的忠於「原著」呢？又為什麼不能把這些經由再創作或甚至已經是原創的藝術，也看成是獨立的作品來欣賞呢？更確切的說，在不可避免的後現代情狀波詭雲譎之下，各種原本獨立的藝術界限正在消除之中，不僅詩和其他視覺藝術、聽覺藝術的界限正在消除，戲劇和表演藝術界限正在模糊，即使是音樂和語言、繪畫與裝置、裝置與建築……，愈來愈多反映新時代特質的整合行動正以一種超乎「現代主義傳統」的想像，快速而強悍的，有如當年印刷術逼退筆墨書寫形式的姿態，向聲光電化一片繁榮的人類嶄新環境進行或明或暗的偷襲與進占。以此趨勢觀之，可能不出十年，現代詩除了仍然艱困的保留某些優秀的純文學面貌之外，將難免有更多的作品，像中國筆墨時代的詩被轉化為書、畫、戲曲再創作的素材一

樣的，變成現代藝術家再創作以及互動創作的素材，而以迥異於
印刷字體的形貌，更具體、更活潑的在未來的嶄新環境中溶入聲
光質材而立體起來，甚至還可能以「新詩中的新詩」的表情，和
現代文學詩在未來的詩壇上同時並現或者爭榮競存。

　　鑑於這樣的嶄新潮流已經逐漸形成，而台灣部分的詩人則仍
然因為純文學詩的日益蕭條、孤絕而感到苦悶，卻又保守的排斥
納入聲光的嶄新環境接受再創作，以及愈來愈多的現代人遠離了
文學符號而趨就電波符號的此時，我們覺得有必要繼續六年前開
始的幾次「詩的聲光」演出和「視覺詩」的展覽，進一步以更新
的形式打破詩人和畫家、多媒體藝術家以及音樂家的界限，共同
舉辦此次的「詩與新環境」展演系列。展出的主旨，是期望在九
十年代的台灣也能藉由本土的詩人、藝術家對新的時空產生的積
極回應，提出一個可供思索現代詩與新環境互動的現場和事件，
並藉以吸引其他的詩人、藝術家和更多觀眾的參與，共同來探討
中國現代詩與新環境進一步互融的可能性。

　　值得欣慰的，哲學大師黑格爾在其著名的「美學」裡的兩段
話，也似可做為本次「詩與新環境」展演系列的鼓勵：

　　「詩的藝術不應在具體現實世界裡要求保持一種絕對孤立
的地位。詩本身是有生命的東西，就應深入到生活裡去。」「因
此，詩也可以不局限於某一藝術類型，它變成了一種普遍的藝術，
可以用一切的藝術類型去表現一切可以納入想像的內容 —— 本來
詩所特有的材料就是想像本身，而想像就是一切藝術類型和藝術
部門的共同基礎。」

【1990-10-11／聯合報／29 版／聯合副刊】

詩與藝術

── 從「火的語言」到「光的對話」

　　文學、繪畫、音樂……電影等傳統藝術的「個體式界限」，也不得不在一片新時代蒸發的新美學高熱中溶成了「液體」……

　　以「藝術的全方位」為展出主題的今年國際大展「威尼斯雙年展」新闢了一個名為「詩與藝術」（基希拉之旅）的展區，邀請了多國優秀的藝術家以不同的呈現手法，如裝置、繪畫、觀念、行動等藝術，對某些以反映新環境、新時代為主的詩作進行多元媒材的再創作。從「裝置藝術」角度放大看來，「詩」在此似已變成了一種嶄新的「媒材」（Media Material），和紙張、顏料、木頭、不銹鋼、圖象、符號……等等可以構築空間藝術的各種材質一樣，也展現了其為構成「零件」或者「主體」的視覺（空間）藝術表現和表演藝術，也在某種程度上，從偏重視覺呈現的定向活潑而轉向其他更有彈性的表現空間了。

　　「眼鏡蛇畫派」（Cobra）的主要成員多托蒙（Christian Detremont）在四十多年前就曾經對「詩文」做為一種藝術表現材質提出有趣看法，他說：「詩文是可以當成一個可以『看』的造型對象來對待的，文字在『意義』之外的造型可以透過自動書寫或印刷處理，而使其具有視覺上不同質感，讓你有如『看到了北京的街道或埃及的石獅一樣』，而和周邊的色彩、線條、質感……等

共呈有機性的畫幅效果……。」事實上，這個觀點在某種平面的造型意義來說，和「中國傳統詩畫的以筆墨的線條爲交集」的事實是有所呼應的；而在平面的「詩畫共溶」之外，當現代藝術跳出傳統的平面畫幅和立體雕刻的圍限，以更敏感的身段反應新時代、新科技、新環境、新觀念，並且淋漓盡致的用多媒體進行多彩多姿嶄新表現的此刻，我們也已經看到了：比利時近代詩人 Macel Broodthaers 以他自己的詩結合現代裝置呈現的「環境詩」已受到國際藝壇的重視；蘇格蘭詩人藝術家 David Termlett 和 Hamish Fulton 的「地景詩」受到了矚目；當代觀念藝術大師 John Cage 提出可以觸摸的詩和可以組合的詩的理論……。其他，如大陸的觀念藝術家徐冰以其自創的木刻文字完成的「末世紀析世鑒」巨幅裝置，也被歐美重要藝評家認爲是：「以詩的質感透過視覺藝術的共現，對人類進行官能意識和心靈潛意識的神秘整合。文字的意義在此已被化約爲單純而聖潔的傳道姿勢，雖然沒有人能懂，但那確實是詩。」徐冰的自創文字無人能解，但卻已經由他獨特的美學敘述，使那一大堆「天書」透過詭異、神祕的「符徵」自行演繹成一大首「具體詩」（Concrete poem）了──詩在此是視覺藝術的「零件」，也是視覺藝術的「主角」。

　　台灣的詩人與藝術家對「詩與藝術」的認知，大多仍然停留在「詩畫合一」的傳統平面階段，至於在平面繪「畫」之外的其他多元藝術與詩之間的互動或共容關係，則似乎鮮有人觸及。一九九一年「誠品藝文空間」舉行過一次「詩與新環境」的展演，也帶給了當時踴躍的觀眾新鮮的印象。此外往前推舉，有關的發表在台灣曾經出現的，也似乎只有一九八五年與一九八七年兩次分別在「新象藝術中心」與「環亞藝術中心」兩地舉行的平面化

的「視覺詩」(Visual Poem)展了,不像此次的「威尼斯雙年展」和其他歐美地區的各式「詩與藝術」展那樣的,把詩的「空間化」創作當成一項嚴肅的現代文化課題進行切磋、探討。

從「詩與藝術」跨領域的互動創作把話說回來,廿世紀末的批判,不論你喜不喜歡或認不認同「後現代主義」,你都無所遁形的必然受到事實存在的「後現代情境」的影響 —— 其中在藝術上最主要的兩種「情境」,乃是「多元共現」與「界限的模糊」 —— 在各種嶄新的文類夾著資訊聲光的高溫裂解(Fission)出現的時空裡,文學、繪畫、音樂、建築、舞蹈……電影等傳統八大藝術,已逐漸的無法維繫單一的媒介,而被迫或自願的介入其他藝術的範疇去尋求更新的表現形式,如此,文學、繪畫、音樂……電影等傳統藝術的「固體式界限」,也不得不在一片新時代蒸發的新美學高熱中溶成「液體」,更使得彼此間的問題變得更能滲透、流通而「曖昧」了起來。事實上不只藝術是如此,各種學術領域的探索的整合趨勢也日見熱絡 —— 慢慢的我們已經發現,沒有一種領域在「後現代」的此時仍固守傳統的範疇而能更新研究的內涵了。

從「火的語言」到「光的對話」是筆者承續自己的理念,以宏觀的人文與美學角度對「詩與藝術」所進行的一次較為艱難的美學實驗與實踐,期望獲得各界先進的指教與批評。

（1994 年 4 月,聯合報副刊）

美在一九九四

── 看「台北現代美術雙年展」

　　國際上有幾個著名的藝術「雙年展」，諸如巴西聖保羅雙年展、威尼斯國際雙年展、紐約惠特尼雙年展……等，都是歷經數十屆，廣爲國際藝術家和文化界所重視的藝術展出活動。這些「雙年展」之所以能夠廣受矚目、參與，除了藝術水準代表了一時之選外，最主要的，乃是其所楬櫫的，以藝術打破國界、消除文化隔閡、促進人類和平的主張，在其展出過程中均能有效的發揮整合人文差異的功能，並使得人類的文明新貌在此一莊嚴的展出「儀式」中獲得尊重與省思。兩年前創辦，時值第二屆的「台北現代美術雙年展」在面臨世界文化生態迅速朝向「第三波」變動的衝擊之下，自然也有邁向上述國際雙年展地位的雄心大志，因爲，這乃是台灣經濟地位上升，文化、政治地位卻仍囿於弱勢的此時所必須要有的行動之一。

　　和國內任何官辦美展公布結果之後的情況一樣，儘管此次「雙年展」的評審揭曉也引起了若干爭議，然而如果我們能夠冷靜的綜覽六位得獎藝術家的展出，則不難發現包括中、日、德三國的國際決審團應有其所堅持的美學主張，並已有效的透過公正的評選過程，爲一九九四年的台灣接生了具有獨特風貌的六種「美」，析述如下：

材質之美：具有二十年創作經驗，曾屢獲大獎的藝術家賴純純，運用生活環境中觸手可及的石頭、磚塊、木頭、鐵、繩索……等質樸的材料，加以簡單的造型處理而後進行隨機的空間裝置，讓不同的材質之間產生諸如協調、緊張、映照、共生、連鎖……等有機的對話，成功的在物與物之間、人與物之間營造出人與空間的多元對位關係，產生動人的效果。

反諷之美：擅長油畫表現，喜歡繪畫批判社會現象的畫家吳天章，嘗試「解構」台灣現有和既存的文化圖騰，將這個社會的疼痛以漫畫式的誇張圖像「再現」成一幅幅「另類油畫」般的聯作，強而有力的表達了他對這塊土地的諷刺。平面的畫幅之外，卻促狹似的同時在寬厚的畫框上面進行反繪畫的顛覆；非真實的影像卻故意描繪得有如記錄照片般的真實……，吳天章企圖重組我們不能容忍的歷史和文化現象，以他獨特而潑辣的「美」向我們的眼睛和受囚禁的心靈攻擊。

工藝之美：具有巴黎大學造型碩士學位的顧世勇，以他慣用的邏輯性綜合媒材裝置，誠懇的引導觀眾進入他象徵與神話、實存與抽象相互辯證的世界。在一系列具有「哲學工藝化」意圖的作品中，我們可以透過類似舞台布置的神祕景觀檢視他的人文關懷和美學實驗 —— 藝術家藉由「工藝」發現了他自己，也讓別人發現了世界。

環保之美：曾入選第一屆雙年展預展，現為專業藝術家的黃志陽，以啤酒罐、電線、塑膠碎片……等等現代「垃圾」結合陶藝完成了一系列造型突出、活潑有趣的「雕塑裝置」，具有「化腐朽為神奇」的巧思與雄心。此外，他的蒼蠅人系列版畫在變化空間裝置的再詮釋之後，也有效的呈現「傳統現代化」的創意，值

得深思。

死亡之美：留學西班牙，曾經三次死裡逃生，也是今年雄獅美術創作獎得主的簡福，喜歡透過各種不名的有機混合無機物，散發著殘敗氣息的「綜合媒材」塑造出雄渾悲壯、堅強勇毅的巨幅雕繪。他的每一件作品幾乎都是他化腐敗為生機、化卑微為偉大、化頹廢為質樸，轟轟烈烈的「死裡逃生」的經驗再現，能讓觀者禁不住心生「死亡何懼」、「死亡乃新生之母」的向上感——而這正是好的藝術動人的重要質素之一。

光之美：具有寫詩背景，從未正式學過畫的杜十三，嘗試以大量的反光和發光媒材大膽的轉化他的符號世界。他以一首千行詩和五十首情詩為素材完成的「生命塔」地景裝置聯作和名為「愛撫」的「書型裝置」，事實上，乃是想整合素描、書寫、抽象畫、浮雕、攝影、光碟、裝置……等形式，運用詩文、行為、人體、發光媒材和時間等複合媒材的四度空間實驗。在講求磅礴氣勢和韻律之外，他意圖在現代主義和後現代美學的統反之間做一辯證。

著名藝術哲學家 Joseph Kosuth 認為好的藝術作品應該具有「從自己的文化本質長出獨特性」、「從國際的潮流中抓住新的時空性」，以及「從自我的生命內裡凝煉成語言的傳達性」的能量——依此觀之，上述六位藝術家各具風貌的作品所組構成的本屆「雙年展」，雖然難免仍有缺失有待改進與加強，但在「獨特性」、「傳達性」、「時空性」的要求下應已有某種程度受到積極的肯定才是，因為這種「獨創的、具有時代意涵而能讓現代人感動」的「美」，正是「一九九四台北現代美術雙年展」努力為生活在一九九四年的台灣所追求的目標，而且，在某種意義上，這個在文化上具有旺盛企圖心，在觀念、思想、技巧、形式、內容上均能充

分自由發揮，對台灣的社會、精神現況能深廣兼俱，用心反映「雙年展」，應該也是另外一種「台灣之美」在美術館中具體而精微的體現吧。

【1994-07-10／聯合報／37 版／聯合副刊】

尋找自己的脊椎骨

── 「一九九六台北雙年展」導讀

　　一項以「台灣藝術主體性」爲策畫主題,涵蓋「檔案與系譜」、「記憶與認同」、「視覺思維」、「環境與都會」、「情慾與權力」以及「市民美學」等六大子題,動員百位藝術家參與的「一九九六台北雙年展」,正以空前的規模與氣勢,多元並現的在台北市立美術館的三個寬闊樓層盛大展出。和以前在台灣舉辦的雙年展或類似展出最大不同的是,此次的雙年展是一個意圖透過藝術表現尋找台灣美學文化主體性的大膽實踐 ── 用美術思考台灣的歷史與現狀。

　　在蕭瓊瑞策劃的「檔案與系譜」單元中,我們看到的是從史前就開始出現在台灣的「長濱文化」、「大坌坑文化」、「圓山文化」……等有關工藝美術的石器、骨器、貝器和陶器……的材質、造型介紹,而後是從五千年前開始移入台灣的各族原住民的美術,以及爾後出現的十三行文化、蔦松文化、阿美文化……等造型藝術的介紹,緊接著,則是依照年序,將先後曾經影響台灣美學文化的主要「外力」,諸如荷蘭、西班牙人所帶來的建築形式,「新港文字」,明鄭所輸入的中原傳統美學、日據時期所啓迪的「類印象派美術」,以及光復後從大陸接駁而至的歌頌美術和水墨文化,戒嚴前五月、東方畫會的現代畫運動,一直到最近幾年交錯

本土運動、前衛運動……所產生的各種糾纏鄉土與國際觀點的新美術形貌的紀錄 —— 可以說，在目前所可能蒐集到的有關台灣美術史的大事，都已在這個單元裡以「發生過事實」的原則，提綱挈領的呈現了出來，讓人能以宏觀的角度，脈絡分明的了解到「台灣藝術」作為主體的源流和獨一無二的歷史脈動。

在蔡宏明策劃的「認同與記憶」單元裡，則由邀請來的十餘位藝術家所提供的數十件作品，包括繪畫、裝置、影像、雕刻……等，對台灣的歷史提出記憶的補綴與認同的態度，以進行美學上的展現與批判。有人採取深層的揭露（如吳天章、楊茂林）。有人採用客觀的濃縮轉化（杜十三），有人滿腹懷想（鄭在東、林文強），有的忠實記錄（黃明川），抽樣並置（陳順築），更有人強烈質疑（梅丁衍）……，整體而言，這個單元事實展現的乃是一場藝術家對台灣歷史「認同與記錄」尖銳而鮮明的美學論辯，雖然各說各話，但在各種形色聲光的交融之下卻也「相安無事」，反倒呈現出多種張力拉拔之後產生整體平衡的美感。

位於二樓，由李俊賢策劃的「視覺思維」單元以台灣本土的視覺美學為展現的焦點，意圖為台灣美術找出視覺上的美學特質，在這裡，我們看到了前輩畫家陳進、林之助……等人的台灣仕紳雅興，陳水財、林正盛……等人的亞熱帶工業城市的視覺和觸覺經驗，和洪根深、鄭瓊銘所對應的當下台灣後現代空間，以及林鴻文、黃步青的鹿府感懷、黃銘昌的飄香稻花、陳隆興的「風水師」怪異風景……，等等從個人經驗投射而出的「台灣本型視覺」，此外，還有經過近年資訊工具整合或個人思考轉折而再現的台灣「後視覺」群相，如李民中的錄影遊戲訊號圖像、袁廣鳴如幻似真的「電波魚」、黃新丕的「植物與空間」……等等在材質、

色彩、結構等視覺元素的運用上，或多或少都能顯現所謂「台灣視覺主體性」的連串作品。

更多樣性的視界與生活美學由路況策劃的「環境與都會」，則意圖從「灰色生態學」的角度，對以城市為主角的環境美學提出台灣座標式的觀點，在三樓的迴廊裡，我們可以看到許多充滿現代化主義遺風或經過進一步「後」過的台灣環境藝術的結構，如夏陽的生活在現代速度中的「中國」，陸先銘走出平面和立體造型呼應的繪畫，韓湘寧的「後五月」調整風格，王為河的環境格物致知論……等有關「都會與環境」的內在原創性作品，以及許多走出內在直敘，而假手錄影裝置、電腦藝術、數位影像……等新都市零件的新工具創作，也比以前更多樣性的占領了觀眾們新鮮好奇的視界。

謝東山策劃的「情慾與權力」單元又是一場令人眼花撩亂的視覺饗宴，在這個從台灣歷史的角度探討情慾與權力關係的新穎主題中，我們看到了多位藝術家以鮮明而強悍的創作，直搗權力的本質與情慾的核心，進行讓人怵目心驚的展現，比如陳建北兼具「惡地」與「悲憫蓮花」的「二段式裝置」，侯俊明闡析慾望根源的女體聯屏，陳界仁血肉淋淋的巨幅電腦繪圖、林佩淳充滿女性「看」法與質感的「類刺繡」拼置，以及其他許多出人意表，讓人觀之有如目觸焰火的作品，多能在某種層次上對此一單元的命題有著深刻的應呼與對話。

最後，由羅智成策劃的「市民美學」單元則是上述這一連串嚴肅的主題展之外，最令人感到詼諧與輕鬆的部分，他以「大稻埕曬衣場」的理念廣邀各界市民提供日常生活中足以代表台灣品味的「土地經驗」與視覺採樣，並穿插男女老少的各式內衣褲一

併陳列在美館館的大廳裡，意圖讓觀者在閒看之餘去體會大台北市民的生活美學，進而省思生活美學和藝術美學之間的關聯。

整體而言，「一九九六年台北雙年展」是一個企圖從理論出發，結合具體創作的實線，以期能夠鮮明呈現「台灣藝術主體性」的一次空前的展出，無論從展方推陳出新的用心，策劃人為台灣美術造史的理念，以及藝術家們充滿創意的努力和觀眾流連忘返的參與來看，這確是台灣美術上值得喝采的一次大展。然而，觀後冷靜思考，筆者卻不得不有些疑慮擬請各界先進一同探討，期能共同為真正的「台灣藝術主題性」找到更為清明的出路：落實建設「台灣文化的主體性」。首先，「台灣藝術主體性」的前提應該是「台灣文化的主體性」，因為文化是藝術的土壤，藝術是文化的花朵。儘管在發生的事實上，台灣的本土文化如前所述在發展的脈絡上確有別於其他地區（國家）的特質，但許事實由於年長的記憶喪失和模糊，雖然由於近年的搶救與補綴而有幸或能重回歷史的正軌去催生、滋養共同的認知和激發「社會群體想像力」的文化再生作用，但就現實而言，這種記憶與文化的補綴工程在面臨方興未艾的資訊文化和根深柢固的大陸中原文化的夾擊之下，「台灣文化」能夠在多久之後才能和日本的神道教文化、以色列的猶太教文化、西方的基督教文化，甚至大陸中原的佛教文化那樣的「原型文化」（Original Cultural）相似，也能對所謂的「社會想像力」和有關的價值體系、文化更生……產生對內融合異質，對外凸顯「主體性」的整體有機功能？ —— 這是值得懷疑的，因為若就「生活的事實上」而言，「台灣文化」最能夠產生創發與再生能力的有機部分，主要還是由大陸中原文化流轉過來的楚、漢文化和此刻無人可以遁逃的國際資訊文化，因此在整個展

出中，我們只能看到極少數具有原發性的台灣本土藝術（如原住民藝術），其他的，儘管標明如何的形塑所謂的「台灣味」，究其本質，亦無非是閩南漳、泉文化的再化粧，或是一群「移民藝術家」藉由林林總總的創作在訴說他們或他們祖輩的台灣經驗而已，這些「台灣經驗」的總和就是所謂的「台灣藝術」嗎？

　　「台灣文化的主體性」應該是所有台灣本土文化產生交集之後的，一根能夠造血生髓的脊椎骨，同樣的，「台灣藝術的主體性」也應該是此次展出的新有作品，在造型、材質、色彩、語彙、文法，或是其他有關的美學的特質上，能夠找到的那種足以代表台灣品味的「交集」，而這個交集還必須能夠同時扮演支撐「社會想像力」的座標才是，可是我們找到的幾乎仍然是中原文化圖騰的變奏，以及這些變奏經由現代資訊科技所轉化的「再變奏」——因此，如果我們無法加緊經由全民對歷史的省思、補綴與融合而建立「台灣文化的主體性」，並以這個主體性去觀照所謂的「台灣藝術」，那麼，所謂的「台灣藝術主體性的尋找」將只是一條迢迢的漠路或是茫茫的斷崖。

　　而從另一個角度而言，近年來許多奉西洋美學理論為創作標竿，以致喪失了文化原創性而淪為西方藝術的技巧「加工廠」的許多現代藝術家們，是否也可以由此次的展出思索一下「藝術主體性」的可能，而不要老是人云亦云，只圖追求形式和技巧的「國際化」，而不思如何建構自己的藝術語言在文化本質上的「自主」和「自立」呢？

【1996-08-10-10／聯合報／37版／聯合副刊】

新台灣的顏色

在巴黎展現「台灣當代抽象藝術新風貌」，讓有關台灣的一切蕪雜、悲傷、快樂和生命力，都能昇華成為屬於台灣的，獨特而引人注目的形線、色彩、質地與氣韻，令人驚豔不已地展現在得來不易的國際舞台上……

法國巴黎的「今日大師與新秀展」至今已有四十一年歷史，每一屆都有超過數十個國家，三百多位來自世界各地藝壇的大師與新秀應邀參展，如德培、塞拉、趙無極、菅井汲、朴栖甫……等等，與「五月沙龍」同享戰後巴黎藝壇的光彩，甚獲國際藝壇的重視。去年該大展正逢四十週年特展，法國首度打破外交禁忌邀請台灣藝術家組團前往參展，與世界各國眾多藝術家們在巴黎艾菲爾布朗麗大展館參與此一國際藝術饗宴。展覽期間，法國第一大報《費加洛報》藝評欄刊出長達千字的評論，對台灣代表團整體的表現予以喝采，同時刊出鑲著中華民國國旗的台灣館展場照片。我國駐巴黎代表處的同仁因此再一次肯定：藝術出擊確實是目前文藝發達的台灣伸向國際外交舞台上最美麗也最有人緣的手。有了此一美好的開始，該展覽籌備處今年又力邀台灣組團參展，台灣也在文建會、教育部與外交部等政府單位的繼續鼓勵與贊助之下，以不同於去年的藝術家新陣容再度以呼應大會展出主旨的「台灣當代抽象藝術新風貌」為主題，於十一月十八日隆重

參與此一盛會。

　　現代抽象藝術的發軔，在藝術史上主要是指一九一〇年代康丁斯延續野獸派抒情浪漫的「熱抽象」，以及蒙德里安延續立體派講求理性對稱表現的幾何「冷抽象」為雙軸所演繹開來的，重視物像本質，由內而外鑠的，無拘無束，不重形似只求神韻的二十世紀革命性新藝術，它和超現實主義左右開弓，仍然以其強大的生命力與想像力推拉著後續而來的各種前衛當代藝術。台灣的當代藝術現象，自然也無法自外於此一代表人類內在精神活動的律規。雖然台灣的藝術也在歷史的流脈承續了一部分傳統水墨畫的抽象質素，然而，如果不是也曾適時地經由此一全球性藝術浪潮的迴盪沖激，此刻的台灣抽象藝術風貌，斷不可能有如此多元豐富的面貌。茲以參加本屆「今日大師與新秀大展 —— 台灣當代抽象藝術新風貌」的十位藝術家作品為例說明：

　　曾經多次以個人名譽和多位國際大師應邀參展的陳正雄（1935～）是戰後台灣的抽象藝術最鮮明的典型之一。一九六〇年代抽象藝術在台灣蔚然成風以來，他即長期深耕，從早期以野獸派抒情式的熱抽象風格到目前融合中國書法、音樂節奏、台灣自然林與原住民生活色感的系列作品，可以看深藏在他內心的台灣的、中國的「心靈具象」，都能巧妙而自然地透過屬於全人類的現代抽象藝術語言幻化成感動人心的視覺藝術。胡宏述（1938～），愛荷華州立大學藝術系教授，是個能夠敏銳洞穿中國文字本質，以氣韻生動的「造字」手法將中國抽象水墨拓展出現現代抽象藝術新風貌的獨創藝家。莊普（1947～）是台灣中壯輩最活躍的藝術家之一，他的「抽象」幾乎摒除了形色的糾葛，而直接訴諸簡單的質感幻變與行動本身的時間性紀錄，以「方寸印行」的

方式生動地讓此一富有中國禪境的思維與動作,在三維的抽象畫幅之外產生第四維的思想動感。陳世明(1948～),國立藝術學院教授,是個在藝術裡修行佛道的藝術家,他深悟佛家「苦集滅道」之說使人生從具象到抽象,從抽象到具象的原理,因此以大片白質地有如苦海的空靈背景和有如頓悟的多媒材彩片、素描等相互辯證,讓觀者去參他的苦、悲與喜。王素峰(1948～),台北市立美術館研究員,是個以「粉紅色」為印記的粉紅色色塊,就像是花粉,粉紅色香水,又像是灰燼,像油麻菜籽,能以各種不同的方式繁衍、塗抹、灑落或是隨風飄散在她的作品裡,成為她獨一無二的「有機粉紅色抽象藝術」。袁金塔(1952～),師大藝術系系主任,早年精於獨創風格的山水,近年則從更廣義的抽象藝術與現代科技的再創作途徑,以原創的「影印拼貼」手法將他富有台灣色彩與肌理的水墨推向抽象藝術表現的新高峰。黃宏德(1955～),是個重視「自然無為,當下即是」的另類抽象藝術家,隨便捎來台灣的一磚一瓦,一木一器,都可以當下「格物」成為精湛的抽象藝術。李茂成(1956～),大隱於世的孤獨藝術家,喜歡從大自然風雨、草、樹、雲的動態中尋找簡樸的生命元素作為自我抽象化的詞彙,再以類似極簡主義的手法進行其抽象藝術的獨特表現,簡單中見磅礴,樸拙中見細膩。陳正勛(1959～),對台灣本土的影像、材質、形色具有高度敏銳與再詮釋的藝術家,透過他獨到的拼貼與並置手法,他把鄉土形象的本質生動地轉化成高密度的視覺抽象與具象的質感,是本土派的現代抽象藝術。顏頂生(1960～),也是年輕一代具有深刻本土情思的抽象藝術家,泥土、種籽是他慣用的符號,運用多媒材產生的厚重的質感,讓人觀賞他的畫幅就像直觀一方田地,親切而充滿成長的想像。

　　總之，從今年代表台灣參展的十位現代抽象藝術家的作品來看，已可以具體而微地看出「台灣當代抽象藝術新風貌」的大體走向，如果再加上去年台灣代表團的其他藝術家：胡坤榮、薛寶瑕、楊世芝、李茂宗、李重重、林勤杜、杜十三……等人以及其他許多優秀的抽象藝術家加以綜觀，當可以發現所謂的「台灣當代抽象藝術新風貌」，實已涵蓋了台灣本土的、中國的、國際的、宗教的、科技的、環保的、女性主義的……各種文化、人性與思想上寬廣、多元，充滿各種可能的藝術化與抽象化（Abstraction）。而就在這個美麗的，從具體的形象出發，發展到抽象的行為的「抽象化」進程中，我們很樂意於讓有關台灣的一切蕪雜、貪婪、憤怒、悲傷、快樂、希望和一切的生命力，都能有力地昇華成為屬於台灣的，獨特而引人注目的形線、色彩、質地與氣韻，令人驚豔不已地展現得來不易的國際舞台上。

【1999-11-21／聯合報／37版／聯副】

未來之鞋

—— 現代藝術的突破

　　一九九〇年即將來到，再過十年，人類便可以大步跨進嶄新的二十一世紀了。而在這已然舉起邁進，就要結實向前落地，充滿文明動勢的偉大的一「跨」之前，藝術 —— 這一隻積滿了先前各個流派繽紛塵泥的「鞋子」，卻早已飛脫而出，以詭奇戲謔的姿勢滾向二〇〇一年外的矮牆之下了。

　　於是，藝術家們忙著在半空中調整那一隻赤裸的腳，企圖把它拉回成為傳統中的某些姿勢，再從某些傳統的姿態或角度伸向未來，以期能夠準確的套上那隻早已跑過大自然的野地，走向現代化的水泥地，而此刻正等在聲光電化新建大道上的「鞋子」，繼續往一個嶄新燦爛的未來奔去 —— 此種伸伸縮縮，左晃右晃，前瞻後顧的「後現代」跨躍之姿，似乎是藝術家們面對迥異的時空所「頓悟」出來的尷尬身段吧，因為他們發覺，藝術的美妙就在於這一「跨」能否保持和諧和平衡的過程中，而唯有掌握時空位移的座標和新時代材質和媒介的動向，才能穿上那隻隨著跨躍之姿的不同而改變尺寸、色澤和造型的「未來之鞋」 —— 眼福不淺，我們已經在一九八九年的台灣看到幾場這種「搶鞋子」的高手演出了！

　　其一：蔡文穎的「動感雕塑」揭示了科技電磁、塑膠光纖、

霓虹、聲音和人體和諧共存的可能和美妙新境，他的雕塑從生冷的大理石跳出，果斷的擷取了現代美學的純粹造型和韻律，卻溶入了二十一世紀人類生活的夢想，使高科技化的未來時空和現實的人間彼此流暢互動，構成了引人深思的五度空間藝術。第二：羅勃‧艾尼肯的「美術攝影」使攝影從布烈松主張的「決定性瞬間」步入了視覺整合未來生活的更大可能。其三：施凱倫（Karen Serago）的「影像裝置」則進一步把攝影「元素化」，以做為空間再現的一種藝術整合手段，創造了攝影藝術多元化的美妙起點。其四：克里斯多的「地景藝術」則整合了行動、質材、雕塑、工程學、地理學，以氣勢磅礡的格局交疊著物理空間和心理空間，創造了震撼人心的「地球景觀」，打破了人類原有的生活空間經驗──上述這四件今年前後在台灣展出的藝術創新，都能以不同的身段姿態對現代藝術之後的嶄新時空和人的本位有一番突破性的歸納與演繹，並且成功的打破材質的藩籬，甚至有效的整合了多媒體的動能，使日益孤絕的「現代藝術」活潑的展現出跨向二十一世紀的可喜動態。

　　看了這些別具觀點的「演出」，我們何妨想想：面對快速變化的詭異時空，藝術乃是人類企求和「大自然」和諧共處的途徑之一，傳統美學教導藝術家和以山水大地為特徵的「第一自然」和樂相處，現代美學教導藝術家和以都市、機械為特質的「第二自然」和平共處，而此刻，「第三自然」正夾著電波化、量子化的威勢推翻人類從傳統到現代的物質觀和宇宙觀，那麼，要依循什麼樣的美學，才能使日益徬徨無依的現代人和周遭日漸膨脹的「聲光電化」進一步的和諧共處呢？相信，在歷經一番「後現代」式的掙扎和徬徨之後，藝術家們將發現一種更趨向整合的、多媒體

的、多角度的，能隨時空洪流起伏而調整的「腳步」，將是我們跨進一九九〇年代的「第三自然」圍牆，並穿上那隻等待著我們的「未來之鞋」的選擇之一吧！

【1989-11-22／聯合報／25版／聯合副刊】

「當舖」與「防空洞」
—— 寫在「東方，創世紀回顧聯展」之前

　　現代詩與現代藝術等現代精神文化在台灣的播種，始於一九三三年台灣本土詩人楊熾昌、李張瑞、林永修、張良典等六人組織的「風車詩社」，以及之後於一九四二年創立的「銀鈴會」。風車詩社出版「風車詩刊」，鼓吹「超現實主義」；銀鈴會則在文章和創作中提倡各種文學新思潮，如象徵主義，超現實主義，新現實主義……等等，但由於語言文字的隔閡和政治的壓抑，這批種子在乾旱的日據時代土壤中還來不及發芽，就因為時代的翻土而曝乾於泥礫之上了。隨後則是大陸軍民撤退來台，現代精神換了一個身段，由一群多數和軍旅生涯關係密切，身上多少帶著火藥種子的文藝青年擔任發酵的工作，從一九五四年張默、洛夫、瘂弦創辦的「創世紀」詩社，以及幾乎同時期陸續創立的「藍星」，「現代」等詩社開始，「現代詩」在台灣終於有了全面吐芽發蕊的動力，之後不久，「東方畫會」，「五月畫會」等現代畫派也陸續出現，從此一群窮詩人、窮畫家相濡以沫、互相磨擦取暖，使五、六〇年代的台灣文化寒冬逐漸有了暖意，也慢慢有了色彩。

　　然而，五、六〇年代蓄勢待發的此一現代精神所面臨的是台灣上空降臨的三大冷高壓，一是當時官方意識形態所把持的反共文藝政策；二是傳統文化對現代主義的反對與壓抑；三則是與五

四文學前續傳統的斷裂。在這些冷高壓凝固而成的三道「戒嚴之牆」和當時困頓生活所高高砌起的第四道圍牆裡面，這些主張現代主義精神的詩人和畫家們卻能藉由仰望高空獲得希望與機會，一次又一次的讓靈魂攀爬超越，終於得使「現代精神」像新文化的密碼那樣的傳遍整個寶島，直接或間接的在台灣造成了七○和八○年代的現代主義風潮。

為什麼現代主義精神會在那個年代，在如此貧瘠、壓抑的台灣有如壓不扁的蘆葦那樣的充滿生氣呢？這乃是因為做為一個創作人的最大尊嚴就是「前衛精神」的追求。根據英國美學家 Charles Russell 的歸納，「前衛精神」發軔的四個基本前提是：第一，對於急速變化的「現代」的覺醒；第二，對主流文化價值採取有距離的批判姿態；第三，追尋或創造一種新的社會角色，以便和其他前進或革命的力量聯盟；第四，也是最重要的一點：是企圖經由美學上的斷裂和革新來發掘新的觀察、新的表現和新的行為模式 — 綜觀五、六○年代那批首先揭櫫現代主義精神向傳統文化形式發難的詩人和藝術家的「前衛動機」，我們不難發現和上述四大前提正有若干吻合之處，此即：一、大陸淪陷，西風東進等時空急速變化的時代覺醒；二、反共文藝蔚為主流，真正的人本精神幾遭滯息；三、西方能夠「前衛」東方也要「前衛」；四、缺乏想像力和獨創性的舊美學形式是別人的，是二流的；有想像力具獨創性的表現途徑才是自己的，是一流的。於是，就在四面圍牆的擠壓下，全身佈滿前衛細胞的詩人和藝術家們便以靈魂深處追求自由、獨立、唯一的現代精神，藉由想像力和獨創性的發酵強力反彈，或獨自摸索，或團結接力，才使得台灣的文學藝術能在斷離中國五四之後的傳統之後另外尋得自己翱翔的天空，甚至在

九○年代的今天繼續開花結果。

　　現代主義精神在台灣全面發酵的初期，現代詩社的創辦詩人紀弦所倡導的「橫的移植」論，毫無疑問的，曾在當時的詩壇和畫壇上掀起重大的觀念迴響，贊成的人認為藝術本來就無國界之分，現代詩和採用外國造型文法和元素的現代繪畫一樣，除了技巧可以西化之外，也可以引用英文和數學等符號，盡其所能的去表現自己詩作的獨創性和自由度；反對的人則認為「橫的移植」應該是有條件的，意即要移租就應移植在自己文化的根上，否則就會喪失自己的民族性和獨創性 —— 如此不同的觀點是也同時發生在當時的兩大畫派 ——「五月畫會」和「東方畫會」上。「五月」傾向認同前者「藝術無國界」的論點，「東方」則傾向接受後者「西枝東根」的說法，這也就是為什麼我們至今仍然可以看到，屬於「東方畫會」的霍剛、蕭勤、夏陽、李錫奇……等人的現代繪畫除了現代風味十足之外，骨子裡卻仍不脫濃濃的中國質感；而屬於「五月畫會」的韓湘寧……等人，則除了現代藝術純度的追求之外，都鮮少有「中國文化」的肌理和影子。同樣的，選擇性贊成「橫的移植」論的現代詩人裡，包括洛夫、瘂弦、張默、商禽、季紅、辛鬱、楚戈、碧果、管管、大荒……等創世紀詩社的元老同仁，其詩作，除了在當時堪稱前衛，具有濃厚的超現實主義、象徵主義和新表現主義的色彩之外，也都同時具備了中國傳統詩愫經過再現與投影之後的基調。如此觀察比較，我們可以發現在現代精神的承續上，五、六○年代的「東方畫會」和「創世紀詩社」事實上仍具備了非常接近的「文化基因」，此即：「追求現代而兼顧傳統」、「反叛權威而重視人文」、「獨創而追求族群共鳴」的創作氣質。在這樣相通相融的創作氣質之下，說明了為什麼當

時創世紀詩社的詩人會進當舖籌款印詩刊，並經常刊介「東方畫會」畫家的畫作；而「東方畫會」的畫家曾多次邀請「創世紀」詩社的詩人進入權充畫室的防空洞欣賞、討論畫作，兩者不斷互相激勵，共同為現代精神打拚的緣故了。

在那個貧窮卻是可敬的年代裡，「創世紀」的詩人們拿著身邊值錢的衣物進當舖換回「現代詩」的生機，讓「現代詩」能夠藉由油墨和紙張傳達整個台灣；「東方畫會」的畫家們躲到防空洞去躲避恐怖白色的「偷襲轟炸」，找尋自由、低廉的空間讓現代畫的繽紛色彩粧點、啓發一個封閉的時代 —— 如此悲壯的「東方創世紀」、「創世紀東方」的結果，我們看到了多數的「創世紀詩人」已卓然成為今日的詩壇大家；多數的「東方畫家」也鼎立成為今日的畫壇健將，同時還以他們不屈不撓的現代前衛精神啓迪了無數後來的晚輩，蔚成今日台灣仍然不斷推陳出新的文藝風潮。因此，經過四十年後的今天，「東方創世紀回顧聯展」在此鄭重推出，我們除了感激那個可敬的年代之外，也應記得「現代前衛精神」在五、六○年代發展的軌跡，以做為台灣文學藝術繼續投向廿一世紀大未來的前進指標。茲以此參展的六位詩人：洛夫、商禽、辛鬱、碧果、張默、管管的詩作列舉說明：

洛夫說：「現代詩人反傳統，並非指『傳統』此一抽象的意義，而是指一切因襲腐敗而阻礙生長的因素……」。他參展的作品：「煙囪」、「石室之死亡」、「沙包刑場」、「午夜削梨」、「白色墓園」、「大鴉」等六首涵蓋了他自一九五六年至一九九六年在詩壇耳熟能詳的代表作，藉由濃厚的超現實風格透射出深沉而凜烈的黑色東方意象，使聲韻、節奏、造型和詩境渾然一體，撼動人心。

商禽說：「我對東方諸君子能擁有一個防空洞畫室羨慕不

已,因為我都是在崗棚裡寫詩」。他參展的作品:「溺酒的天使」、「籍貫」、「廢園」、「電鎖」、「雞」、「地球背面的光」等六首涵蓋了一九五七年至一九九七年不同風味的力作,不論是分段詩或分行詩,他都擅於以舉重若輕的筆調引人入境,而後轉入或跌入他讓人警駭的意象大海中,不斷的低徊、掙扎。

辛鬱說:「我覺得這幾位東方畫家都挺有個性,畫作不落老套,跟我們寫自己想寫的詩一樣……」。他參展的作品:「鷗和日出」、「感知」、「海岸線」、「因海之死」、「豹」、「關於三月」、「三峽行腳」涵蓋了一九五五年至一九九七年不同時期的代表作,每一首都是藉由大自然的隱喻敘發自己深沉的感懷,他的詩真摯、自然而質樸,具有濃厚的象徵主義和人道悲憫色彩。

張默說:「如果沒有五○年代現代詩人和現代畫家的打拼,試問台灣的現代詩和現代藝術能有今天這等百花齊放的局面嗎?」,他參展的詩作:「關於海喲」、「無調之歌」、「白髮吟」、「驚晤」、「再見!遠方」、「搖頭擺尾,七層塔」、「康橋垂柳依稀若緞」涵蓋了一九五九年至一九九六年風格頗為統一的力作。他的詩親切而不矯作,擅於以聲韻帶動意象,讓他逃到台灣的上半身和仍然淪陷在大陸的下半身經由毫無鑿痕的創作完成靈魂的整合,扣人心弦。

碧果說:「當時和那些畫家朋友一起『造山』去,傻是傻了點,瘋是瘋了些,但一路下來,至今數十寒暑,我那股傻勁依然不減當年」。他參展的詩作:「魚的告白」、「啊,我死了」、「牆」、「鈕釦」、「拜燈之物」、「椅子或者瓶子」、「我已把你讀成觀音」、「小花豹」涵蓋一九五八年至一九九五年不同階段的作品,他的詩除了重視視覺意象的營造之外,亦兼有對白與現代戲劇特殊意

象，敘述手法經常出人意表，是詩壇的「異數」。

管管說：「我喜歡一切現代、後現代及梁楷八大，東方、五月每展必到，會鼓掌」。他參展的作品：「去夏」、「老鼠表弟」、「饕餮王子」、「的法國梧桐不同」包括一九五九年三首，一九九五年一首代表作。他的詩作有若以文字作畫，充滿視覺意象；亦有如以文字互相敲擊，充滿愉悅或不愉悅的聲響。他的遣詞用字不按牌理出牌，卻往往達到非文字敘述可以達到的突梯意象，堪稱現代詩壇另一個「異數」。

綜觀此次參展的六位創世紀詩社詩家的作品，可以看出在五○年代，當大家都是在反共抗俄的陽光下長得整整齊齊的花草的時候，他們都已經急著攀牆爬壁，想盡辦法讓自己成為獨一無二的蜿蜒爬藤或是枝枒嵯峨的另類植物了。因此，不管是離經叛道也好，孤芳自賞也好，他們都是現代詩壇上第一批掌握到追求獨創，唯一與反傳統等現代前衛精神真締的前輩。這種前衛精神的體現，在講求自由、民主的九○年代或許說來容易，但在白色恐怖思想戒嚴的年代卻是充滿挑戰的，因為，詩人畫家除了必須避免誤觸政治上的禁忌，忍受傳統學者無情的謾罵之外，還得要有實力拿出作品說服別人，並在一段很長的時間之後證明自己不會被消滅才行。

五、六○年代的台灣現代詩和現代藝術的互動與運動，其實乃是台灣自由、人文與創造力融合與解放的運動。在同樣的時代裡，我們看到了「維也納團體」（VIENA GROUP）的成立 —— 詩人和藝術家互相激發，並同尋找現代詩藝在視覺上和聽覺上延展的更多可能；我們也看到了「眼鏡蛇畫派」（COBRA GROUP）—— 一群跨國度、跨領域的詩人、畫家彼此互動創作，或以詩文

為材質入畫，或以畫作為境入詩。此外，我們也看到了義大利的「視覺詩運動」（VISUAL POEM MOVEMENT）—— 一群詩人、畫家、設計家、建築師相互激盪，以創新「新畫藝」和「現代詩視覺化」的文藝運動，以及世界各地數不清的詩人、畫家互動組織至今仍舊方興未艾。事實上，「創世紀」與「東方」的現代詩、畫運動在五、六〇年代的台灣也有類似的互動式聯展，如「第一、二屆現代詩藝術季」，在台北圓環等地舉行。之後，八〇年代經由蕭勤和李楊奇的引介、策劃，一群詩人在「台北新象藝術中心」舉行了盛大「中、義視覺詩聯展」。九〇年代，一群詩人、藝術家在台北「誠品藝文空間」舉行了「詩與新環境」大展，其他，諸如「詩的聲光」、「貧窮詩劇場」、「現代詩劇場」等等結合現代詩與其他藝術領域的大型展演活動，也多少呼應了世界各地詩人和藝術家互動淵源和潮流。

　　時序已近廿一世紀，在資訊科技蓬勃，新興美學風起雲湧的此刻，我們深信經由此一別開生面的「東方‧創世紀回顧展」，可以重新省思前衛現代精神在台灣發軔的經過和意義，並且繼續讓台灣的「現代詩」和「現代藝術」向前「前衛」—— 一把「當舖」送進當舖，把「防空洞」埋入防空洞吧。

（創世紀 140 期）

四度空間的歷史社會觀

── 淺談資訊時代的藝術形態

　　最近三四個月來，世界藝壇和往昔一樣，有幾個熱鬧而惹人注目的展出及事件發生，諸如：一項別開生面的「舊蘇聯的印象派畫展」正在美國的華盛頓、洛杉磯以及紐約等三個文化城市巡迴展覽，每天吸引了數萬的觀眾；巴黎龐畢度藝術中心正在舉行包括畢卡索、杜象以降九十五位藝術家、二百六十三件作品的現代雕刻大展；抽象繪畫又復活了，目前正繼懷特尼美術館一項有關抽象藝術的大展之後，紛紛在紐約的各大畫廊，甚至一個名叫Kamikaze的迪斯可舞廳裡舉行引人議論的演出；廿世紀美國最重要的寫實主義大師安德魯懷斯（Andrew Wyeth）的兩百幅祕藏作品首次大公開，在美國本土造成了相當大的轟動；此外，一個前衛的、關懷社會的藝術家普洛夫斯基（Brofsky Jonathan）在柏林圍牆上完成了史無前例的巨裝置藝術……等等，各種現代的、過去的藝術形態，正突破了時間的圍限，在同一時刻的地球舞臺上分別以其鮮明的面貌展現，然而，如果我們把這些不同形態、不同主義的藝術展出內容「解構」（Destruction）成電波符號，而後在同一類道的螢幕上再現（Representation）出來，相信所有看到的人一定會驚訝的呼道：「這是什麼主義的藝術呀！」

　　一九八一年諾貝爾醫學獎得主羅格・史匹利（Roger Spery）

說過一句名言:「任何有生命或無生命的東西,其組成成分的時間和空間因素,乃是決定它成為何種東西的關鍵因素。」這句話用來衡量某種藝術形態或主義的產生,同樣有其正確的一面,因為,任何藝術上的主義,乃是人類心靈面對當代時空特質感應的某種反應,古典主義如此,印象、野獸、立體等主義是如此,達達、普普、超寫實、新表現等主義,亦無不是如此。過去,由於隨著人類文明的漸進,時空因素是一種可以明確掌握,緩慢消化的變元,各種藝術形態或主義的推陳出新,也是漸進的,藝術家對於空間的感應方式,大抵而言是依循三度空間的特質,因為過去和未來對他們而言,只是一個模糊而難以再現的參考體系。「現在」的世界所發生的、所需要的幾乎就是一切 —— 這樣的視野和心態一直到資訊時代來臨,文明快速爆發之後,乃因為時間、空間的觀念大幅轉變而整個扭轉了!

只有數十年的時間,繼飛機、電話之後,電視、電腦、傳真機、鐳射⋯⋯等高科技的迅速崛起,霎時間使地球變成了村莊,卻又使電子變成了宇宙;使整個人類的歷史壓縮成為「昨天」,又使現代膨脹有如縹緲的未來⋯⋯,一切新鮮的感應和感知形態,自然而然的使即將步入後工業(Post Industrial)時期的「現代」,變成了「宇宙的現在」,而我們活著,已然是活在一個包含所有人類呼吸,以及古人噓聲和來人胎動的歷史社會裡,是四度的,而不是三度的空間裡了。即將進入工業時期的現代人,家裡可能仍然擺著祖先的牌位,卻又供著電腦的設備,早上在東京看朋友,晚上在家裡看楊貴妃,杯子除了用來喝水,也可以擺在客廳裡當雕刻⋯⋯,在這種「時無定時」、「象無定象」的空前的生活方式裡,幾乎一切既定的現象都可以用新的觀點重新被「解構」,依照

個人的需求重新被組合，時間和空間，慢慢的，可以當或生命的
零件前後左右的加以使用，而我們所面臨的，將是一種沒有秩序
的新秩序，一種沒有規則的新規則。

　　至此，古今的任何元素都可以成為現代的素材共現一幅；古
今的任何觀念都可以成為現代的觀點共融一體，藝術與實際生活
的斷層逐漸的消失……，現代的藝術家們在經過這個嶄新多元的
時空洗禮之後，是否仍然依循現代主義以及以前的各種主義那樣
的，只按照一定的時空秩序和觀念範疇來選材呢？在一切的概念
都有可能被「解構」成電波一樣純粹、中性的符號時素時，藝術
家們所面臨的已經不是傳統的三度空間的「再現」問題，而是如
何超越物理時空的限制，而以人類歷史的時間和宇宙地球的空間
為新座標，重新架構、多元再現的課題了，換句話說，現代的藝
術家所需要的，乃是一種更為寬廣的、四度空間的「歷史社會」
觀，而不再只是一個慣有的、現實性的「地球社會三度空間觀」，
這，毋寧也是勃興的「後現代主義」（Post Modernism）主要的反
諷精神之所在吧！

　　　　　　（資料來源：TIME 雜誌，一九八六年七月至
　　　　一九八六年九月初。七十五年十月，聯副）

「眼鏡蛇」和「中國龍」
── 面對「COBRA 藝術群」的省思

　　「COBRA」元月來訪：這條彩色斑斕，布滿原始紋路，帶著文明眼鏡的巨大蟒蛇，從丹麥喚來了造型的骨肉，從荷蘭呼來了色彩的皮，從比利時召來了詩文的血，穿過了二次世界大戰希特勒的重重戰火，在一九四八年的巴黎順利的孵化誕生之後，便開始在傳統的美學馬路和學院建築的石階之外，找到一塊芬芳青翠的自然野地不停的竄動起來 ── 從當時大纛高舉的紐約「抽象表現主義」廣場邊，和咖啡香四溢的「巴黎畫派」長廊外，一路上大搖大擺，不拘禮數的迤邐而過，雖然，在經過三年不思多眠，活蹦亂跳的戲劇性「橫行」之後，這條蛇因為某種的圍剿而「死於一場美麗」的烹飪，卻已經因緣際會的將其具有靈性的精血輸給了其他後繼的藝術，甚至在卅九年後的今天，仍形貌清晰的，把某種「個性」和「怪癖」遺傳給了日益風行的法國「自由形象」（la figuration libre）繪畫。因此，這條蛇似乎「已死而未死透」，幾乎連眼鏡的度數都沒有換過，又在一九八七年的元月，音容宛在的轉道日本「原」美術館「爬」到臺北的「市立美術館」裡來了，無怪乎，這條 COBRA 眼鏡蛇甫一入臺灣境內，便引起萬眾廣泛的矚目。

　　要了解「COBRA 藝術群」，不能光採取三度空間的角度由他

們的作品去看，還得加上時間的過程，從他們創作的理念和文件資料去探討，才不致產生偏差。誠如該藝術群重要成員阿雷欽斯基（Alechinsky）所說的：「……一個人除了行動外，不能靜止的預見什麼。藝術的成品是同時產生於時間與空間中，是在畫布尺寸所限制的空間，及在經由行動以解開自己的時間中。」—— 這句話點出了 COBRA 的創作行動和理念比其創作結果及展出本身更具有重要性 —— 這個理念是什麼呢？歸結起來，主要有兩個特質：其一、COBRA 的藝術是要給「人」欣賞的藝術，而不只是要給藝術家欣賞的藝術。只要你是「人」，COBRA 便會不拘小節的，以熱情真摯的「全人類可分享的真實形象」向你擁抱，於是，他們運用神話、面具、圖騰……等民俗藝術中最清澈的部分，淬取童稚、動物、大自然……等純真的圖畫，反對經驗的既成造型，而從夢境般的潛意識層中提煉出人類的共同感覺，來和現代藝術的表現素材與形式相互結合，拋除了理論的僵硬規矩和學院的矯揉做作，赤裸裸的和你坦誠相對。其二、COBRA 的藝術是沒有「疆界」的藝術。不但組合的成員打破了國籍界限、年齡的界限，最重要的是，他們還打破了創作上使用媒介的界限，使畫和詩藉由自動書寫的文字，有機的共融成一體，且相互感應、結晶。其中尤以比利時的詩人多托蒙（Dotremon）、畫家阿雷欽斯基（Alechinsky）為最主要的代表，此外尚有多位藝術家成員也深受感染，紛紛的 COBRA 化起來，如詩人韓因（Raine）、克羅斯（Clause）後來變成了畫家；畫家康斯坦（Constant）、歌賀內依（Corneille）……也寫起詩來等等。除了詩人、畫家之外，COBRA 的其他成員還包括了建築師、音樂家和電影導演，可說是融合了各種現代藝術媒介的「大家庭」。

　　當然，在上述兩種主要的特質之外，COBRA 尚有「集體創作」、「唯物畫論」、「革新超現實主義」、「文字馬鈴薯實驗」、「語言式造型」等等創見或「驚世駭俗」之舉，而廣泛、深刻的影響到後來的「新表現主義」、「壞畫」、「生率藝術」、「觀念藝術」等等藝術思潮。如果我們把整個近代藝術史看成一個人，那麼，COBRA 便是這個人「潛意識層」（Subconsciousness）中不可忽視的巨大伏潮或欲望，而後起的諾多藝術，便無非是這個「潛意識」層所直接、間接指揮或暗示，而由「意識層」（Consciousness）約束住的形態和走姿罷了。

　　如果，我們把 COBRA 已有的，或未來可能對藝術的影響縮小到臺灣這個範圍來看，前述的 COBRA 的第二項特質：「詩、畫表現媒介的共融」可能是一個值得詩人和畫家共同討論的有趣問題。當多托蒙把詩和畫共呈一個畫幅的時候，他是把詩文也當成一個可以「看」的造型對象來對待的，文字在「意義」之外的造型可以透過自動書寫的處理，而使其具備視覺上的質感，讓你有如「看到了北京的街道或埃及的石獅」一樣，而和周邊的色彩、線條、質材……等共呈有機性的畫幅效果──這個觀點，事實上乃源自「中國傳統詩畫的結合乃以筆墨的線條爲交集」的事實；運用筆墨的揮灑使文字和圖象產生優美的結合，居然在由深受西方學院理論影響的中國現代繪畫中消逝了許久之後，才從卅九年的 COBRA「故鄉」一路鄭重其事的表演回到臺北來，這可是相當「有趣」的一件事。筆者在詳細的觀賞了展出中的所有 COBRA 創作及資料之後，曾於某次聚會中就 COBRA 許多「字謎式」（logogram）的作品當面請教隨展來臺的 COBRA 理論專家，詩人龍柏（Jean-darence Lambert），詢問他：「此種 logogram 的形式

觀念和源於戰後義大利的視覺詩（visual poem）有何不同？」所得的答案居然是：「完全一樣。」並且說，「視覺詩」的創作已逐漸的成爲一種國際性的運動，運用象形文字的中國現化詩人是否有比傳統視覺詩更新的發展等等 —— 如此的一番問話，和近年來國內幾位詩人因爲參與臺北、米蘭兩地的視覺詩創作而被譏爲遊戲、作秀云云，可說是相去不只八千里了。

　　除了對臺灣「視覺詩運動」帶來的鼓舞，使更多的現代詩人在稿紙之外也能關心其他藝術媒介的動向，進而調整現代詩人在資訊時代的角色、立場之外，COBRA 以「人」爲本，直接、自發的創作理念對臺灣目前深受學院理論束縛，廣受西方新潮誘導的創作風向，是否也可能帶來較好的影響，而使得更多的畫家打破許多有形無形的「疆界」，深入內心去挖掘真正屬於中國人的繪畫語言，豐富中國的現代藝術呢？這，恐怕也是值得有心人站起來，勇敢的用行動實踐的吧！

　　COBRA 到底是一條「眼鏡蛇」，是在漫天砲火之下，從人類充滿著苦難、欲望、熱情與夢境的潛意識層中爬出來的，一條戴著文明遠視眼鏡的頑皮蟒蛇。當我們捧著詩稿、扛著畫具，跟著模擬擺出「後現代主義」（post modernism）的新潮立姿，意識清明的站在牠的尾端檢視牠的花紋、色彩和骨架的時候，牠也正在盤纏千里的回過頭來，用「詩畫合一」的表情偷偷的對你嘻笑，並且滿口法語的喃喃說道：「來吧！中國龍！」

　　　　　　　　　　　　　（七十六年四月，聯合副刊）

水與墨的戲劇

── 談高行健的繪畫藝術

　　從一九八五年他在北京舉行第一次個展之後，他就讓他的繪畫創作觀點也從傳統的中國束縛中一齊「逃」了出來，而以一種絕對的獨創性去架構一種同時融合了詩的神祕、哲學的深沈以及戲劇的張力的繪畫藝術，強而有力的撼動觀眾心靈的深處。

　　高行健，一九四〇年生於中國江西省，一九八五年藉由德國柏林藝術計畫邀請從事繪畫創作訪問之便，逃出大陸，之後在法國定居，經過十五年的奮鬥，自前已是享譽歐洲各國，被尊爲大師級的畫家、小說家與戲劇家。

　　和他逃亡的歷史一樣，從一九八五年他在北京舉行第一次個展之後，他就讓他的繪畫創作觀點也從傳傳統的中國束縛中一齊「逃」了出來，而以一種絕對的獨創性去架構一種同時融合了詩的神祕、哲學的深沈以及戲劇的張力的繪畫藝術，強而有力的撼動觀眾心靈的深處。一九九三年六月，法國《共和國民報》給他如此的評價：「高行健的水墨藝術有嚴格而創新的精神，他有效的將真實予以視覺的轉化，反映出內心世界激起的情感。他把技巧推向極致，通過繪畫傳達一種強大的精神力量，融入現代世界，表達了當代的感情。」事實上，「畫家的高行健」就是從中國大陸逃出來的「筆墨與宣紙」，以此二者再加上在歐洲得到的「水」爲

創作的「材質」，以黑白對位與水墨暈染而成的質感爲繪畫的「詞彙」，而以歷經文革劫難中的壓迫、掙扎、絕望、慾望的煎熬體悟，與信仰、價值與人性的位移與扭曲的深層經驗所形塑而成的哲思，以及大量文學與戲劇創作過程所累積的神祕美學共同構成了他的繪畫「文法」，進而有機，也有效的建構了高行健如此兼具獨創性與傳達性，涵蓋了「黑白演繹成色彩」、「水墨律動成質感」、「戲劇轉化成空間」與「形象提升爲心象」、「黑暗創造成亮光」的流暢繪畫「語言」。如果再詳加分析，我們也不難發現，高行健繪畫藝術的「元素」居然就是代表苦悶、傷痛的「黑的心」與代表希望、忘我的「白的心」的辯證二元，就像陰陽兩極，不斷而充滿律動的在水中與紙上互動而產生繪畫詞彙的「八卦」，再以此繪畫詞彙的「八卦」演化出高行健繪畫語言的「萬象」，和他整體繪畫藝術的無限可能。

　　「性靈所在無處不能發光」高行健如是說，也解釋了爲何幾乎他所有的作品都有神祕光線出現的原因，事實上，「性靈所在」往往即是黑白交界之處，黑白互辯對高行健而言，大部分的結局即是頓悟、忘我與希望，這也是他的繪畫藝術之所以動人的主要原因。大文豪巴爾札克曾經如是說：「藝術除了動人之外，什麼都不是。」一個藝術家的存在價值，即是「能夠以他獨創的藝術去感動人」──從這樣的標準來說，高行健的繪畫藝術是值得我們高度肯定的。

　　和畫家高行健一樣，「小說家高行健」與「戲劇家高行健」也都善於在黑白交界之處創誕他們的藝術，舉例而言：小說家高行健在《一個人的聖經裡》長篇小說中以「慾」與「愛」的黑與白烘出文革浩劫底層的質地；戲劇家高行健在《生死界》劇作裡

以「生前」與「死後」的白與黑對照出「自我」與「存在」的意義，三個高行健的差別，只在於「水墨」、「文字」與「舞台」的不同而已，但如果沒有對「黑與白」的戲劇性深刻的感悟，絕對沒有高行健今天的藝術。

（2000 年 4 月／人間副刊）

起承轉折的藝術

—— 評李錫奇藝術的「傳達」與「獨創」

　　在藝術創造的過程中，有三個變數決定了藝術作品的風貌，亦即：（1）觀念（2）媒體（3）實踐表現的方法。此三個變數之中，表現的方法必須嚴尊獨創的原則，「媒體」和「觀念」則最起碼必須<u>有效</u>。獨創是一段歷經苦修之後的頓悟，從人類群體生命形態的體驗而入，經反芻消化，化爲個人的意念風格 —— 這個過程是藝術家的「歸納」運作：面對時空激盪的感應而出，經抒發表現，化爲群眾的感動和共鳴 —— 這個過程是藝術家的「演繹」運作。如何從人類的群體經驗與智慧中歸納萬象成爲精華、獨創的一己，再從精、獨創的一己演繹成有效的傳達方式回饋群眾，是一個藝術家在蘊育自我的風格，和進行表現傳達所應該嚴肅面對的兩個重要的課題。

　　在現代藝術的殿堂裡，「時間」、「空間」的感應和「自我的體認和建立」在這兩個課題的完成過程中，扮演著關鍵性提前的角色，「時間」是整個人類歷史在此時此刻的延展和投影；「空間」是整個地球、宇宙的現代面貌經由資訊傳播媒體，日夜不停的呈現……，在這兩支巨大、互相交垂的橫直兩軸織成的時空平面上，現代藝術家必須先行認清自我明確的心靈座標，再以獨特雄奇的姿態站起，用堅挺的骨骼和豐沛的血肉樹起另一支第三次

元的縱軸，以支撐一雙銳利的眼睛進行世界和歷史的透視，配合靈巧的雙手構築一個不朽的現代藝術天地。

和其他幾個成功的現代中國藝術家一樣，從一九五九年中國畫壇出發的李錫奇現在已經走到了一九八六年的國際畫壇，在這二十七年左右的藝術創作行動過程中，我們可以清晰的從李氏的座標延展中看出，他除了樹立現代藝術創作的行動楷模之外，又在藝術理念的創作實踐上邁開了一大步。

三十五歲之前的藝術：「推牌九」和方圓變位

三十五歲之前的李錫奇是畫壇的變調鳥，畫風詭異多變，從初期深受超現實主義的影響開始，一路探索過歐普藝術和中國宮殿圖案造型的結合，也嘗試過以中國賭具骰子、牌九等為素材，闡述普普藝術的畫風 —— 此一時期的李錫奇和目前臺灣一般年輕人的藝術家一樣，勇於接受新的藝術思潮，卻缺乏個人成熟思想背景進行歸納與整合。可是從另一方面來看，卻也許是旺盛的創作力使得風格易變。難能可能的是，當時的李錫奇已有明確的藝術創作理念，懂得避免將西方風行的藝術思潮不經思慮的照單全收，而能以一個東方畫家的觀點出發，將屬於中國人的素材融入現代藝術造型之中，成功的創作出一系列令人喝采的現代繪畫佳作。此一時期的代表作是榮獲日本青年藝術家評論的十幅聯作：「本位」，畫面以圓的造型為定位，配合逐漸縮小的方形空間為變位，以造成一系列的視覺事件，用來營造東方哲學中方圓時空轉位的神祕概念 —— 畫面是純粹而獨創的視覺組合，而整個畫幅的內涵傳達性卻是十分的犀利，令人感動。

此一時期的歷練，對李錫奇創作上的意義來說，是已經掌握

了「傳達」與「獨創」的平衡要領，已具備了個體的體認和對時空的深刻感應，換句話說，李氏經由多年的創作實踐，既能圓熟的發揮屬於自己獨特的視點，並能有效的進行純粹的視覺性傳達。

三十五歲之後的藝術：中國書法和現代繪畫語

李錫奇繼之而來的表現，是在三十五歲以後初期的創作階段裡，提出了令人眼亮的新境：「月之祭」的系列聯作，他從中國書法裡找到了嶄新視覺語言的質素，用隱喻的敘事方式，結合早先的方圓變位手法，創作出一系列人類登陸月球的強烈時事感懷作品 —— 雖然從色彩的運用可以看出早期接受歐普和中國宮殿圖案的痕跡，從方圓的結構也可以找出早期沿用的變位方式，然而書法造型的結合所帶動的氣韻和節奏美，卻成功的使李氏的作品風貌推進了視覺的新境和心靈的新象，在當時的中國畫壇上引起普遍的注目 —— 此一階段，是李氏銜接以往創作經驗與新的語言素材，邁向成熟創作領域的過渡時期，而此一系列引進書法質素的作品，更是李氏爾後一系列以唐懷素行草為本，創作出一系列更純粹更精湛作品的濫觴，其中，以「時光行」系列為其足以傲視畫壇的傑作。

中國書法的蒼勁，空靈與豪邁，與中國人所處大地山川的壯闊，以及婉約挺拔，有著息息相關的脈絡依循。雪地綻梅如「點」，有自然著痕之妙：湖上斜柳如「撇」，有隨風無奈之姿：江上行舟如「捺」，有瀟瀟迤邐之態……，書法中種種的氣韻質素，幾可全由中國大陸山川的大自然景態之中找到模擬轉化的痕跡，我們之所以稱書法為藝術，即因書法在文字的敘述表達功能之外，在形象結構的本質上，還具有美的移情，與韻律節奏的獨立性傳

達功能。

然而，和中國畫一樣，若想將書法中美的質素納入時代性的脈搏以結合現代藝術，除了前述的自然模擬情境之外，還必須將書法其他質素加以擴張，經由現代人藉由時空的感悟反芻成嶄新的視覺語言符號──「書法和繪畫的結合」提供了這個可能，從書法的繪畫性著眼，淬取書法基本的質素融入更為富麗豐實的造型，空間結構和色彩之中，以構築一種獨創的視覺藝術──這就是李錫奇的「時光行」系列創作。

從前期的「月之祭」版畫作品裡，中國書法的質素在經過李氏思索的歸納提煉，和絹印的演繹運作之後，已經呈現了濃烈的現代風貌，使書法的氣韻內涵有效的融入其獨特的現代藝術語言之中，和現代中國人生活的質感相互呼應，而成為李氏繪畫歷程空間裡不可或缺的一個座標。同樣的書法筆觸造型，從宣紙墨硯的傳統質感和古老的平面趣味中解脫而出，加上三度空間帶狀的雕鏤，所實現的一「點」、一「撇」、一「捺」……，都能產生的質感和速度，吻吻貼貼的配合著現代人的脈搏律動，從而肇建了色彩在書法起落筆觸造型中的新頻率，共同營造出一個高貴而引人入勝的視覺語言世界。

無可否認的，這是一個新奇的視覺藝術，只是，在創作遞嬗演變的過程中，作者似乎又有了新的感悟與發現，將「月之祭」中過分重視楷書筆觸的造型性進行「翻譯」，推向了追求草書氣勢精神性的「演繹」，將畫面較多的「筆法具象造型」減少，而代之淋漓盡致，隱於無形的筆法氣勢，以造就更加具有純粹性與視覺張力的現代藝術──這一點，可以從「月之祭」到「時光行」的轉化過程明顯發現。

　　具體而言，「時光行」系列和前期作品最大的不同處，即是「一筆一畫」似的獨立筆觸造型已經消逝，而代之以連綿不斷的橫向帛狀造型，如前所述，這正如從楷書邁向草書的展進，草書雖無明顯的點、撇、挑、捺、拘、提……等書法，卻已將其筆勢貫成一氣，雖無筆法之具形，卻凝斂了書法中所有精韻與節奏，在整體的畫面裡，已使書法的抽象成功的融進抽象的繪畫，構成了更加完美的視覺世界 —— 在這個世界裡，我們可以清晰的看到，一個關於現代的中國人（個體）以他富有個性的視覺語言（歸納的創意）說出了他對於宇宙、時光運行的感懷（時空的感應與有效的傳達）。舉例來說：在「金陽之旅」之中，李氏以潦草的筆勢結合金屬般漸層的質感變化，隱喻太陽的晨昏升沈；在「穹蒼之旅」中，他以急轉連互的筆法和白綠對比（中國建築圖案色彩的變調）的效果造成突挺的空間感，以刻畫宇宙的深邃莫測：在「四季之旅中」，他則以重複連續的尾草筆勢，結合反覆漸層的色調組合，鉤勒出歲月的循環不已……。

　　如前所述，藝術貴在創新，傑出的藝術必能將作者的情愫、意念，透過媒體的創造性實踐進行深入有效的傳達。在媒體的創新實踐過程中，最困難的，即是意念運用媒體的轉化與整合。舉例來說，要將書法的氣韻，質素從宣紙、毛筆、硯墨的傳統形式中解脫，而能保留其精髓，再進一步轉結到其他現代化的藝術媒介，便是一個十分困難的過程，即使轉結成功了，對大眾的傳達和說服力，是否又能如原先預期的，引起共鳴？亦是一件有待繼續努力與開拓的方向 —— 以這個角度縱觀李錫奇的「時光行」創作階段，我有理由相信，他將運用蒼勁的筆法，畫下一系列不會消逝的時間。

　　在這一系列不會消逝的「時間」之後，李錫奇的衝動和創造力果然不曾消逝，在三年餘的畫廊經營生涯，和一年的香港中文大學的教學生活之後，四十七歲的李氏又有了新的頓悟。

進一步的揚棄：「生命的動感」系列

　　在一系列命名爲「生命的動感」的作品之中，我們看到了藝術家意欲在創作的座標中重新定位，進行突破的企圖：畫面的組合，採取了新的律動姿態，以平行流動的帶狀方式構組一連串陽剛的動勢，運用紅、白、藍、綠與紅、黃等原色，把「時光行」中熟見的韻致和節奏轉化成一系列或連亙不斷，或蜿蜒糾纏的高速流轉，讓整個畫幅的質感有力而富有戲劇性的泛延到白色畫布和黑色的畫框之外，乍看之下，確有一股豐沛的生命力呼躍欲出的感覺。

　　冷靜觀之，我們仍然可以從這一系列作品的平行色線組成之中，發現三十五歲以前李氏作品中結合中國建築圖案與歐普藝術的設色習慣；從畫面連貫動勢的安排與構成之中，也可以看到方圓對位技巧的轉化，此外，最重要的，乃是這一系列新作，仍然延續了「時光行」系列中結合書法純文化繪畫視覺語言的風格。

　　然而，最大的不同，卻是李氏大膽的揚棄了「時光行」系列中舊有的帛狀造型與金屬的質感，使畫面更加單純化，只保留了草書運筆的動勢和氣韻，用來進行視覺性的純粹傳達，此外，則有運用對比色彩的增添效果以提高動態的速度共鳴感，如此觀之，「生命的動感」和「時光行」系列最大的不同點具有下列三者：（1）去除隱喻性的漸層式金屬質感（2）單純的保留爲誇大草書抑揚頓挫的動勢或節奏（3）利用對比色的共鳴增加畫面的速度共

鳴感。

　　如此觀之，我們可以了解「生命的動感」系列作品，對李氏個人的創作歷程而言，確有其承先啓後，捨舊圖新的意義，過去視爲必要的某些設色、質感與造型的隱喻效果，都在畫家更爲成熟的心境與美學理念下大膽的簡化甚或揚棄了，而一種更爲精純的，屬於中國草書氣韻與節奏的要求，以及，更爲簡潔有力的中國建築設色方式，似乎已在此一「生命的動感」系列中隱約的顯露端倪，果然，經過兩年之後，我們在李氏展出的新作「頓悟」系列中看出了這個傾向導致的結果。

更純粹的演繹：新作「頓悟」系列

　　「頓悟」系列是李氏繼一九八四年「生命的動態」系列推出之後經過兩年省思的近作，時間上的相近，使畫者的形質仍有其相同的脈絡可尋。此即：一、連互式草書抑揚頓挫的節奏與動勢。二、中國古代建築的色彩運用。然而，在整體的造型理念和傳達的動機上，卻有如下的不同：

　　1.以更平面化的書法造型突出節奏感。帛狀的立體捲曲造型與漸層式的金屬實感在「頓悟」系列的新作中已經完全消失，原有的硬邊與漸層的感覺已由圓潤而單純的筆法所取代，同時原始的草書動勢在更加純粹的流動造型中強化了節奏感與律動感，加上瘦削修長如香線般流動的書法「筆觸」效果，使整體上觀來，洋溢了狂草宣泄的氣韻之美與音樂交響的節奏之奇。「時光行系列」和「生命的動感系列」中的立體質感雖然不見了，卻突現了較純粹有力的視覺效果，使草書的韻味更加自然的現代造型化，雖然更「平面化」了，卻也獲得了更多的「立體效果」。

　　2.**暖色對比的減少使畫面更加神祕與沈穩**。李氏擅用的中國古建築式的設色習慣，在「頓悟」系列中，似乎已從時光行系列裡，簷梁畫棟般的華麗絢麗轉向內殿堂奧的神祕與深沉，黝暗的背景和更加節制的漸層手法，使欲意追求的草書動勢與氣韻取得了溫潤與內斂的協奏效果，雖少了外在的裝飾，卻多了內在的厚實，有力的彰顯畫家隱含的生命質感。

　　3.**以無形的氣韻取代有形的運動**。如果說，「時光行」系列和「生命的動感」系列中的動勢是有意設計出來的，那麼，「頓悟」系列中的動感便是自然衍化產生的，因為前者是較為有意的造型效果，後者，卻有更多無形的氣韻凸顯 —— 這一點，筆者認為乃是李氏新作「頓悟」系列中最為可喜的一點，因為就此一點，草書的狂漫之美與肅勁之氣，就能更有希望的和李氏的現代造型語言溶合成為有機的一體，成為真正能夠撼動人心的藝術了。

　　整體觀之，筆者以為李氏的新作「頓悟」系列除去技巧的精進之外，較之其先前舊作亦確有更多純真的生命與藝術呈現，原有的絢爛巧匠之氣，已由更深厚沈潛的內在質素所替換了。

　　姑且不論李氏繼「生命的動感」之後，隔兩年的新作「頓悟」系列是否已經如願的達到進一步突破自我的心願，然而李氏此種敢於揚棄，勇於突進，猛於創新的精神，卻已足以令人敬佩。筆者曾經親臨李氏的畫室觀賞其創作的過程，知道李氏創作態度的嚴謹。從蒐集、分析造型資料開始，進行打稿，而後摘選理想的素描為藍圖，再行設計作畫……完成作品的每一個步驟，都是在明晰的理念運作之下進行，沒有即興，也不靠自動性，是一種完全的藝術意念上的冷靜創作實踐。

結論：三個觀念

綜觀李氏自廿餘歲至年近五十，廿餘年來不懈的創作生涯，筆者有如下幾點感想：

1.真正的藝術家首先必須能夠掌握「獨創」與「傳達」的平衡點。在傳達有效的前提下努力開拓自我的獨創性。獨創性的發動必須從觀念的建立開始，明確知道自己所屬的時空座標，並忠於自我內在對於時空的觀感爲出發點，如此，才能產生動人的藝術創作。藝術的「傳達」是國際性的，但「獨創」的本質卻必然的存有民族性與地域性。因爲一個中國人對時空的感應必然和西方人不同，當你站在世界藝壇上意欲表現自我的風格時，何妨把你不同於其他人種的民族文化特性當成風格的外圍部分表現出來？又何必爲了追隨風潮，故意把可貴的一分文化屬性泯滅遮掩呢？音樂家屈文中是一個例子，蜚聲國際的林懷民是一個例子，那個不斷嘗試以中國的建築圖案、賭具排列和書法結合現代藝術的真正藝術家李錫奇，又何嘗不是一個活生生的例子？

2.藝術創作必須是一種持續不懈的生命戰鬥。藝術家的成功不會只是在幾張作品上面，而是在明晰而獨創的藝術理念，不斷的探索與印證的實踐行動上。我們從李錫奇一連串的探索和創作過程之中可以發現，他從最初十年由布紋壓印到玩牌九，和一九六七年間所作的一系列方圓變奏，以及隨後的書法繪畫結合的「月之際」系列，在在都說明了一點：他確是一個態度嚴謹、理念清晰的行動藝術家。這種嚴肅而充滿實踐精神的藝術家行動，很自然的會讓人想起：塞尚對幾何造型的分析、蒙德里安對水平垂直構成的冒險、畢卡索對移動視點的闡述，以及張義對龜甲造型的

迷戀……等等明確而充滿實驗精神的創作理念。

　　3.中國書法的質素結合了現代繪畫語言的開拓，已由李錫奇導向一個美麗深刻的視覺新境，在藝術創作的獨創性與傳達性上已具備了相當完美的形式，然而，除了繪畫之外，是否有人能夠繼續運用書法優美而富有生命動態的質素，結合其他藝術的形式，創作出一系列那飛揚動人的雕刻或舞蹈作品？是否還有人能夠從中國興盛的文化之中挖掘書法之外的其他寶藏，用來開拓現代藝術創作的嶄新面貌？

　　總而言之，我認為李錫奇的畫路歷程在現代中國的畫壇上自然有其應有的定位。他除了是一個態度嚴謹、理念清晰的藝術創作的實踐者，以及，一個中國現代藝術創作方向的新啓示之外，我最佩服的還是他這廿多年來奮鬥不懈的獨創精神，他確是一個充滿「生命動感」而且能夠不斷「頓悟」的中國現代藝術家。

　　　　　　　　　　（七十六年三月，藝術家雜誌）

從「鬱黑」到「接龍」
── 再論畫家李錫奇的藝術

　　具備形式探索的豐富經驗與提煉生命本質的嶄新動力之後，五十五歲的李錫奇曾在九〇年代大環境諸多的變動中，目睹了諸如兩岸交流、價值混亂、歷史斷層、認同矛盾……等等過去難以逆料的「生命價值重新洗牌現象」，而使其忍不住掉轉了藝術的觸角，從絢爛的色彩和匠意的形式中，有若蛟龍噬身般的潛入了深沈的歷史鄉愁和黝暗的生命底層，改在一重重濃鬱的黑色中尋找自我的嶄新質感和體溫，用大異於過去的姿勢，勇敢的去見證一個敏銳的藝術家面對新時代的品味與反思。

　　這個年代的李錫奇在突然接通的對岸的福州，找到了數千年前即已流傳在楚文化中的漆料 ── 一種由遠古動植遺骸提煉而成的有機漆，做為他創作「鬱黑系列」的轉型材質 ── 這種被用來做為畫面主要顏料的漆材，塗後可以粗獷也可以細膩，可以婉約亦可以霸氣，可以發亮也可以黝暗 ── 從某些層面觀之，幾乎像極了李錫奇的性格。從此人漆一體，李錫奇得心應手的透過物性感知的敏感，象象了然的架構起他的遠古幽情，時代感懷以及對歷史的悲憤。在此，「漆黑」的皺摺肌理或光耀或黝眩，經他從過往繽紛形色中淬取而得的符號以隱喻的手法界定，再轉以歷史感鮮活的圖騰感官簡易造型的移入，使得「鬱黑系列」像深思的哲

人那樣的推開了李錫奇心中隱藏的所有畏懼，帶著體溫，綻著芳香，神聖而富有宗教感的走出了「不動如山」的律韻，並且，似乎也已經不著痕跡的完成了某種「時間凝固」的冥想儀式。

　　因此，若把「鬱黑之旅」放在李錫奇的所有藝術中觀之，這一系列結構正有如凝聚了他過去所有的絢爛色彩與精彩形姿，而以「頓悟」之態重新綻放的一株「黑色玫瑰」── 具有可以觸擊人心尖銳的質感卻又深沈動人的「生物」── 因為在這一片「鬱黑」之中，沒有色彩卻充滿了色彩，沒有姿態卻又蘊含著姿態，沒有形狀卻又布滿了痕跡，時而渾厚凝重，時而細緻陰柔，在李錫奇「鬱黑的藝術」之下，「漆黑」已然打破了瘖啞的宿命，而成為某種吶喊，某種沈思，某種祈禱，某種發現與某種上升了。至此，我們發現在操弄形色之外，李錫奇運用生命的「質」，材料的「質」、與繪畫語言的「質」化約為「三質一體」的能力 ── 這個能力，是五十歲以前的李錫奇所難以望其項背的。而此時年已六十的李錫奇，雖然已經不稍停歇的為現代藝術奮戰了近卅年，卻一直不改其切入畫壇「推牌九」式的衝創意志與其「本位」時期的通融手法，在「鬱黑之旅」中把自己推向了新的深度與高度之後，又開始了一系列「接龍」式的「後本位」藝術創造 ── 他把自己過去所有的藝術質素，諸如牌九、方圓、書繪字形、具有普普風和歐普風的東方廟堂圖案、福漆……等等，延伸了「鬱黑藝術」的深度進行了一次空前的大解構，以重新思考過的時空座標與繪畫語言作成了一系列並置、跳接、對話形式兼具的、具有濃厚後現代風的新穎作品。畫家盧天炎認為，李錫奇的這一串「後本位」新作是解構式的，不止是字形筆畫的析離重組，也是書法美感、符號隱喻、匾額肌趣、春聯版色的大融合。我們從中可見

多重語彙與議題的發展已然突破他原有純然抽象的指向。而且運用東方性靈符號的隱喻并行民間藝術的土味，使得高層次精緻的精神性夾雜著源於生命根柢的鄉愁，是現代的，也是鄉土的，是精緻的，也是粗俗的，成功的呈現了一幅幅很能展現今日台灣現況的風貌。此外，從此一系列新作中亦可見到李錫奇嘗試運用後現代的手法，使中國傳統的、古老的「匾額」藝術轉向一個更新的角度去折射台灣的、中國的、鄉愁的，甚至是人的新價值在這個新鮮的時空中所煥發而來的光芒，因為，透過他的「折射」，我們可以看到那一系列可拆、可組、可左、可右的「匾額」，實際上乃是歷史與人性的零件，供他進行時間與空間的「接龍」——形色質的「接龍」、內在生命與外在世界的「接龍」、東方與西方的「接龍」、古老與現代的「接龍」。

「圓熟」二字對一個成功的藝術家而言應是一種「不動而動」的擴展與發現，對李錫奇而言，他從卅歲的「本位」到六十歲的「後本位」，從初試啼聲的「推牌九」到深思熟煉的「接龍」等卅年創作軌跡，似乎就是沿著圓錐形弧道由小而大，由下而上，不斷推陳出新，不斷研磨，具有難得韌度與強度的藝術生命展現。如此一位堅忍不懈，勇於創新，努力追求生命熱度與理想的藝術家，確實足以做為眾多年輕藝術家效法追踵的精神表率。

【1996-04-01／聯合報／37版／聯合副刊】

水墨與陶瓷的人間
── 寫在袁金塔巴黎個展前

　　七〇年代在台北的師大校園裡，現任師大美術系系主任的袁金塔、作家劉墉、台視節目部經理小野、畫家盧明德、連德成以及筆者等人，都是不同科系，同屆或前後屆相互認識的同學。以那個年代的表現來看，袁金塔會在畢業二十多年後擔任師大美術系系主任之餘，再度成為具有獨特風格的傑出畫家，卻是曾以化學系學生輔修名目與他同堂上過課的我所始料未及的，因為在那一屆美術系的同班同學當中，畫得比他好的並不乏其人，積極的想在藝壇上嶄露頭角的更多，然而到目前為止，他們那一屆畢業後能夠在當今的藝壇上闖出名目的，也就只有他和盧明德、連德成三人，可見藝術的創作需要的是長時間的堅持，一時的才氣縱橫或是出奇制勝都可能只是過眼雲煙。

　　袁金塔第一堅持的就是他的「水墨語言」，從他早期精緻寫意、寫景的作品即可看出，渲染、皴、搓、磨、拓……等等水墨技巧的運用，以及將傳統的寫意表現轉化成寫實質感的創新與形塑，對他而言都有如一流匠師刨材組榫一般熟稔，重要的是，袁金塔在長期的創作過程，以及苦思將傳統水墨符徵（signifier）與現代視覺語言接軌的努力，在他現於巴黎著名的「歐亞視角」畫廊的個展中已經有了極為成熟與創意十足的表現，進一步說，傳

統中國水墨畫所追求的那種「掌其韻而運其神」的境界，只是袁金塔繪畫藝術中最基本的水墨詞彙，顛覆並且超越了這種「氣韻」迷思之後，袁金塔則成功的藉由獨特的「墨的辯證」與「水的演繹」，讓古老的水墨找到了現代化的姿態、質感與靈魂，進而組成千變萬化的畫幅，諸如：「都市情色」、「換人坐坐看」、「二二八事件」、「葉扁魚」……等，深沉、大膽，強而有力的向觀者訴說：他對當代台灣這塊土地在二十世紀末所發生的種種的感觸。

袁金塔第二堅持的就是他的「陶瓷文法」。「文法」基本上是語言運行的機制，在選擇「水墨」作爲他繪畫的主要語言之後，袁金塔除了運用各種平面的敘述之外，也在深刻的思考之下，加入了三維的陶瓷素材作爲他強化繪畫的語言張力。「陶瓷」事實上也是以「土」爲「墨」，以「火」爲「水」的「硬水墨」，講究的是陶土瓷粉浴火之後的質感與神韻，「氣韻生動」自古以來即是陶瓷藝術與水墨藝術的交集，袁金塔以「陶瓷文法」運行他的水墨語言，諸如「秘雕魚」系列，是非常自然，也是非常具有說服力的選擇，也因此有效的提升了他的繪畫藝術，使他的創作成爲集合古今素材與中外視野，混合了多媒體，也同時連接了傳統與現代的嶄新視覺藝術。

除了堅持「水墨語言」與「陶瓷文法」，成功的掌握繪畫語言的材質變化與表現的創見之外，袁金塔善於以雷同的視覺單元運用色塊與線條的韻律感，採行拼貼、影印、集合等現代技法「繁殖」畫幅，同時直指當今「人間」種種的入世而獨特的「敘述」手法，也在在令人耳目一新，相信在袁金塔繼續的堅持之下，以其水墨連接傳統與現代的「時間」性；陶瓷合二維與三維，水火與土墨的「空間」性，以及題材直指當下社會萬象的「人間」性，

一定可以爲「台灣的水墨新藝術」開拓出更爲寬廣的路。

　　「台灣的抽象藝術新風貌」展出代表團，包括袁金塔、張永村、陳正雄、陳世明、筆者等十人，此刻（十一月十六至二十七日）正在巴黎的布朗麗大展館第三次參加每年一度，由來自世界四十個國家，四百位藝術家受邀參展的「巴黎大師與新秀大展」。袁金塔本人則同時於巴黎頗負盛名，曾有畢卡索、蒙得里安尼……等大師展出，擁有一百年歷史的「歐亞視角」（LEBATEAU LAVOIR）畫廊舉行這次以「人間」爲題的盛大個展，希望經由此次台灣優秀藝術家的分合出擊，以及法國三百位文化藝術界名流，包括諾貝爾文學獎得主高行健的蒞臨，能爲「台灣現代藝術在巴黎」寫下嶄新的一頁。

【2000-11-23／聯合報／37版／聯合副刊】

立體的悲愴

── 洪救國藝術的省思

　　我不認識洪救國（ANG KIUKOK），但是我喜歡洪救國的藝術。

　　四年前在台北版畫家畫廊的一個展覽會裡，我便對那些重量級式的悲劇造型產生深刻的印象，透過那些純粹由獨特的色、形、質等視覺質素演繹而成的苦難造型，我卻體悟到一股濃郁的生命的抖顫，和我已經了解的人類的巨大痛苦，有著太多相似的頻率。這種共鳴的經驗，使我再度面臨洪救國作品的時候有一種油然的親切感，就好像在歷史上讀過的、電影上看過的，現實生活裡經過的，一些有關人類掙扎哀豪的慘慟，即使在你的心靈上只放映過一遍，卻都能在一段久遠的歲月之後重新喚起你的抽痛與苦楚一樣 ── 這種抽痛與苦楚是不快的，然而透過洪救國的藝術，如此悲愴的不快卻產生了惑人的魅力，使你看過之後，就像面對親切的老友或故鄉一樣的，忍不住回過頭來又多看幾眼。

　　慢慢的，我發覺到，洪救國的藝術，是運用了立體主義的造型詞彙，把哥德大師格魯那凡描繪耶穌受難式的題材成功的進行衍化，卻又能不留痕跡的注入屬於現實自我心靈深處的悲劇律動，而形成一股深沈的生命的鄉愁 ── 他是一個擁有卓越悲劇歸納與演繹能力的藝術家。

　　從某些資料了解，洪救國確實身經某些苦難的折磨，尤其身逢第二次世界大戰，在顛沛流離的逃難過程「躲避日本人的飛機，一路上看到的都是支離破碎，痛苦掙扎的人，血和肉交疊著，生和死那麼的接近，帶給我很深的影響」──這種面臨死亡逼迫的親身歷鍊匯成了一漂深邃的苦水積存在洪救國的胸中，經由日後哲學式的沈澱，美學式的昇華，從他的血脈流向他的畫筆，滴在他的畫布，塗成他的吶喊，構成一幅幅扭曲變形的人體，逼視著今日一群群幸福的面孔和眼睛──這些由五十年苦難濃縮而成的作品，是經由如何的藝術血脈提煉而成的呢？

　　無可諱言的，洪救國藝術的造型（以人物為主）乃是延伸了立體主義的技巧〔從杜象（Duchamp）立體時期的作品和勒澤（Le'ger）表現機械機能美的作品中可以隱約看出這些脈絡〕，然而，儘管詞彙有其相似之處，整體構圖的文法和空間的段落章法，卻是洪救國式的。透明立體派式的技法，並設有侷限洪救國見骨見血的深刻描述和象徵，甚至還藉由別出心裁的肌理處置，成功的獲得另一種人文性的張力，使立體派的畫風在他如刀如刃的筆下有了某種程度的心靈延展。這個事例說明了自我感覺注入既有的美學形式上（或者除非自己獨創），這個形式才能獲得血肉與傳達的力量，否則，再完美的形式亦將淪為僵硬的色型物理實驗，而無能誇越藝術家自言自語的象牙之塔（除非只是為了畫給畫家看）。舉個例子來說，蒙德里安（Mondrian）的水平垂直分割純粹形式若沒有音樂律動的體悟做基礎，將只是一些無聊的色塊和幾何線條的堆積而已；塞尚的幾何造型歸納探討著沒有以大自然的愛和關心做前提，也將喪失純粹簡化之後的深刻和動人。洪救國的造型也是如此，如果他無能將內心歸納而得的悲劇感溶入立體

主義的造型理念之中，立體主義的造型技巧對他而言將只是表象的移植，而無法使他的作品像今天所見的一樣，站著、躺著、蹲著……，都能以各種「立體」的悲劇造型向你吶喊半個世紀以來的痛苦。

任何藝術家都希望追求完美而純粹的形式，然而完美而純粹的形式應該是可以「用來表現其他內容的形式」，而不只是代表一切內容的形式。「形式」固然可以是內容，也必須經由哲學或美學的反芻與演繹而得，而經由哲學或美學進行的反芻或演繹，則必然的是無法逃離人性的，即使是毫無人味的「極限藝術」都脫離不了首創者對於科技數理的時代性感應，那麼，我們又何必自限於大部份的人群，不加省思的狼吞一些潮流泡沫，物理實驗式的視覺性純粹呢？（至少，也應該加入一些屬於自己的，對環境的真實感應）。

洪救國作品的特色，就在於他能適當而深入的演繹立體派的繪畫理念，突出他個人經由反芻之後的時代性悲劇感。當然，有人也許認為，如果洪救國能夠擺脫立體派的牽引，以自創的藝術形式（如貝孔，或莫蒂里安尼），進行各種題材的表現，其藝術上的成就自當不僅於此，然而，這種要求無非是要洪救國成為另一個畢卡索，要他自己獨創出一種偉大的造型觀念或表現形式，這或許是一種無理的苛求吧。能夠延續前人的造型理念，充分運作自我內在思想的藝術已屬難能可貴，梵谷的成就，不是也在於他能將後期印象派的形式理念延伸，以自我的生命感悟加以深度衍展的結果嗎？事實上，在洪救國經過「轉化過的藝術形式」之下緊密結合的那股深沈的悲劇感，才是洪救國藝術的主題，換言之，也就是這種超乎純粹形式的人文性主題，才使洪救國的藝術獲得

了創意，並且構成了魅力。

在這種「立體派轉化的藝術形式」之中，洪救國使他的悲劇戲劇性的獲得了應有的質感與動勢，那般深沈冷鬱，支離破碎的，以悲愴銳利、骨肉畢現的面貌，演奏出一種重金屬似的吶喊，完全不同於諸如立體派大師，諸如勒澤的機械功能美，也迥異於杜象的嚴謹秩序和古里斯（Cris）的優雅或畢卡索的絢爛 —— 是洪救國用省悟的悲劇感情重新詮釋了立體派，而不是立體派構成洪救國的悲劇藝術 —— 這一點，乃是洪救國藝術中最能引以自豪的一點。

從洪救國的藝術中，我們如此感悟到形式與內容渾然一體的力量 —— 立體派的形式和悲劇的內容相互呼應交融，有如閃亮的鐵和燃燒的碳產生化合，變成尖銳無比的鋼，在靈魂深處擊出高頻率的生命音響 —— 因此，倘若沒有上述經過演繹的立體派形式，洪救國的的悲愴也許只剩下一些鬆軟的皮肉感傷；沒有強憾深沈的悲劇意識，洪救國的立體派轉化形式也可能只是一些因循襲舊，用來裝飾視覺感官的浮面形色而已了。所以，我們看洪救國的藝術，應該從其形式和內容如何產生如此動人結合的這一層意義來了解，而不要單是偏執的苛求其形式的純粹，或者，一味的感受其悲劇內容而已。

我不認識洪救國，也許他不是純金，也不是純銀，但他確是一塊適合承載生命強烈律動的重金屬合金，誠如他自己所說的：「皮膚不是我要的，我要進到皮膚中去」，他已成功的把立體派的生鐵放入熊熊的悲劇碳火中燃燒，鍛鍊出一種閃亮銳利的風景進入我們的體內 —— 如果我們稱之為「立體的悲愴」，那就是洪救國，一個傑出的中國藝術家。　　　　　　（1992 環亞畫廊）

民族風格與現代藝術

── 泰國現代繪畫展簡介

　　在亞洲諸國的現代繪畫風貌上，除了中、日、韓等國，因經常性的文化接觸而為台灣畫壇所熟悉者之外，其他地區的繪畫，尤其是現代繪畫，對於此間的藝術愛好者而言，可說是陌生而又新鮮的。一個民族或是一個地區的繪畫風貌，乃是最明顯可見的，最能代表該地區或民族文化現象的「精緻視覺文化」，其藉由現代藝術觀念與技巧，對該地區或該民族的文化內涵加以視覺化運作的結果，往往能更有密度，更鮮明的展示出該地區處於現代文明潮流下的文化現況，是有異於只透過大眾傳播媒介或是圖書，文字為敘述性資訊所能了解的。因此，對於泰國的現代繪畫，我們也有相同的期待。

　　泰國在十四世紀以前分成以沙克和泰（Sukhothai）為主，和清邁（Chiangmai）為輔的兩個王朝勢力，在十八世紀中葉時，因新興外族特哈亞（Ayutthaya）的入侵而演成以三大族為主的共融國，就在此一期間，以佛教闡演為主流文學、藝術曾經遭受一度的中挫，直到十九世紀，才在宮廷的庇蔭下恢復蓬勃。接著，又由於英、法兩國勢力的侵入，以佛教文化為主流的泰國文化又逐漸的受到高棉式的法屬文化以及馬來西亞式的英屬文化交相注入而產生嶄新的西方色彩文明觀，直到廿世紀，加上現代高度的科

技文明與多種傳播的薰染之後，古老傳統的泰國文化骨肉，已經加上了歐美的襯衣，和現代文明的西裝了。在這種文化傳遞的過程中，毫無疑問的，其所呈現的現代藝術風貌，縱然在形式上產生了多元化的割離性或縱橫性，也必然的，仍和其悠遠佛教文明有其內涵上的連繫性 —— 這個現象，我們可以在此次環亞藝術中心舉辦的「泰國現代畫展」的作品中看到。

　　在這批誕生於一九四三年至一九五六年的中堅畫家作品中，我們幾乎看不到所謂超寫實主義或是新表現主義新潮畫派的移接工作，有的，或多為歐美各種繪畫潮流綜合式的泰國本土化的多元衍展 —— 換句話說，他們作品受到現代繪畫思潮的影響僅止於表現形式的衍用，而在表現的氣質和內涵上，卻能很清晰的（雖然不見得很好的）告訴你這就是「泰國的現代畫」 —— 不是十四世紀以前的泰國，而是廿世紀的泰國。就像一個有主見有風格的畫家作品一樣，雖然不見得很超傑，卻能很清楚的表現他的自己的個性與語言一樣 —— 這次參展的十個泰國畫家，整體上來看，也確實展現了明顯的泰國文化特質：佛教的神祕色彩、熱帶的熱情與開朗、優美的南國情調，以及，和現代文明接觸的尷尬 —— 等等。以下，就是他們的簡介：

　　一、涂安・特拉皮奇特（Tuan Terapichit），生於一九四三年。作者強調抽象觀念，以曲捲狀的構成，灰紅色系的組合，成功的使單純性的泰國式美感躍然紙上。

　　二、依西波爾・山度洛克（Ithipol Thangchalok），生於一九四六年，曾留學美國，現任泰國教授。作品強調組織化的視覺效果，運用多種幾何圖形，組合成建築性特強的畫面，色彩的運用獨創一格。

三、羅恩・泰瑞皮奇特（Roong Terapichit），生於一九四八年，曾留學美國，作品喜加灰黑色系傳達宗教神祕的冥想，幾何狀的直接和陰柔的色彩，交織成憂苦的低調樂章。

四、普里查・邵松（Preecha Thaothong），生於一九四八年。作品喜歡採用泰國的廟宇、牆框、壁畫爲素材，光彩明晰、色彩飽和，以平面化的裝飾手法，真正濃厚的宗教氣息。

五、皮希奴・史潘尼米特（Pishnu Supanimit），生於一九四八年，曾參加國際性美展多次，目前任教泰國大學。作品喜以幾何造型，自由線條交互運用，單純而富知性，豐富而又冷靜，且有個人獨特的風格。

六、維巧克・慕達馬尼（Vichoke Mukdamanee），生於一九五三年，作品以紡織品爲素材，以接縫、塗繪、編結等多種質感和色彩並陳，自由奔放，愉悅動人，充滿迷人的節奏感和泰國的鄉土氣息。曾多次參加國際性美展，贏得好評。

七、普林亞・唐提蘇（Prinya Tantisuk），生於一九五五年，擅長幾何形的構成，強調光彩變化，裝飾性強，富泰國風味，作品曾獲國內外大獎。

八、諾龐・史佳威蘇（Noppong Sujjawiso），作品擅用複筆觸，以紫紅、黑藍色彩構成繽紛的意象和豐富的節奏感。曾獲國際性獎賞多次，是泰國重要畫家。

九、沙佛恩・寇烏杜維特（thavorn Ko-udomrit），生於一九五六年。作品以厚紙板裱貼，輔以其他材料，以簡單的幾何圖形，營造出充滿材質感，幻想性的空間，其奧妙的宗教性內涵，頗獲西方人士讚賞。曾獲世界重要繪畫獎。

十、卡倫・布蘇安（Charoon Boonsuan）擅長風景寫生，善

用高彩度暖色系，刻劃精細，質感細膩，作品中熱帶的氣息表露無遺。

　　看了以上泰國十位畫家的「現代畫展」，我們可以更深切的體會到，好的現代藝術和此種藝術所示的民族性是不能割離的，一味的強調所謂的國際性而抹煞、忽略民族性，只會使現代繪畫降爲追逐潮流的「流行視覺文明」，而喪失藝術家注入民族個性，從現代的空間獲取深度體悟的「文化性」。現代藝術或現代繪畫的「現代」兩個字，應該是「運用現代素材、形式、媒介、技巧的現代式運作」，而不是「用來取代一切藝術形式與文化內涵」的「現代」──這一點，我們應該可以從此次的「泰國現代畫展」，這種陌生而有明確個性的展出中獲得再一次的省思。

（1993/環亞畫廊）

手套奏鳴曲
—— 韓國鄭璟娟的纖維裝置藝術

　　如果要用現成的觀念以及幾段詞彙解釋什麼是鄭璟娟的「纖維造型」藝術，比較適當的說法似乎有下列數端，那就是：「以纖維為質材的柔性（浮）雕刻」，「以手套等為構質材的凸面（立體）普普藝術」，或者是：「以手套等為構形單元的立體普普藝術」，甚至是「宛如詩境的裝置藝術」⋯⋯等等。然而，鄭璟娟似乎沒有理會這些，她只是忠於自己從視覺經驗孕育而來的造形觀念與藝術家的原創性格，卻在自然的情境下溶合了上述多種藝術的觀點 —— 她是以自己的創作，用針與線代替雕刀刻木、鑿斧劈形等方式，為我們展演一次她自認為獨一無二的「三度空間的纖維造形藝術」。

　　在這些運用纖維、染印為創作媒介，以縫貼、編織、懸、黏為創作技法，或平面懸掛，或立體裝置的纖維造形藝術品裡，質材和技巧取得了和諧、完整的共鳴效果 —— 連續圖案的運動不僅保留了視覺畫面的純粹性與統一感，更呈現出豐富的肌理與韻律，在單一與重複之間、簡單與變化之間、留白與擁塞之間⋯⋯，互相交織、鳴奏、推衍，共同構組成一種綿延不斷的優美動勢與層層不紊的質感，超越了物理性的視覺造形界線，讓觀者在生物性的視覺愉悅之外，還進一步體會到動人的生命意境 —— 一種屬

於基督徒追尋的聖潔、虔誠與禮讚。

　　至此，鄭璟娟成功的將她無形的內在世界，藉由外在有形質材的獨創性運作，有效的翻譯出來，從觀者的眼睛順暢的進入他們的內心 —— 無疑的，這乃是一個好的藝術創作的魅力，從「接觸」到「共鳴」，我們可以很容易的感受到這種魅力清清晰晰的展演在我們的心、眼之間。

　　而在諸多值得一提的特色之中，「音樂性」的契合卻是鄭璟娟整體作品的重要屬性，正如華特佩特（Walter Peter）所言，「所有好的藝術都有向音樂看齊的傾向。」 —— 這些纖維造形藝術在下意識中所依循的單純性自然律動，就正如使用一個簡單的樂句，以不同的節拍反覆奏出，卻付予空間以豐富的鳴奏與音色變化的效果；或者，就如同一個簡單易解的詩句（手套），不用其他多餘的詞彙敘述或經驗上的說明，只用「造形藝術」演繹的實驗性空間詞彙，卻「說」出了，或敘述了更多「手套」之外的事情 —— 鄭璟娟的藝術，就是在這種單純的豐富中，以及經驗的實驗中，獲得她獨特的風貌與肯定。

　　「纖維造形藝術」帶給了我們一些感想，那就是：「藉由任何質材，運用一種簡潔、純粹的獨創性藝術形式，將藝術家心中清晰的理念準確的傳達給觀賞作品的人」 —— 乃是任何藝術家的重要信念，捨此而外，若只是質材的妙用，或只是形式上的花招，而無能有效的傳達，或光是迎合傳達而忽視質材與形式的共鳴與創意，都不可能產生好的藝術創作。當然，鄭璟娟若能在「手套」之外增加其他較多的造形字彙；以不同幅的個別組合併現，或以同幅的交織構組共現，是否更能延續既有的創作理念，向一個更為寬廣、更為多元的空間形式進行推衍？這也是我們拭目以待的。

　　鄭璟娟生於一九五五年，韓國弘益大學美術系肄業二年之後，在美國麻州藝術學院畢業，並在 Rhode Island（羅德島）設計學校獲得碩士學位。她曾經舉辦三次個展，在美、日、韓、新加坡等國參加重要聯展三十餘次，並曾獲韓國主要藝評家譽為「1981 年最傑出藝術家」。到目前為止，在環亞藝術中心展示的鄭璟娟的「纖維造形藝術」，可以說是我們在台灣所曾看到的，最動人的韓國現代藝術作品。

（1989/環亞畫廊）

「女人與羊」人物無間

── 淺談夏卡爾的畫

　　夏卡爾的畫作最讓我感動，就是他在作品中把萬物都視爲一體的宗教情懷，以及他成熟、真摯、有力的藝術表現手法和這種宗教情懷天衣無縫的溶成了有機的一體。

　　夏卡爾是猶太教哈緒第主義（Hasidism）的信徒，篤信聖經的神祕宇宙觀，在這種宇宙觀中，人與動植物甚至無機物都能交融 ── 夏卡爾藝術中那些飛翔的人和動植物，乃至屋宇、日常用具等擬人化的處理，實與這種人神合一的宗教信仰有密切的關係。

　　此外，夏卡爾也是「巴黎畫派」的一員，他曾經學習梵谷、高更等後期印象派，以及馬諦斯等野獸派畫家那種不靠形態而讓色彩本身直接說話的本領，也學會了立體派以移動視點描寫物體真性以及分析對象再進行變形、共現的手法，逐漸地，他的宗教情懷和「心裡之寫實」的畫觀便產生了動人的結晶，完成了一系列動人的藝術。

　　這幅「女人與羊」是我喜歡的眾多夏卡爾作品中的一幅，畫面雖不像其他畫面絢麗多姿，卻真摯、誠懇的透散出一股「人物無間」的動人氣韻，繪畫技巧對這幅畫來說，似乎已昇華爲出自內心深處的一種傳達式的聖潔之姿，而不是「技巧」本身了。

　　樸拙、神祕、悲憫而真摯，夏卡爾和他的藝術其實也是「人畫合一」。

　　　　　　　　【1993-12-10／聯合報／25 版／文化廣場】

靈魂的衣裳

── 談洪麗芬的時裝設計

　　國際著名的時裝設計師 John Galliano 曾經給時裝下過一個有趣的定義，他說：「時裝有兩種，一種是適合肉體穿的，另一種則是適合靈魂穿的。」毫無疑問的，洪麗芬的時裝是屬於適合靈魂和肉體一齊穿的那一種。

　　先不說剪裁設計，光從服裝材質的取得和塑造，洪麗芬的出手就已經大大的不同於時下只注重在線條、顏色和配件的所謂流行服裝設計。她從中國傳統「湘雲紗」的製作方式取得靈感，把白絲胚布鋪在草地上，用磨碎的莨薯莖的汁澆勻在布匹上，在四至九月的大太陽底下烘曬，再拖到河邊用河心挖出的陳泥「過泥」……，經過如此繁複、仔細的程序之後，洪麗才算初步取得她想用來設計的服裝材料，才開始進行她後續更為精雕細琢的「再設計」工作。

　　使她初步設計完成的各式布料可以看出，那些揉合了各種沈靜、含蓄與內斂的古樸色彩、圖塊，幾乎每一吋都飽含著絲帛、泉水、陽光、青草與土地的天然質感與天地間光彩、冷暖變化的韻律，讓人忍不住有種「穿天地正氣，裹四季流轉」親切與舒坦之感，想想看，如此經過「蟬吐、草燻、日熨、河染」之後的大自然布料再經過蜚聲國際的名家之手「再設計」之後，穿在人體

身上會是怎樣的一副超然的風範與氣質呢？

　　果不期然，當這些布料依照人體的造型剪裁成為時裝之後，不論男女，不論老少，尤其是那些鍛鍊內在精神早已卓然有成的藝文名家，都重新找到了他們的靈魂最突出的輪廓與線條，讓他們在滾滾俗世中顯現出不凡的色澤、風度與姿態，就好像陽光、河水、草地在他們身上又發現可以延展與發亮的另一方天地一樣，這是時裝與人的靈魂之間多麼奇妙的邂逅啊！

　　藝史告訴我們，一個好的現代藝術家都是在發現了他們可貴創作元素之後才逐漸的成熟起來；好的文學家找到他自己的語言詞彙元素，好的音樂家找到自己的聲音敘述元素，好的視覺藝術找到他自己的造型元素……。而好的時裝藝術家也是一樣的，他必須找到與眾不同的，屬於他獨創的人體包裝元素，再以這個元素演繹自己的時裝作品，進而不斷的實踐自己的時裝美學才有所成，三宅一生如此，凡賽斯如此，Calvin Klein如此，洪麗芬也必然如此，可喜的是，洪麗芬找到的創作元素竟然如此的與眾不同，因為她的元素是草、是河流、是陽光的螺旋組合，是「大自然的基因」。

　　在時裝藝術領域已經奮鬥了二十多年的洪麗芬，同時嫻熟繪畫、金工與其他多種造型藝術，以她涉獵的廣度、深度以及對自然、人文關心的胸懷和持續不斷的創作毅力，其成就當不僅只是目前在巴黎、紐約的蜚聲國際而已，在此，我們願以期待大師的心情，希望洪麗芬勇於向自己挑戰，在不久的將來呈現給我們更為新奇、更為精湛的 HONG 時裝藝術，讓天下所有的靈魂更為美麗。

第三部　跨領域的文學
—— 新文本

詩的「第三波」

── 從宏觀角度論詩的未來

一、從「人」開始

　　面對人類歷史上波詭雲譎，須臾變化的文明現象，如果我們企圖掌握其中運轉的律動，以避免產生生靈脈動歸納的偏差或是行為演繹的失控，那麼，首先確立一個比較開放性的宏觀觀念，或許是做為一個不會失望的現代人所應該具備的基本條件，這個觀念就是：「凡物沒有定象定則，任何事物，都有可能在時間和空間的遞嬗過程中產生質變。」

　　即使是時空洪流中變異性甚微的人體基因（gene），從達爾文進化論的觀點來看，也是經過數十萬年之久的「物競天擇」，不斷的和時空特質互動、妥協，進化結果的「存在模式」，而這個「存在模式」如果再次以更廣大的時空觀點進行思索：當人類生存的環境產生劇變，或者不再限於自轉三百六十五天繞太陽一週的地球時，那麼，如此穩定的基因結構為了延續進一步的生命，也未嘗不可能再進化或突變（mutation）成另一種「可變的不變」。「人」是大自然的一種現象，和大自然的任何「部份集合」一樣，都是時空和空間的不規則「變化函數」，我們不可能以有限的數千個寒暑企求掌握這根無限函數曲線的全貌，也不可能以接力的方式再用一個數十年或再窮一個數萬年就可以解決所有的混沌，因為，

這必須由無限的空間和無限的時間整體濃縮歸納，才能得到的「永恆的真理」—— 而，這是「神的事」，而非「人」的事。

然而，絕大多數的人類，或囿於視野，或囿於心性，除了少數不世出的聖哲之外，都難免於斷章取義或隻字片語論天下的懵懂，以致於往往以十數載光陰所得所受的經驗上某些文化習俗所傳的習慣，即匆匆將之化爲因循終身，不易更動的生命之義，而以之求生求活，求取生命的充實和平衡—— 此一知性「珊瑚化」的現象，在一個文化傳統深厚，風格禮儀淵源流長，有著所謂文化「深層結構」的文化古國或封建社會中尤其突顯，一個人從出生到小學畢業的短短數年間，幾乎整個一生要如何生活所應具備的規範、價值觀點等，便已因環境和權威文化制約的結果而規格齊整，難以更動絲毫了。而往後的遭遇和進一步的教育，如非個人有所重大的「領悟」，也不過是用來補強或者有限修正生命初期被灌輸、被壓縮成型的「觀念基因」。如果人格銱形都必須如此「宿命」的受制於難以改變的外在環境，那麼，當面對嶄新時空的變奏壓迫，以致搖撼了原本的傳統時空觀念時，做爲一個「人」的自主性究竟應該如何調適才不會落空呢？

在那種「時空不斷變換」的挑戰下，科學和藝術其實就是人類仍可賴以向生命的大未來繼續邁進，以求得「頓悟的風景」的兩條腿。不同的是，在傳統時空觀下的「腿」是在「平面傳播時代」[1]的平原上散步的「腿」，而在現代時空觀念下的「腿」，則變成了在「立體傳播時代」[2]的高原上奔跑甚至跳躍的「腿」—— 換個方式說，科學和藝術在過去是人類面對時空變化採取的「美化

---

1 見《第三波文學》，杜十三作，一九八八年一月十三日聯合報副刊。
2 見《第三波文學》，杜十三作，一九八八年一月十三日聯合報副刊。

行為」，在現在和未來，則是人類面對時空劇變採用的「辯證行動」，然而不論如何，兩條「腿」終是歸根於創造的「源點」，這乃是人類那股不甘於「不變」的人身侷限和「恆變」的時空（或者「神」）之間的矛盾，起而對宇宙和自己造成的嚴苛考驗所採取的「自力救濟」，問題是，身為「基因奴隸」的人類，究竟要累積多少的慧根和心靈能量才有可能達到「神」的創造之境，將自己從不變與恆變的矛盾深淵中拯救出來呢？

二、「藝術」所面對的「三大自然」

如此說來，藝術和科學一樣，有可能是人類在追求宗教式「頓悟」過程中的掙扎「痕跡」。詩人、畫家……等藝術家從宇宙得來的片面感觸，經由自身的文化習性和生理結構歸納反芻後，演繹成為血性斑斑的生之真義，用來讓其他人類依循同樣的頻道、節奏和視野而產生共鳴，以求得時空中「恆變」中的一絲「不變」，並賴以互通氣息，共同朝拜生命內裡深不見底淵流中的一點吉光返照。在這個過程中，藝術創作的行動所依據的準則 —— 一般稱之為「美學」 —— 乃是人類追求心靈與時空合一的方式、律則或信賴，正如同科學是依據基本的「公設」、「定理」以溝通人類官感和時空的合一，兩者在挖掘生命奧秘的途徑，實有殊途同歸的「使命」。

科學的「定理」（Theory）大部份及植基於人類「生理主觀」的立場在地球上的經驗歸納，「相對論」出現之後，此一經驗的「時空範疇」才由地球推向宇宙，以致因此而發現了「牛頓定律」的某些局限性甚至偏差，由此可知，「小集合」中的「定理」有可能是「大集合」中通例的例外。美學觀念的發展也是如此，在現代

主義之前，「美學」服膺的前提主要乃是「自然律」（Natural Law），而「自然律」的根本卻在於人類生物體結構上的「生理共感」（euphoria instinct）和大自然的互動形式。藝術之所以可能成為人類共通的語言，就在於先驗性「生理共感」的存在為人類所有溝通的方式提供了最堅實的共感交集，所以紅色是熱情的，黑色是沉暗的，急促的短音是緊張的，緩慢的節奏是溫柔的、哀傷的……等等，都是這種「共感」的最佳說明。問題是，當「自然」的定義由山、水、雲、樹……等先驗的「第一自然」的範疇擴大成涵蓋都市文明、建築、造景、器物……等「第二自然」的範圍，甚至進一擴大到涵蓋了各種歷史現象片斷、人造影像和虛擬實況（Virtual Reality）……等後現代情境「解構」與「再現」後的「第三自然」範疇時，「藝術」建立在人類「生理共感」上的美學座標已然產生了位移。於是，傳統美學之外的「反美學」、「非美學」等「新美學」也就陸續應運而生，「藝術」便逐漸的在賞心悅目、怡情養性的美麗形態之外，增添了一些違反人類「生理共感」的革命形式了。必須了解的是，對人類的自主性而言，「第一自然」是宿命的，是不可選擇的時空；「第二自然」是外加的，是人類文明帶給自己的時空束縛，而「第三自然」雖在人類反省的彈性中綜合了「第一自然」和「第二自然」混合或化合的時空特質，卻也是人類的「業障」加深而逐漸不可逃避的時空變貌，人類如欲以區區數千年的文明進化歷程，想將幾已不可改變的基因所構築而成的「生理共感」結構，去和「第二自然」或「第三自然」取得有如和「第一自然」的諧和程度，那顯然還是需要一段較長的時間適應和共處，這也是為何人類想藉由「後現代主義」（Post-Modernism）的理念和「第三自然」進行辯證的緣故，而

其目的，無非是想要使自己一身經由洪荒時代打造出來的肉身，仍能和自己所建造出來的矛盾、混亂世界取得更進一步的諧和罷了，然而，無論如何的悲觀，這種嘗試和努力仍然是人類必須具備的悲劇精神，因為，「藝術」如果永遠只是「第一自然」和「第二自然」的模擬和敘述，人類便斷絕了和未來新世界和諧共存與創造性互動的希望。

三、「詩」演變的四大階段

因此，在這種不得不然的情境下，身為「第一藝術」的文學，尤其是「詩」，更不可能放棄它在人類歷史掙扎過程中所曾扮演過的重要角色了，問題是，人類文明的舞台正在急劇旋轉換景中，時空的走位方式也與前大不相同，「詩」的身段、容貌，是不是也應該隨著「文明的佈景」轉換而有所改變呢？

事實上，以表現形式而言，「詩」在中國至少已經歷經了四個變貌的階段：

其一是**「口唱階段」**　—— 亦即沒有文字紀錄的歌謠傳誦階段 —— 詩發諸情感懷想，以人聲從這一山唱過那一山，從那一水傳到這一水，眾人共鳴之後又傳給下一代，如此以其聲韻節奏之美與寓意深遠而傳誦一地一時或者數代之久，再經後人以文字採之錄之而成為《詩經》之類的古詩源。

其二是**「筆墨階段」**　—— 延續了「唱詩」的傳統之外，繼而直接將詩情畫意筆墨符號創出，除以書簡絹帛紙張載之傳之，並入於生活，使用在器物之中，以及亭閣門楣屏風燈籠橋碑戲台之上 —— 楚辭、漢賦、唐詩、宋詞、元曲等兼俱聲韻之美、文字意象之筆與書法造形之氣的傳統詩詞藝術，即是「筆墨階段」的詩

的形貌。

其三是「**印刷文字階段**」── 印刷術蓬勃發展之後，加上五四運動新文學觀的洗禮，使生活語言化的白話新詩從傳統詩詞的格律中破繭而出，並逐漸褪除了聲韻平仄的束縛和文字書寫的羈絆，讓新詩的表現得以更著重在文字符號意旨（Signifier）的想像功能之上，而蔚爲一種新文化潮流中的「新詩」體 ── 胡適、徐志摩、朱自清……等人，即是此一階段的代表人物。

其四，則是「**後期印刷術階段**」── 在此一延續至今仍然方興未艾的階段中，起先由達達主義、超現實主義等「現代主義」思潮取代了前一階段所曾追尋的自然主義、寫實主義和象徵主義，更後更溶合了其他現代藝術潮流中各種有關的影像思維、時空角色替換思維，甚至電影藝術的蒙太奇運動鏡思維，使文字意義和本身擴張了原有的質感和意象組構功能，創造出中國詩史上最詭譎多變的「現代詩」的形象來 ── 在此一空前的階段中，「詩」的本質已然迥異於過去「口唱階段」、「筆墨階段」和「初期印刷文字階段」的「詩」了，正如同「現代人」的本質和古代中國人的本質，已因爲各種價值觀的變化和自由思潮的注入而有顯著的不同是同樣的道理。

毫無疑問的，「後期印刷文字階段」的詩，是由「現代主義」爲主軸的各種思潮從人性潛能的深度中溶鍛而成的一顆巨鑽，對來自人間各種方向的光束，均能匯聚成彩虹一般璀璨的折射，然而，或許就由於「她」太高雅了、太精緻了，以致於由諸多高貴心靈鑲切而成的各個「巧奪天工」的「第二自然」角面，並不能帶給一般「凡心」有如面對「第一自然」般的親切和習慣，於是隔閡日深的結果，終有「鄉土文學」支流的反應，欲將現代詩推

回「第一自然」的傳統辯證。如果以藝術除了反映生活之外，更必須反映「生命本質」的寬廣使命來說，「鄉土文學」則只是標題多元主義式的，或是可由「報導文學」取代的主張而已，對文學滾向恆變時空的巨輪，頂多也只是起了個增加輪胎紋路的效果，而無能對巨輪轉動的方向產生任何美學「頓悟」上的影響。

　　其實，如果我們從詩的「口唱階段」、「筆墨階段」、「初期印刷文字階段」，以及現今的「後期印刷階段」一路思索過來，當可以發現「詩」在變與不變之間，均能依循時空轉換的脈絡以進行吻合時空節奏的變貌之道：

　　（一）從「口唱階段」過渡到「筆墨階段」，「詩」陪著人類從「部落社會」轉變成「鄉村社會」的生活形態，而「文字」符號的出現則使人類的時空觀從「人對人」的點狀傳達時地演變成符號旨意的傳達時地。

　　（二）從「筆墨階段」過渡到「初期印刷文字階段」，詩則追隨著人類從「鄉村社會」轉變成「城市社會」的生活形態，而「印刷術」的出現，則使人類時空觀從符號手傳的線狀傳達時地演變成文字發散的平面傳播時地。

　　（三）之後，從「初期印刷文字階段」跳躍到「後期印刷文字階段」，詩則追趕著人類從「城市社會」轉變成「都市社會」的生活形態，而印刷術的精進、傳播途徑的多元化以及現代思潮與科技的發達，則使得人類的時空觀從平面傳播的時地，迅速轉換成各種符號交織的立體傳播時空了 ── 值得注意的是，上述三段時空的變貌時間，是愈來愈緊促的，其「速率」有如向上攀升的拋物線斜率之變化（如下附圖），正把人類的時空觀閃電似的從「後期印刷文字階段」推向一個可能存在而未知形貌的「後工業電波傳真時代」。

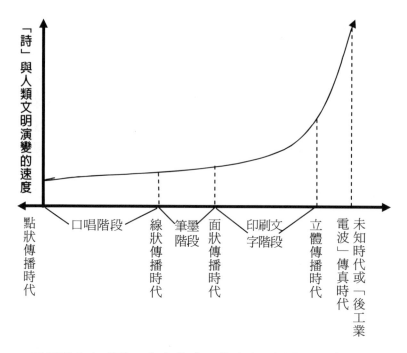

縱軸：「詩」與人類文明演變的速度

橫軸：點狀傳播時代／口唱階段／線狀傳播時代／筆墨階段／面狀傳播時代／印刷文字階段／立體傳播時代／「電波」傳真時代／未知時代或「後工業」

　　這種發生在「詩」身上的「三段時空」變貌，其實和發生在「人類文明」之上的「三波」演化是一致的，同步的。正如同趨勢學家托佛勒在「第三波」一書中說到：人類生活型態的演進從「狩獵」發展到「農業」——這個文明的「第一波」延續了七、八千年的時間；「第二波」從農業轉化到工業，花了大約三百年的時間；「第三波」則從工業時代進入到「後工業」、「資訊」時代，可能只需要二、三十年，即從一九八〇年開始到廿一世紀初，即可使所謂的人類現代文明躍進一個全然嶄新的空前局面」[3]——到那個時候，「機械」已經進化成「電波」；「傳輸影像」

---

3 見《第三波》第一章：〈主要的競爭〉，托勒佛（Alvin Toffier）作。
　一九八二年喜美出版社。

已經過渡到「虛擬情境」（Virtual Reality）；「器官醫學」已經轉換成「基因醫學」……，而其他重要的，有關人類的生活方式、追求的生命價值和知識的取得、累積和運用……等等文明，也將在地球上的每個角度全面而快速的顛覆我們此刻對時、空、文化和生命的傳統認知。

在這個傳統的時間和空間觀念能夠隨處「解構」卻又隨時「再現」的「文明液化」時期，無論是視覺的、聽覺的、觸覺的、符號的……所有「現象」，似乎都只是游動的水波般的難以「定位」，務必要有一具極端純淨，而其實地又極富彈性的蒐集歸納器，才能有幸取得一段澄澈的「斷流」，在四度空間的思維中，凝固成為幾塊具有短暫規格與體積的「不變」之冰，用來鎮定三度空間中已然昏眩的人類肉身或心思。於是，人體中最敏感而使用頻率最多的眼睛屬下的「視覺藝術」，便延續了活潑叛逆的傳統，首先採取最機動的創造動勢，迅速的串聯了「第一自然」和「第二自然」的各種現象和本質，然後從平面的畫布形式躍出，以更多次元的空間形式擷取了各種新生的材質和各種革命性的映象觀念，甚至古今中外的各種可能形態，冀求以極端彈性的革命性形式將所有時空的不協調共熔一爐，以建立人類擁抱「第三自然」的協和節奏——裝置藝術（installation art）、錄影藝術（Vedio art）、軟雕塑（Tapestry）、自由形象藝術（la figuration libre），以及種種的觀念藝術、行動藝術……等等，都成了畫布式平面視覺藝術之外的「第三自然」藝術，此外，諸如舞蹈、劇場、音樂、雕刻、電影……等等藝術，也都或多或少的採取了行動，朝向一個更開闊，更富變異性的時空進行挑戰——在這種普遍覺醒，不得不邁向「第三自然」的行動階段，做為「第一藝術」的詩，在「四度

空間社會歷史觀」[4]的巨大洪流之下，究竟應該採取如何的「行動」以面對此一時空的抽搐性壓迫呢？

四、「詩」的可能未來

　　當然，詩是文學的，除了文字之外，其他都是多餘的附加物，文字的世界裡自然有山有水，有情有恨，所有愛慾憎妒，繁華寂滅，雄渾婉約……都能透過文字的賦、比、興運作，和想像力的運轉完成心對心的交流和腦與腦的感應，以提昇人類在低層次時空中的心靈困境。然而，當世界已然從「文字符號系統」進一步解構成「電波符號系統」的此時，我們卻不幸的發覺到，文字原本可以提供的意象組構功能以及「賦、比、興」的運作形式，居然也可以經由「電波符號」直接而多元的「再現」功能逐步的被取代，於是，人們開始從電視中學習喜怒哀樂，從電影、MTV雷射音響中接收「意境」，而文學曾經獨占的那種想像世界的經驗形式，更在聲光的稀釋和推擠下淪落成為「新人類」開拓感覺體驗的「第三現場」。詩的遭遇尤其坎坷，在把生活中曾經輝煌存在過的空間一一讓出之後，除了特定的詩刊和報紙的某些角落之後，我們已看不到「筆墨階段」中詩走入生活的大眾傳播氣勢，相反的，「現代詩」似乎已淪為「新詩人」之間的小眾傳播語言，對大部份的人來說，詩是用來提供給詩人「寫」的，而不是用來提供給現代人「讀」的，是一種無關生活的，和「第三自然」沾不上邊的文字符號組合罷了。

　　這雖是一種危機，卻也是一種轉機，面臨「第三自然」超強

---

4 見《四度空間的歷史社會觀》，杜十三作，一九八六年十月十一日聯合報副刊。

壓迫的「詩」和其他瀕臨新時空挑戰的人類價值體系一樣，其實應該只是在高溫高壓之下醞釀著「第五階段」的變貌而已。因為回溯歷史上的四個階段 —— 如果我們能以宏觀的心態冷靜面對 —— 當可以發現：過去各種存在過的「口唱的詩」、「筆墨的詩」、「印刷文字的詩」，都有可能在綜合了「大自然」時空物質的廿一世紀裡，經由更多元化、更現代化的媒介系統的嶄新調理，使用更活潑、更生活化的形貌，單獨的、或並置的「再現」出來，以尋求「詩」在「純粹文字形式」之外的其他出路。想想看，如果決定時空脈動的特質已由「筆墨」轉化成「電波」，那麼，我們為什麼不能讓文字符號和電波符號在詩中並存，正如同文字符號曾經和筆墨符號在詩、書、畫的領域中和諧共存過的那般呢？在冷靜的面對嶄新的「人」、嶄新的「藝術」，嶄新的「自然」和嶄新的「電波時空」加以省思之後，如果詩人們來得及恍然頓悟，應當可以接受詩在文字符號的領域之外，也應以「再創作」的形式同時存在於新時代脈搏的電波符號系統之中，或經由「多文本創作」的軌道，同時接受另類媒介的「再傳播」，以進入現代人的生活時空中，如此，當我們冷靜的，以宏觀的視野綜覽上述有關詩歷史的沿革和變化的軌跡之後，似可大膽的預測「詩」在未來的幾種可能變貌如下：

（一）**詩的多元文本（MUTILTEXT）化**：同一件「詩」作品可以多元的「文本」在，產生多元詮釋的形式。比方說：唐宋時期是中國傳統詩的黃金時代，這時期的詩，在內涵上除了以文字符號的意旨（Signified）傳達美感之外，同時又能溶入筆墨書法以延伸其視覺美，結合誦、吟、唱的聲音形式以發揮其聲韻美 —— 如此，同一件「詩」作品同時以「符號」、「視覺」和「聽覺」

的多元文本存在而擴大其多方位的傳達力、表現力和感染力，對
「現代詩」而言將是一種可能的走向，因為「聲光電化」的新文
明具有比傳統的「筆墨」和「吟唱」更大的「文字符號可溶性」
和「多媒體系統共生性」—— 事實上，此種「多元文本化」的詩
創作方式除了傳統的中國之外，在目前的世界各地也有鮮明可舉
的先例：

（1）美國女詩人 Laury Anderson 因為深信電子科技和文學詩
作品的互溶性可待開發，十多年前在寫作文學詩作品之餘便同時
將文學作品結合電腦數位音效進行現代詩有聲化的創作，此外，
她更結合現代藝術的聲光媒介，將純文學的詩作搬上舞台推出充
滿創意的「詩表演藝術」，其多元文本化的作品在美國、日本和歐
洲等地都引起相當程度的重視，所錄製的朗誦 CD "BIG
SCIENCE" 等[5]和表演錄影帶除由有識之士珍藏外，甚至被歐美某
些大學列入現代文學的教材。

（2）比利時詩人藝術家 MARCEL BROODTHAERS[6]在四十
歲以前只是一個喜歡視覺藝術的著名詩人，但在 1964 年（四十歲）
之後，他卻有感於純文學的詩創作方式有礙於他要求更直接、更
深刻、更繁複、更「符徵性」（Signifien）的詩藝術表現之開拓，
而開始嘗試以具體詩（Concrete Poem）的觀念將他的詩作品推向
實際的空間和既成物（ready made object）結合的創作「演繹」上，
結果，他成功的創造出一系列可以觸摸、可以進出、可以「傢俱」、
可以閱讀、可以徜徉的嶄新「詩空間」和「詩物件」，讓他的作品

---

5 美國 Warner Bros. Records Inc.出品，一九九二年。
6 見 "MARCEL BROOD THAERS"，布魯塞爾 Galerie Isy Brachot 出
版。

除了以文字的形貌出現之外，也同時以「視覺化」、「材質化」、「行為化」等衍生形式的「多元文本」呈現開來，深沉有力的撼動了歐洲當代的詩人和藝術家，而成為打破詩和藝術傳統界限的經典人物。

（3）其他如蘇格蘭詩人藝術家 David Tremelet 和 Hamish Fulton 的「地景詩」，義大利的「視覺詩」（visual poem）運動，加拿大詩人 Lonard Cohen 的「民謠詩」，有「愛爾蘭靈魂」之譽的 Van Morrisen 的「現代搖滾詩」以及台灣的「詩的聲光」[7]、「貧窮新劇場」[8]、「因為風的緣故」[9]、「弘一大師五十年祭」[10]……等多媒體演出嘗試將平面的文學詩轉變成立體的「詩表演」、「詩朗誦」、「詩劇」、「詩攝影」……等等，也是在嘗試「詩的多元文本化」實驗 —— 不同於傳統中國詩的作法的是，他們使用的不只是中國過去的「筆墨」和「吟唱」，而是現代化的「聲光」和「電化」，以及新的環境、材質、行為和時空的觀念。

　　（二）詩的「多元媒介化」：間接的以文學詩作品作為他類藝術「再創作」的動機或材料（material），而以現科技化的視覺、聽覺或觸覺的媒介進行轉化以完成詩的「再現」（Re-presentation）效果的創作 —— 以柏格曼「電影哲學」為例，這位影響西方電影表現形式與技巧既深且遠的電影大師就曾經鄭重其詞的說過，他的電影運鏡所使用的「蒙太奇語言」很多都是從中國的「六書」

7　一九八五年三月廿九日～卅一日，台北國立藝術館公演，白靈、杜十三、羅青策劃。

8　一九八七年三月十一日～十五日，台北「春之藝廊」，趙天福演出，杜十三策劃、導演。

9　一九八八年三月十二日，台北市社教館演出，洛夫原作，杜十三總策劃兼導演。

10　一九九二年十月十三日，靈鷲山文教基金會出品，杜十三導演。

得來的靈感，如「象形」（用實際的景況直接寫實‧運鏡）、「指事」（鏡頭上下左右…等 PAN 的對景運動）、「形聲」（運用類比聲音平行敘述）、「會意」（用相關的景象，以象徵手法描摹人物心理），「轉注」（同一動作貫穿不同場景的跳接以產生相乘的表現效果）、「假借」（同一場景運用不同程度，不同焦點或迅速轉換對象的運鏡手法，以轉化原有影象的意義）──「六書」原是中國製造文字的原則，柏格曼卻把它延伸爲創造「影像敘述」的原理──其實究其根本，「六書」製造「文字」以完成符號敘述系統的原理，和「文字」擴大「六書」的精義，而以形容（象形）、直述（指事）、餘弦（形聲）、象徵（會意）、歧義（轉注）暗喻（假借）…等技巧進行詩藝術的表現系統，其道理是相近的──如此，「影像的蒙太奇手段」、「符號的敘述原理」以及「詩的表現手法」，本質上都可以尋得互相對應共通性，而就由於這種共通，才使得「符號文本」和「影像文本」有其溝通的線索和可能，也才使得柏格曼的電影被稱爲「詩的影像」，是「視覺化的文學」，更使得諾貝爾文學獎曾經一度想頒發給他──基於此種「文本互通」可能性的發現，我們可以預言更多的文學詩將有可能直接、間接的溶入其他適合的新興媒介，不僅視覺影像化的電影、錄影是一種可能，聽覺化的音樂歌謠是一種可能，其他有如眼鏡蛇（Cobra）畫派將詩文以其他媒介轉述或再創作情況是一種可能，其他有如一九九〇年台北舉行的「詩與新環境」[11]──以詩的激發爲視覺與環境藝術創作的新動機──也是一種可能。

（三）**詩的生活空間化**：傳統中國將文學詩寫上門聯、亭閣、

11　一九九〇年月十五日～十月卅一日，台北「誠品藝文空間」，杜十三總策劃。

屏牆，畫於廳堂、器物、橋墩……的風氣，近年來在世界各地重視文化的國家又有勃興的可能，韓國人將重要詩人的作品以「燈箱透明片」的方式立於街巷公園處供行人邂逅欣賞；日本人將優美警醒的詩句印在百貨公司的購物提袋上，讓進出商場的人群有機會沉澱一天的紛擾；美國則由一九八七年諾貝爾文學獎得主羅德斯基帶動，在全美重要的醫院和旅館廣置詩集，去年紐約地鐵公車更有「流動詩篇」的設置；英國則在去年經國會通過，將每年的十月十二日訂爲「國家詩節」（National Poetry Day），此後，在該國最重要詩社「詩學會」的陸續推動下，不但報紙熱烈刊登詩論，詩上了火車和火車站，也上了每天的電視新聞節目做爲結尾，此外，全國各地廣設「詩人咖啡屋」等，讓「詩」主動進入生活空間的行動更是方興未艾；台北最近也打算推出「公車詩篇」，將精選後合適的現代詩作以聽覺和視覺並陳的方式廣置於公車上…… —— 這些現象，說明了純文學的詩作品將有機會面對嶄新、蛻變的時空環境，重新調整和繁忙的現代人互動的節奏和形貌，而以更生活化、更休閒化、更隨機化的方式，有如空氣、水、公園、路燈、計程車……一樣的，讓「詩」除了必須正襟危坐的細讀、思索、品味之外，也可以輕鬆、自然的和現代人「握手」、「對視」，或「陪走一段路」、或提供一個警醒、沉思和沉澱的契機。

（四）詩的遊戲化和終端機化：事實上，文學形式最精煉的詩，和電腦世界的軟體程式有其相通之處。兩者都可以經由一個秘密線索，由一小點出發來到一個無垠的世界，兩者都必須講究「速度」和「記憶」的功能，也都兼具了抽象（想像或轉換）和具象（呈現、再現或表現的形式）互動的特質。目前在西方（歐

美）多國的電腦網路上就新興了一種名爲「佐克之詩」（Poetics of Zork）[12]的知性遊戲，此種遊戲的軟體最早是提供空格塡字以組成句子的程式設計，其後則出現了練習十四行詩或十九行詩的教學程式，到最高階段，則提供一些連詩人都可以利用的程式，可供刪改、重組、打散原已寫就的舊作，使其呈現多種全新的面貌，於是，有些詩人便利用這種隨機組合的方式寫詩。最近新推出的高級程式，則是一種稱爲「多文本」（Hyper text）的軟體，可供將詩句分成許多部份，在終端機螢幕上快速移動、換位，像「零件」一樣組成不同段落，變換原作的面目，讓「玩家」隨喜好「變」出「新作品」──這種遊戲般的「創作模式」顯然已顛覆了以往的任何創作觀念，儘管嚴肅的詩人目前可能不會這種程式創作出來的「詩」，但據說其後續發明的「發展程式」所能賦與的「電腦化文學潛能」將遠超過任何早先的文學理論，其理由便是「佐克之詩」提供了喜好以電腦爲工具的現代人一種全新的「文字遊戲兼想像經驗」，就好像運用各種設計精巧的文字詞彙形塊單元盡情的玩弄「拼貼」、「隨機」而得到意外與驚喜的自我開發遊戲，卻又同時可以透過網路系統立即享有發表與回應的滿足感與成就感──誰說這種「佐克之詩」不會隨著全球「資訊高速公路」的聯結成功和更新軟體的開發，而成爲更多「電腦詩人」的新興創作形式呢？

（五）純文學詩傳播的窄化和荒蕪化：因爲「溫室效應」的影響，南北極的冰層不斷溶化，終將海平面逐步昇高而淹沒、縮小某些島嶼與陸地；因爲資訊時代的來臨，日趨「混沌」的「後

---

12 見紐約時報（NEW YORK TIME），一九九五年三月十三日，書評版。

現代美學情境」也將昇高傳統文學藝術可以適應的溫層，而使得原本以固態形式劃清彼此界限的各類藝術開始互溶互浸，終至有如流體一樣的，只能維持各自不同的比重而不得不模糊相銜的邊界以求互存互榮。由於人類更新、更快的現代文明催生了更多、更直接的聲光媒介「稀釋」了「文字」的傳播力量，純文學的詩作所能帶給人類的傳統想像形式的滿足，亦將無可避免的被新興的媒介所溶入、瓜分、推擠或佔領，以致亦將有如淹入了「海水」那樣的，喪失了一部份或大部份的版圖。在可預見的數十年，甚至更短之後，「純文學詩」將是所有「多元的詩」中的「一元」，至於會是「主流的一元」或是「非主流」的一元，則要看「傳統現代詩人」的努力堅持，以及巨大的，人類文明的走向了。然而無可諱言的，綜覽、分析宏觀的「詩歷史趨勢」和「微觀的詩變貌現況」之後，可以預期「純文學詩」在傳播上的日益窄化和荒蕪化則是必然的。

　　總之，「一百年前的人類已經快要絕跡了，但是他們的子子孫孫卻以新人類、新新人類、新新新人類等更多元的面貌繁殖在這個地球上」——這句話，或許也可以做為「現代詩」——那個即將以不同於「一百年前的面貌」，而以新詩、新新詩……的多元面貌繼續存在，這些「多元的面貌」將有可能從舊的形貌「解構」（Deconstruction）出來，再迎命新時空的脈動和節奏「再現」（Representation）出來，正如同本文前述的「五種可能」。事實上，詩的變化，即「人」的變化，如果我們認為這是詩的墮落使得詩墮落的；如果我們認為詩不再珍貴了，那，也是因為人性的不再珍貴使得詩不再珍貴的。然而值得慶幸的是，一百多年前哲學大師黑格爾就已經在他的鉅著《美學》中提到了如下的觀點：

　　「詩和藝術不應在具體現實世界裡要求保持一種絕對孤立的地位。詩本身是有生命的東西，就應深入生活裡去。」，「因此，詩可以不侷限於某一種藝術類型，它應該變成一種普通的藝術，可以用一切的藝術類型去表現一切可以納入想像的內容。」[13]

　　詩，其實就是「人」，讓我們大家從「人」重新開始，尋找詩的未來吧。

13　見《美學》第三卷（下）（第四冊）〈各部門藝術的體系〉，P.10、
　　P.42。黑格爾著，朱孟實譯，里仁出版社出版。

論詩的「再創作」
── 兼談「新現代詩」的可能

一、前言與定義

乍看之下，「再創作」（Recreation）似是一個後現代主義色彩相當濃厚的名詞或是藝術創作上的嶄新形態，事實上，它和「創作」，「吃飯」，「跳舞」，「唱歌」一樣，都是自有人類以來便已經存在的行動之一，根據《韋伯大字典》（Webster Dictionary）的說法：『再創作』是再度創作的行動」（The act of creating over again），《藍燈書屋大字典》（Random House Dictionary）的說法則是：「『再創作』是重新被創作的事物」（Something created anew）── 因此，如果我們要給「再創作」一個較為客觀和冷靜的定義，似可藉由數學函數觀念綜合上述二者指涉「行動」或「事物」的差異，提出如下的闡述，此即：f（x）→x 意為「創作」（x＝媒介，f＝不規則創作行為，X＝作品），「再創作」則為 g（f（x））→y（f（x）為原創作品，g 為不規則再創作行為，「y」為「再創作」後的作品）。

二、遠古時代的詩歌「再創作」

從這個定義出發，我們可以從中國遠古時代的民歌起落情

況，一探「再創作」對詩歌藝術所曾產生的重大影響：

在《詩經》以文字的形式出現之前，其所涵蓋的所有內容事實上乃是流傳中國民間數百年的數百首民歌，這些民歌在未被轉入《詩經》而以歌謠的形態在民間藉由口誦流傳的時候，也就是它面臨長時間被「再創作」的階段，因為在不同的時地，不同的人群中，同一首由同一個作者原創的口傳歌謠，可能就會被不同的「再創作」需要，變換詞意以呼應當時當地的時空氣氛，直到最後定型變成史蹟不再更動為止。此一情況，正如朱光潛在《詩學》中所言：

「民歌單是創作並未了事，而是一種開始。作品出於作者之手之後，立即交由群眾去口頭傳播，不能再受作者的支配了。如果群眾接受它，它就不復是作者的私物，而變成民眾的公物。這麼一來，一種新進程，即口頭傳誦，就起始了，其重要並不減於原來作者的創作活動。詩既由歌者甲傳到歌者乙，輾轉傳下去，就輾轉改變下去。舊章句丟掉，新章句加入，韻也改了，人物姓名也更換了，旁的歌謠零篇斷簡也混入了，收場的悲喜也許完全倒過來了，如果傳誦到二、三百年，這是常事，全篇語言結構也許因為它本來所用的語言本身發展而改變。……這些傳誦所引起的變化，總而言之，簡直就是第二重創作，它的性質很複雜，許多人在許久時期和廣大地域中，都或有意或無意地加入第二重創作。它對於詩歌的完成，重要性並不亞於原來個人作者的第一重創作。[1]

在此，所謂的「第二重創作」就是「再創作」之意。由於《詩

---

1 朱光潛，《詩篇》，漢京文化事業有限公司，1982 年，頁 19。

經》中的歌謠演變痕跡已不可考，我們試以周作人在《兒歌之研究》裡所引的《越中兒戲歌》[2]為例加以印證：「鐵腳斑斑，斑過南山。南山裡曲，裡曲彎彎。新官上任，舊官請出。」這首歌據說現在仍流行於紹興，但在四川北部聽到的卻是：「腳兒斑斑，斑上梁山。梁山大斗，一石二斗。每人屈腳，一隻大腳。」……據朱光潛先生考證：「這首兒歌是從元朝傳到現在，從燕京傳到浙江，再西傳至四川，中間所經過的變化當不僅以上指引，不過就已引諸例看，『第二重創作』的痕跡也很顯然。」以此類推，我們可以得到一個結論，此即：《詩經》＝{p（g'（f（x）））→y}（x＝口唱聲音，z＝詩歌的原則，g'＝集體多次的「再創作」，p＝文字記載），也就是說，整部《詩經》其實就是中國古代詩歌「再創作」的成果之綜結。

這種「活著的日子都是它被創造的日子，死亡的日子才是它完成的日子」的民歌特質，不只見諸於中國古代，即使在西方，在其他任何古老的國家，都有極其鮮明的例子，比如英國的 Beowulf，法國的 Chauson Roland，德國的 Nibelungun Lied 等不知作者是誰的民歌集，甚至是偉大的「希望史詩」也被公認為是許多民歌的集合體，其所經歷的「再創作」情況正一如前述的中國《詩經》。

三、詩歌「再創作」的演變與出路

在中國，詩歌在歷經詩經、楚辭、漢賦、唐詩、宋詞、元曲……白話詩、現代詩的演變過程中，事實上，也同步在經歷「口唱（點

---

2 朱光潛，《詩篇》，漢京文化事業有限公司，1982 年，頁 20-21。

狀）傳播階段」、「筆墨（線型）傳播階段」、「前期印刷術（局部面型）傳播階段」、「後期印刷術（全部面型）傳播階段」以及「聲光（立體）傳播階段」、「網路（數位）傳播階段」[3]的制約，在演變與制約的過程中，詩歌就像人類一樣，同時遭受逢部落生活、鄉村生活、城市生活、都會生活、虛擬生活的更迭，以及從族群到專制，從專制到人本，從人本到自我的覺醒，於是《楚辭》以降，詩歌的「再創作」色彩便一路的淡化，雖然也經筆墨的「再創作」而作爲結合書法藝術的「視覺詩」，或結合誦吟唱聲韻藝術的「聽覺詩」，但一進入了「現代詩」階段之後，詩歌便倏然昂首獨立起來變成了純粹的文學詩，完全撇清曾經和歌、舞同源的血統，脫去和書畫並流的墨斑，抖盡和曲調齊鳴的聲韻，而企圖以純然的文字意義去構築空前的詩藝殿堂，至此，詩只由詩人的自我單向輻射，詩人原創的詩就是絕對的，不能更動的，因爲詩人就是上帝，就是宇宙 —— 在如此極端個人化、自我化的「現代主義」精神之下，詩的讀者只能單方面的接受來自詩人竭盡所能的晦澀、深沉與無止盡的文字遊戲而毫無置喙的餘地，在縮小了「再創作」情況中那種情感共鳴、心跳共振的抒發空間與樂趣，以及降低了個人和詩歌互動的地位之後，只有少數仍然保有尊嚴的讀者以寫詩的方式做爲讀詩之後的回應，進而取得融入詩藝世界中的滿足與快樂。大部分的讀者，則只能在人生的一小階段中和現代詩邂逅之後就匆匆分手離去，和早期先民擁抱詩歌那種的熱切景況是不可同日而語的，如果所謂的「現代詩」對大部分的「現代人」喪失了感動力與閱讀的樂趣，而卻仍然誑言「詩只是少數

---

3 杜十三，《詩的第三波》，《台灣現代詩史論》，文訊雜誌社，1996年，頁 522-525。

人類精英心靈之間交流的語言」，那麼，誠如巴爾札克所言，「詩和藝術一樣，如果不能感動人，便什麼也不是。」因為照如此情況下去，詩不「死亡」也會逐漸的癱瘓。

　　所幸在後工業時代的後現代情境中，我們對以「現代主義」領軍的「現代詩」走向有了重新審視與思考的機會，因為如前所言，如果「現代詩」的表現形式是受了「後期印刷（全部面型）傳播階段」、「都會生活型態」、「自我主義」、「網路（數位）傳播階段」與「虛擬生活型態」、「分眾主義」、「多媒體環境」等等迥異於過去任何時代的時空特質，將會以更為強悍、更為多元的姿勢，有如「現代詩」將傳統詩導向純粹文字形貌那樣的，將「現代詩」再導向一個綜合歷來各傳播階段所具有的各種詩形態的集合 ── 姑以「後現代詩」名之。此一「後現代詩」或「新現代詩」包括了：

　　（一）多元文本的詩：同一首詩可以多元的「文體」存在，產生多元詮釋的形式。比如美國女詩人 LARUIE ANDERSON[4]除了以純文字的形式發表詩作之外，同時也以舞台朗誦和電子合成的方式演出自己同樣的詩作，洛夫的詩除了以詩集的形式發表之外，也在舞台上，藉由多媒體的形態經由「因為風的緣故」[5]演出而再現，其他諸如比利時詩人藝術家 MARCEL BROODTHAERS[6]讓純文學詩「再創作」成「裝置詩」和「空間詩」，台灣的「詩的

4 LAURIE ANDERSON，美國著名現代詩人及表演藝術家，著有 BIG SCIENCE 等有聲詩作品。美國華納公司，1982 年出版。
5 「因為風的緣故」，洛夫原著，杜十三總策劃兼導演進行多媒體演出，台北市社教館，1988 年 3 月 12 日。
6 MARCEL BROODTHAERS，比利時著名詩人藝術家，出版有〈MARCEL BROODTHAERS〉，布魯塞爾 Galeric Isy Brachot 出版。

聲光」,「貧窮詩劇場」[7]、「弘一大師五十年祭」[8]等等,也都曾經在過去幾年嘗試讓現代詩從詩集中站來,而以吟唱、默劇、書法、相聲、舞蹈……等等多元文本化的形式發表。

　　(二)多元媒體化的詩:同一首詩同時以文字、聲、光和其他適合的多媒體進行「再創作」。如一九九〇年台北舉行的「詩與新環境」[9]展演活動。

　　(三)生活空間化的詩:讓詩和現代生活空間相結合,如紐約的地鐵詩,台北的公車詩,漢城的馬路詩,以及中國傳統的門聯、屏風等等。

　　(四)遊戲化和終端機化的詩:藉由電腦網路傳訊工具,讓詩以「電子詩」(electronic poetry)形態出現的詩,如 YAHOO 蒐尋站台(註 9)中「人文→文學→電子詩」中的詩作,除了純文字的詩之外,尚可見到互動詩,影像詩,朗誦詩,遊戲詩等等,《創世紀》詩刊網站中也可看到以 JAVA 語言寫成的「電子動態視覺詩」等等。[10]

　　(五)製作精緻、藝術化的個人詩:由於電腦編輯器的快速發達,和傳統印刷出版因經濟和競爭因素的日益緊縮,將有更多的詩人利用電腦編輯個人詩集,列印之後再限量發行,如《晨曦》詩刊。

　　綜觀上述五種「後現代詩」或「新現代詩」的形態,我們可

7　「貧窮詩劇場」,趙天福演出,杜十三策劃、導演,台北「春之藝廊」,1987 年 3 月 11 日-15 日。
8　「弘一大師五十年祭」:靈鷲山文教基金會出品,杜十三導演,國家音樂廳,1992 年 3 月 11 日-15 日。
9　YAHOO 搜尋站:http://www.yahoo.com
10　以上四個形態的預測請閱《台灣現代詩史篇》〈詩的第三波〉,杜十三,文訊雜誌社,1996 年,頁 525-530。

以發覺「再創作」在其中扮演的角色又將日益重要，不同的是，在「後現代詩」階段的「再創作」不再只是單一形式或單一文本的「再創作」，而是一種綜合各種時空特質的，全方位的「再創作」，茲以函數觀念表述如下：

g'（f（x）→y（f（x）＝原創現代詩，g'＝多元本化、多媒體化、空間化、網路化等「再創作」。）

「後現代詩」（「新現代詩」）＝{f（x）,y}，意即「後現代詩」是「純文字現代詩」與「再創作」過後的「後現代詩」的「集合」。

近年來在台灣，事實正不斷的有許多「後現代詩」的現象以各種「再創作」的形式進行中，除了前述早期的「詩的聲光」、「貧窮詩劇場」、「詩與新環境」之外，這幾年尚有「公車詩」、詩人鴻鴻編劇導演的「詩劇場」、以及在藝壇而不在文壇發表的「裝置詩」等等展演活動，這些看似新潮的「後現代詩」發表形態，正企圖整合整個大環境注入多媒體聲光科技之後所產生的傳播生態變化，並且重拾、回溯過去「視詩與群眾的互動過程爲創作行動的一部份」的觀點與熱情，如此，如果更多的詩人、更多的藝術家、更多的群眾經由更成熟的互動與再創作而能產生更多、更感動人的「後現代詩」或「新現代詩」，誰說「現代詩」一定會走向「死亡」之途呢？「現代詩」只不過是跑去「化粧」，跑去「後」一下，打算以更有創造性的容貌登上廿一世紀的新舞台罷了。

四、現代詩「再創作」的五個途徑

要想進行現代詩的「再創作」之前，必先對「現代詩」的「訊息結構」（The structure of signification）有基本的了解：所有的純

文學現代詩，都是由純文字符號的排列而成的，從「文字符號」
和「排列」這兩點透視而下，我們可以發覺現代詩的訊息結構乃
是「文字的意義」、「文字的造型」、「文字的讀音、節奏」以及「文
字的排列」等四項。「文字的意義」即所謂的「符旨」（Signified），
其「造型、讀音、排列」即所謂的「符徵」（Signifier），大部份
現代詩人的創作，都是運用「符旨」的掌控製造「象徵」、經營「意
象」、創造「詩境」，同時經由部份「符徵」的調配，如讀聲的掌
握、節奏的安排等，進一步營造詩作的音樂性，如此，「以文字創
出意象和音樂性」幾乎是大多數詩人進行詩創作所觀照的全部，
但亦有少數詩人，如林燿、夏宇、黃荷生等，在部份新作中故意
降低「符旨」的指涉功能而加強「符徵」的歧義性、視覺性和音
樂性，尤其是夏宇後期的作品「腹語術」、「摩擦·無以名狀」等，
簡直就是把文字當成顏料塗，或是當成發聲器敲打，讓少數有「意
識」的文字情結合多數無意義的「色彩」和「聲響」，卻仍能自然
產生某種奇妙的節奏感和超乎傳統詩境的「意象」——這種後現
代色彩相當濃厚的「意象」，有些和現代劇場的屬性或是現代藝
術、現代音樂的屬性相當吻合，常能讓有關的藝術家在閱讀之餘
隨之產生強烈的「再創作」衝動。

　　如前所述，從對「現代詩訊息結構」的初步了解出發，我們
可以找到現代詩「再創作」的五個主要途徑：

　　（一）g'（f（w））→W（w＝文字符號，f（w）＝純文學詩
的原則，g'＝純文學詩的「再創作」，w＝「再創作」後的詩作）。
請看曾淑美的「1978年：13歲的挪威木與16歲的我」[11]：

11　《八十二年詩選》，現代詩出版社，1993 年，頁 140。

我曾經擁有一個女孩

　十六歲

或者該說

　從未單獨旅行

她曾經擁有我

　胸罩仍然由媽媽購買

她讓我看她的房間

　第一封情書還沒有出現

不是很好嗎？

　每年持續長高一點五公分

挪威木

　輕微口吃

當我醒來的時候

　對世界的看法絕對純粹

我獨自一人

　彷彿切開手指就可以把空氣切開

這隻鳥兒已經飛走了

　一九七八年夏天

所以我生起火來

　鳳凰樹咳血似的開花

不是很好嗎？

　十六歲的我與十三歲的歌

挪威木

這首詩細黑字體的部份原名〈挪威木〉（Norwegian Wood）
是披頭四（The Beatles）在一九六五年出版的歌，但是經過曾淑

美以對唱的手段進行「再創作」之後，卻變成了一首絕佳的現代
詩，這種以文字意義與音樂性雙重對仗的純文字「再創作」手法
在現代詩壇上屢見不鮮，記憶所及，尚有余光中採自《詩經》的
「公無渡河」等詩。

　　（二）S'（f（w））→M（f（w）＝原創的純文學現代詩，S'
＝兼顧現代詩作的讀音、節奏與意義進行「聽覺化的再創作」，M
＝歌或「有聲詩」）。台灣早期由楊弘、余光中倡行的「民歌運動」，
作曲家李泰祥將鄭愁予、羅門等人的詩作改創成歌，以及朗誦家
趙天福以獨特的吟誦技巧在舞台上「再現」現代詩人的作品等等，
都是此一類型的「再創作」。李泰祥在進行詩歌的「再創作」前除
了和詩人溝通「詩境」之外，必然自己逐字逐句的朗讀十數次以
上找出這首詩的音樂性和節奏性的特質，然後才決定曲式調性，
速度、動機（motive），並在優美的旋律進行中，讓每一個音符都
能在高低、長短、和聲和輕重上，高度的吻合或呼應該字或該句
的意義、讀音和情感的色彩，使整首詩歌聽起來盪氣迴腸，使原
詩在文字的想像之外，又增加了一層由聲音的迴轉所構築而成的
想像空間，兩者相輔相成，互不抵減、抹煞，是一種非常高段的
「有聲詩」再創作藝術手法。趙天福雖然不是音樂家，但憑他多
年唱「大鼓」的經驗和對詩及聲音的敏銳度，也通常對欲吟誦的
現代詩進行聲韻的分析演練，並到山上無人處對著山谷大聲的逐
字朗讀、修正，以求得最好的動人表現效果，雖然有時因每個人
詮釋的色彩較為濃厚以致減低了原詩的想像空間，但整體而言，
他是有效的完成了一連串的「有聲詩」再創作，並且深刻的感動
了許多人，其中尤以將一向用國語發聲的現代詩句改編成八聲的
閩南語音，為中文現代詩朗誦藝術的表現成功地開拓了許多可能

性。

（三）C'（f（w））→P（f（w））＝原創的現代詩，C'＝兼顧詩作文字造型、排列造型和意義內容的「視覺化再創作」，P＝經過「視覺化再創作」之後的「視覺詩」。台灣一九八四年，曾在旅義藝術家蕭勤的推動和引介之下，安排了十位義大利的「視覺詩」（VISUAL POEM）藝術家和台灣的十位詩人在當時的「新象藝術中心」共同舉行過一次盛大的「中、義視覺詩聯展」，這是「視覺詩」再創作首次大規模在台灣展現的第一次，之後一九八六年在台北的「環亞畫廊」在畫家李錫奇的策劃下又有一次「視覺詩十人展」[12]，參展者爲曾經參予「中、義視覺詩聯展」的十位台灣詩人，之後於一九九〇年在台北誠品藝文空間再有一次更大規模的、結合四十五位詩人與三十位藝術家共襄盛舉的「詩與新環境」大展。前兩次視覺詩展出的形態，主要是由詩人本身擔任本人詩作的「再創作」者，將自己已經發表過的詩作進行平面的視覺化，有的將詩句打散，依照自創的造型重新書寫、刻印或塗抹，有的依照詩句意境繪製能夠呼應的圖形，有的用水墨，有的用壓克力顏料，不一而足。這些詩人在進行「視覺化再創作」之前，都能從字的造型，詩句的排列等視覺符徵和詩境的意義著手，以繪畫、造型的觀念重塑原創的視覺感，雖然大多未經嚴謹的美術訓練，卻能在某種程度上再現原創詩作未曾表達過的空間感和視覺想像力。事實上，這些平面視覺詩的創作先例在中國古代就有「春牛圖」——以描寫春牛耕息的詩句文字迴旋相續構組成一隻生動的春牛圖形，義大利來的視覺詩作者即曾坦承義大利的「視

---

12 《視覺詩十人展》，環亞藝術中心，1986 年 6 月。

覺詩運動」就是受到古代中國的書法、圖畫詩和北歐眼鏡蛇畫派（Cobra Group）所主張的詩畫無界等詩畫可以相融的理論所影響而發起的，至今該運動在歐洲每年仍有大規模的展出活動。在一九九○年的「詩與新環境」大展中，「視覺詩」的再創作則進一步從平面走向立體化、空間化，從繪畫走向雕塑、裝置與生活既成物的改造，而在「再創作」的作者身分，上也由原來的詩人本身，擴展到當代的優秀台灣藝術家。藝術家和詩人充分溝通過作品的內涵後，便運作各種不同的材質、造型，將原創詩作變作一幅油畫，一座可以轉動的時鐘，一件浮雕，一個可以進出的場景或是一串可以觸摸的雕塑，原創詩句則被藝術家手法巧妙隱涵在必要的造型元素裡面，變成視覺詩再創作作品的符號內容。在這次大型展出中，由於當時新科技、新思潮所形塑的多媒體新環境特質已甚為明顯，詩的視覺化再創作也免不了和其他現代藝術朝互動、整合與關照生活的趨勢那樣，整體呈現出和觀眾互動（可以進出、觸摸作品）、和生活空間整合（作品可以是傢俱，可以是一件衣服）以及多材質化、多媒介化的傾向，在某種層面上，已讓原創現代詩經由「新環境再創作藝術理念」的制約，通過各種造型、材質、色彩、陳列等多元化的視覺表現，更活潑、更生活化、更可親、更主動的延伸到現代觀眾的視覺和走動的領域之中，也讓現代觀眾進行了一次立體的、鮮活的、多彩多姿的現代詩「閱讀」經驗，之後，現場安排了原創詩人和觀眾即席朗誦視覺詩作品的詩句，那種真情流露互相感染的景況，又是一種「互動再創作」的高潮了。

　　在國外從事「視覺詩」創作或再創作的詩人、藝術家除了前述的多位義大利詩人之外，尚有蘇格蘭詩人藝術家 Davrid

Tremelet 和 Hamish Fulrton 的「地景詩」、比利時詩人藝術家
MARCEL BROODTHHERS 的「空間時」和「眼鏡蛇畫派」的「圖
畫詩」……等等,其中尤以 MARCEL 的表現最令人矚目:MARCEL
在四十歲以前只是一個喜歡視覺藝術的著名詩人,但在一九六四
年(四十歲)之後,他卻有感於純文學的詩創作方式有礙於他要
求更直接、更深刻、更繁複、更「符徵」性的詩藝術表現之開拓,
而開始嘗試以具體詩(Concret Poem)的觀念將他抽象的詩作推
向實際的空間和既成物(ready made object)結合的再創作創作
上,結果他成功的創造出一系列可以觸摸、可供移動、可以進出、
可以「傢俱」、可以「牆壁」、可以徜徉、也可以「閱讀」的嶄新
「詩空間」和「詩物件」,讓他的作品除了以文字的形貌出現之外,
也同時以「視覺化」、「材質化」、「行為化」等衍生形式的「多元
文本」呈展開,來深沉有力的撼動了歐洲當代的詩人和藝術家,
而成為打破詩和現代藝術傳統界線的經典人物。筆者也曾於一九
九四年在台北的「誠品藝文空間」,將自己的千行長詩「火的語言」
再創作成包括不鏽鋼蝕刻、平面繪畫、詩句、攝影、石板拓印、
鋁紙浮雕和金字塔組合等各種不同造型的「零件」,再將整個六十
坪大小的展場裝置成呼應「火的語言」的「光的對話」道場,供
觀眾自由進出,徜徉、閱讀與打坐。在這個展出裡,整個誠品藝
文空間就是「火的語言」的立體化和視覺化的再現。

　　(四) I'(f(w))→F(f(w)=原創現代詩,I'=影像再創
作, F=再創作後的影像詩)。這是以文字詩作品做為他類藝術
「再創作」的動機或材料,而以現代科技化的影像媒介進行轉化
以完成原創詩的「再現」(Representation)效果的創作──以柏格
曼的「電影美學」為例,這位影響西方電影表現形式與技巧既深

且遠的電影大師就會鄭重其詞的說過,他的電影運鏡所使用的「蒙
太奇語言」很多都是從中國《六書》得來的靈感,如「象形」(用
實際的景況直接寫實、運鏡)、「指事」(鏡頭上下左右等 PAN 的
對景運動)、「形聲」(運用類比聲音平行敘述)、「會意」(用相關
的景象,以象徵手法描摹人物心理)、「轉注」(同一動作貫穿不同
場景的跳接以產生相乘的表現效果)、「假借」(同一場景運用不同
速度、角落,不同焦點或迅速轉換對象的運鏡手法,以轉化原有
影像的意義) ── 《六書》原是中國製造文字的原則,柏格曼卻
把它延伸為「影像敘述」的原理 ── 其實究其根本,「六書」製造
「文字」以完成符號敘述系統的原理,和「文字」擴大「六書」
的精義而以「形容」(象形)、「直敘」(指事)、「餘弦」(形聲)、「象
徵」(會意)、「歧義」(轉注)、暗喻(假借)等技巧進行詩藝術的
表現系統,其道理是相近的。如此,「影像的蒙太奇手段」、「符號
的敘述原理」以及「詩的表現手法」,本質上都可以尋得互相對應
的共通性,而就由於這種共通性,才使得「符號文本」和「影像
文本」有其溝通的線索和可能,也才使得諾貝爾文學獎曾經一度
想頒發給他-基於此種「文本互通」可能性的發現,我們可以預
料更多的文學詩將有可能直接、間接的融入適合的影像媒介,如
「電影詩」、「錄影詩」等等。

　　(五)W'(f(w)) →N(f(w))＝原創現代詩,W'＝電腦
網路語言再創作,N＝網路詩(Web Published Poetry)[13]。「網路
詩」是最近幾年電腦網路(W.W.W.)興起之後所帶的詩的「再創
作」與傳播新型態,雖然只有短短幾年的歷史,卻是來勢洶洶,

---

13 Web Published Poetry:見 http://www.yahoo.com→Electronic Literature
　→Poetry

正夾其無遠弗屆的傳播速度和幅度，以聲、光和文字、行動並現
的多媒體姿勢，迅速構築了「後現代詩」的重要現象。我們只要
進入電腦網站的 YAHOO 搜尋引擎（http://www.yahoo.com），隨
時在搜尋項目上填入「POETRY」幾個字，不出幾秒鐘，終端機
上會立刻列出全球目前（1997 年 3 月 20 日）有 1,348 個網路詩
站的搜尋結果（99.9%爲英文網站）和一長串的位址名稱等著你
去分門拜訪，其中包括「名詩選輯（Anthologies，28 站）、詩獎
（AWARDS，2 站）、披頭年代（BEATLE Generation，1 站），對
仗詩（Chiasmus，3 站）、童詩（Children's，1 站）、上市詩集
（Conmmercial Books，1 站）、國家與文化（Countries and
Cultures，51 站）、事件（Events，15 站）、海格賦（Haiku，45 站）、
期刊（Journals，6 站）、雜誌（Magazines，1 站），詩社組織
（Organization，19 站），詩表演藝術（Performance，13 站），今
日詩粹（Poem of the Day，6 站），本週詩粹（Poem of the Week，
8 站）、詩人（Poets，508 站）、詩出版者（Publishers，1 站）、網
路詩（Web Published Poetry，549 站）、詩寫作（Writing，36 站）、
幽默詩（Humorous，22 站）等，而且隨時都會有所增刪或更動。
在這麼多網路詩站裡，除了部份是文字、聲音或圖片資料的蒐集
之外，大部份的詩站都可以看到以電腦 HTML 或 JAVA 語言「寫
作」或「再創作」的精彩「網路詩」，這些「網路詩」中，有些是
靜態的文字配合動態的圖形或聲音，有些則是動態的詩句隨著螢
幕帶圖形和聲音的變化產生變化，有些則要你在一個程式填入一
些自選的字詞，讓電影爲你完成一首詩同時上網發表，接受網友
的批評（如 INTERACT POETRY），有些則更進一步，要求你運
用想像力把一堆碎成積木般的文字「堆」成一首詩，然後出現一

個 Poetry Gallery，把你「堆」成的詩和別人「堆」成的詩做比較（如 Electric Magnetic Poetry），此外，還有許多詩的朗誦表演、視覺詩發表、和新環境詩、詩劇場等等各種前所未見的「再創作」或「創作」結果在網路詩站上大量的出現。由於電腦網路上的「寫作」工具較諸傳統的紙筆工具更具有延展性與變化性，許多富有創造力和想像力的「網路新作家」便如同好奇的兒童那樣，開始大膽的運用嶄新的「網路語言」──結合文字、聲光、圖形、動畫、互動程式、電腦編輯器的網路訊息完素或「詞彙」──從各種可能性去顛覆純文學詩作的原貌，使現代詩在高科技的電腦網路上更具有可「讀」性與互動性，可以預料的，在不久的未來，如果「虛擬實境」（Virtual Reality）的技術更加成熟，我們將可以在艾略特的面前聽他朗誦「荒原」並和他交談，也可以自設網站，以虛擬存在（Cyber Presence）的方式召開詩歌朗誦大會（參考附圖）。

在台灣，少數的中文詩網站之一就是「創世紀詩刊網站」（http://show.nccu.edu.tw/~wwhsiu），其中有一個連線站叫做「妙謬廟（前衛網路詩＋具象詩大本營）」，在那裡所出現的網路詩就是全是以 HTML、Gift Builder 或 Director 程式寫出的精彩詩頁，活潑生動、兼具聲光之美和新奇的創意，常讓人在出乎意料之外還能延伸對原作更多的想像空間（如「自體異化」、「大日如來十段觀想」等等），可稱為現代詩經由網路語言「再創作」或「原創」的佳構。台灣若有更多的詩人或網路藝術家多加關心此一「再創作」的趨勢，相信一定可以擴展詩人創作的空間並提昇愛詩人互動的興趣，因為在未來五年至十年內，電腦的 HTML 或 JAVA 跨平台寫作方式將作為新新人類在一般文字寫作之外必備的能力，

如果電腦屆時一躍成為凌駕印刷品的主要傳訊和人類溝通工具時，誰說純粹以傳統文字寫作、以印刷品形式發表的現代詩不會改頭換面，而經由電腦網路的表現途徑成為「新新詩人」的「新現代詩」呢？有感於此一情況的演變大有可能，再加上中文現代詩在世界網路詩站上和人口不成比例的文化被擠壓現象，筆者和詩人須文蔚、侯吉諒等人已完成了「台灣現代詩網路聯盟」籌設計畫並獲得文建會的專案贊助，目前已展開初步籌設行動，預計今年六月將可與台灣及全世界喜好詩的朋友以中英文雙軌的形式見面。希望由此一「網路聯盟」的建立，可以提供詩人和愛詩人更多元更有未來性的創作和「再創作」空間，同時提昇詩讀者和詩人的互動層次，使「現代詩」在維持原創詩人的尊嚴和作品的完整性、純粹性之外，也能營造出和更多現代人以現代化溝通渠道交流的更多可能。

　　綜上所述，「現代詩」和再創作大抵有「純文字的」、「有聲的」、「視覺的」與「電腦網路多媒體的」五種主要可能途徑，其他如劇場、舞蹈、廣播等等，也都是可以探索的方向。至於那首詩應以何種途徑進行「再創作」，即視該詩作的詩質偏向視覺、聽覺或是文字意象而定，而且也不是每首詩都需要「再創作」，因為這要看原創詩和其他「再創作」者的互動機緣，以及「再創作」之後的效果評估而定。

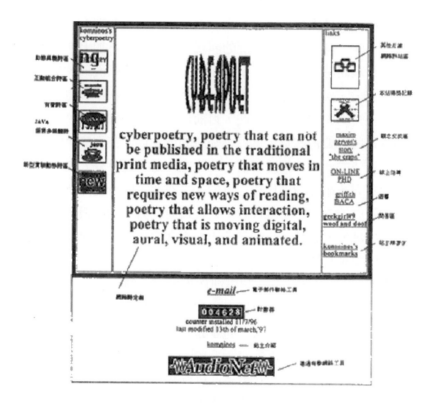

圖一：國外『網路詩站』KOMNINOS' CYBERPOETRY 的首頁結構圖解。

＊說明：1.本圖在螢幕上為彩色，圖中各小方框內標示均為連續動態立
　　　　　體圖像。

　　　　2.本網頁係於 1997／3 月 25 日下載。

五、「再創作」新現代詩與美學觀念的循環 ── 代結構

　　當代前衛藝術的走向有幾個理念特徵，其一是「解構」（Deconstruction）和「再現」（Representation）的觀點；其二就是「整合」（Communication）與「互動」（Interactive）的觀念。在人類美學史上，從詩、歌、舞因生理感（Euphoria Instinct）的「節奏」交集而同源，詩畫因筆墨線條的交集而同流，到現代主義的階段，則因表達工具進一步「解構」成最基本的印刷文字為元素，使詩與各類藝術之間失去了媒介上的交集，詩文學乃脫離其他藝術的羈絆而獨立，直到現在，在經過數千多年的合合分分之後，詩和其他各類的藝術一樣，又有逐漸打破僵界朝向「互動」與「整合」進行的趨勢了，誠如黑格爾（Friedrich Hegel）在他《美學》第三卷第三章「各部門藝術的體系－詩」中所言：「藝術類型發展到了最後階段，藝術就不再侷限於某一類型的特殊發展。這種可能性在詩的創作過程中可以兩種方式得到實現，一種是通過對每一種特殊類型的實際加工，使其盡量發展；另一種是通過解脫束縛，使其不再受某一類型的特殊內容和構思方式的限制，無論它是象徵型的、古典型的，還是浪漫型的。」[14]這一段話中有兩點值得注意，其一就是「通過對每一種特殊類型的實際加工」 ── 此乃詩可朝向「再創作」以求「不再侷限於某一類型的特殊表現方式」；其二，乃是「通過解脫束縛，使其不再受某一類型的特殊內容和構思方式的限制」 ── 這是為求進一步和其他類型的藝術進行「整合」，而黑格爾之所以如是說，就是要讓「藝術（包

---

14 黑格爾，《美學》〈四〉，朱孟實譯，里仁書局，1983 年，頁 10-11。

括詩）不再侷限於某一類型的特殊表現方式，依筆者之意，這乃
是「現代詩」走向「新現代詩」的可能。

　　黑格爾這一段發表於一百多年前的美學見解，可以說是對當
今「後現代」藝術發展的預言，因為放眼目前世界各地的藝術潮
流走向，我們看到最眩目、最前衛、最有創意的，大多是整合多
類藝術形態或打破各藝術類型界限所進行的創作，如約翰凱吉
（John Cage）整合音樂、造型與偶發行動藝術完成的作品，如波
伊斯（Bois）視整個社會的文化、環境與人類行為「雕塑」材質
的「社會雕塑」理念與創作，如林懷民「整合」舞蹈、音樂與多
媒體的系列作品，如目前在台灣，「整合」聲音、行動，舞蹈與音
樂進行多重表演的法國國寶 Monk，如「整合」裝置藝術、音樂
與戲劇的香港「進念廿面體劇場」等等不勝枚舉的一流藝術創作，
都是我們在嚴守現代主義「獨立、純粹」的教條時代所不易見到
的。這些經過「整合」、創作、或「再創作」的藝術有一個共同的
特質，那就是「多元化」與「互動性」的提高，在某種程度上，
也都回復了古老的集合藝術對人群、社會與生活空間的熱情關
懷，和現代主義藝術、現代詩固守的冷僻、孤傲姿勢是絕然不同
的。

　　必須進一步了解，「現代主義」所處的時空環境，是一個展
現人造空間、原子科技、器官醫學、機械工具、文字符號以及單
元或定點存取的特質世界；而「後現代狀況中」所處的時空環境，
則是一個已經被進一步「微分」或「解構」而成的虛擬空間、電
子科技、基因醫學、軟體工具、數位電波符號以及「多元或複數
存取」的第二世界。從第一世界的文字（類比）符號「解構」成
第二世界的電波（數位）符號，已經使得整個地球的訊息結構完

全改觀，進而使得藝術創作的媒介從一個硬邊的、固化的時代，跨入了一個模糊的、液化融合的新時期，因爲進一步的「微分」與「解構」必然造使各種可能「再現」元素的增加，直到無法嚴格分類爲止。詩至此又重獲和其他藝術自由交融、合體並流的「遠古」形姿，也得到了以嶄新動態奔向廿一世紀舞台的美妙契機。我們試想廿一世紀的情景，當時每個人或每個家庭都像擁有一部電話一樣擁有一部電腦，並以電腦做爲寫作與對外傳訊的主要工具，那個時候整個世界有可能又會回到個體傳播的原點，因爲就像遠古的部落生活一樣，每個個體除了是「被傳播」的對象，也同時是「傳播」的主體，所不同的是，過去使用的是腦、眼、耳與嘴，此刻使用則是電腦、電眼、電耳與電嘴，過去的個體是「x」，現在的個體則成爲 f（x），f＝電腦化。在此種情況下，每個個體又可以獨立創作、被創作、再創作、傳播、被傳播、再傳播，屆時所謂的「中心」與「主流」將失去意義，因爲每個喜歡創作的「個體」都會重新思索，如何把整個古今中外的文化、藝術遺產當成「素材」去進行更爲感人的「再創作」，詩也將在此獲得新的形貌的同時面臨新的開始。茲以黑格爾的另一段話做爲本人的結束……

　　「……因此，詩可以不侷限於某一藝術類型，它可以變成一種普通的藝術，可以用一切藝術的類型去表現一切可以納入想像的內容……」。[15]

---

15 黑格爾，《美學》〈四〉，朱孟實譯，里仁書局，1983 年，頁 10。

詩的故事

一、詩人節的故事

　　一年一度的詩人節或俗稱的端午節又要到了。面對這個中國民間流傳下來的大節日，我們除了吃吃粽子、玩玩香包，在富裕的生活中，享受一下古色古香的節慶氣氛外，似乎，也應該以一個炎黃子孫的立場，把「端午節」又稱之為「詩人節」的這個典故、意義以及「詩人」和「詩」對於中國文化、社會所曾產生的影響和故事，進行一番巡禮和了解。

　　話說兩千三百年前，春秋戰國時代的楚國，有個詩人名叫屈原，因其智慧、膽識以及能言能文，深獲當時楚王的賞識而官拜朝中。然而，因為他制定法規選用賢能和聯齊抗秦的主張，遭受當時朝中貴族的排擠，以致空有滿腔救國救民的抱負而不能伸長，甚至還眼看著楚王因不聽諫官而活活被秦王設計害死。

　　在第二度被逐出楚國之後，滿懷悲憤的屈原，流浪於汨羅江畔，開始將一肚子的委屈春蠶吐絲般的化成一首首憂國憂民的詩篇，其中，包括了廣為流傳的「離騷」、「天問」、「九章」、「九歌」等，詩成之後，屈原便在陰曆的五月五日那天，投汨羅江殉身了，當地的漁民因感念屈原的一片忠心，也為保護他葬於江中的屍體免遭魚食，便紛紛划船、敲鑼打鼓以嚇走魚群，並用竹筒裝入米飯放於江中以轉移魚蝦的目標。如此，以後每年到了五月五日就

有人到岸邊祭拜屈原；而當年划船敲鑼打鼓的緊張情況卻逐漸演變成今天端午龍舟競渡的盛況，竹筒飯也轉化成包粽子的習俗⋯⋯

想想看，爲什麼兩千多年前，詩人屈原的行止會演變成今日中國民間的一大節日呢？

二、中國篇

事實上，早在屈原的詩作 ── 後來收入《楚辭》之中 ── 誕生、流傳之前，中國便已經有一部名叫《詩經》的詩歌總集在民間流傳了。

《詩經》的誕生和「楚辭」不一樣，並不是由詩人直接創作而成，而是由各地早已流傳的民間歌謠中輯錄、整理再以文字追記而成。內容涵蓋了周朝初年到春秋中期，大約五百年間，足以反映當時各地民間生活、王侯風雅以及祀神祭祖各種社會情況的三百零五首詩歌，對於統治者的征戰田獵、貴族集團的腐朽荒淫到百姓的婚姻愛情和勞動甘苦等等，都有生動的詠嘆。

詩經的形式以四言爲主，採用賦、比、興的表現手法，每一首詩都可以歌唱，這些手法後來被中國歷代的詩人所承繼，成爲影響中國文化至深且遠的傳統文學藝術技巧；漢代且名正言順的把《詩經》列入儒家的經典，用來啓蒙教化，可見詩學在中國歷代受到重視與提倡的程度，而中國人所以自居爲詩的民族，事實上，便和這種源遠流長的文學傳統有著密不可分的關係 ──

君不見，從《詩經》而後《楚辭》，以及隨之而至的漢賦、唐詩、宋詞、元曲⋯⋯，每一代的中國詩人，都懂得凝聚中原山川人文的靈氣，以優美動人的聲韻之美，貫穿其中，藉由對唱、

吟詠、戲曲表演的方式，將詩情詩愫散播於大江南北，鼓舞洗滌了無數個受盡苦難的蒼生。而除了運用誦、吟、唱的活潑聽覺表現方式之外，中國詩人更配合了筆墨藝術的造型之美，將詩文的蒼勁、瀟灑和深刻動人的意境，透過書、畫的視覺形式表現在日常生活的門楣、屏風、衣物、亭閣、牌樓……之上，讓詩的傳達和當時的生活形態密切的結合，無處不入的影響著中國人的喜怒哀樂。

三、西洋篇

西洋最早的詩，源於聖經中的「詩篇」，也就是舊約聖經中名叫「Psalms」的一卷，共有一五〇篇，分成五章，各章之間都由一段歌誦上帝的結語隔閡，主要有讚美詩、感恩詩、哀歌和表達信心的歌曲。這些詩歌和中國的《詩經》一樣，也是先後寫於幾個世紀之間，從古以色列統一王國時期到全族被擄之後，反映了以色列人的歷史和以色列人宗教信仰的發展。

不約而同的，東西方「詩」的誕生都是起源於語言，而非文字，也就是說，在還沒有文字的時候，人類就已經開始由一種特殊的語言形式，比如祈禱或者歌誦來傳達他們的情感和思想了；而且更重要的是，東西方的詩在一開始的時候都大量採用「象徵」的手法。所謂「象徵」的手法，是一首詩之所以能夠稱之為「詩」的最基本條件，在《楚辭》裡，屈原的象徵手法是把楚王比喻為蘭花，把自己比喻為艾草；在西洋的傳統詩作裡，則常常可以看到他們的詩人習慣於運用鳥、獸、爬蟲、天體、海、沙漠、森林與河流……等等象徵，用來比喻某種特殊的對象或情感，以喚起欣賞者的想像和共鳴。

　　回教王國裡有一個著名的阿拉伯詩人Shair，就是一個擅於運用象徵手法入詩的大詩人，由於他生動的吟詠，常常令他的族人感受到超自然中精靈和魔鬼的感悟和啓迪，進而克服了戰爭、放牧或天災的傷害，也因此使他位居貴族之中，權傾一時。此外，如希臘詩人荷馬的史詩「奧德賽記」也是很早以前就以象徵手法，運用語言敘述和歌誦形式完成的偉大詩篇。

　　可見，詩在西洋的影響力也是無遠弗屆的。

四、形式篇

　　所有偉大的詩篇都是人類最美的心靈語言，每個人從小到大，心中深處無不懷有數篇動人的詩篇或詩句伴同成長，因此，不論是詩歌體、漢賦體、五言絕句、律詩、宋詞元曲或者是淺白易懂的白話詩甚至晦澀難解的現代詩，只要具備了人生深刻象徵的意義；只要能夠淨化人心的醜陋，提升生命的意義，詩的影響力，確是無遠弗屆而難以被取代。

　　然而，由於「詩」的本質是人類生活經驗精華的展現，詩在表現的形式上，乃無可避免的，會依循各個時代的生活狀態產生變化，如前所述，傳統詩的流變，從自由的歌謠進入了文字形式的楚辭、漢賦之後，歷經了各種格律形式的演變，終於又在西風東漸之後，再從文言文的表達基調中，解放爲白話詩的口語自由形式，比如徐志摩和朱自清的詩；接著，在西洋文學藝術新潮的衝擊下，結合了中國傳統詩的音樂性、視覺性以及西洋現代文學的純粹性和獨立性，蛻變成講求獨特意涵和前衛表現形式的「現代詩」：如余光中，楊牧……等人的詩。

　　有很多的人，因爲囿限於傳統習慣的文字思考模式，以致對

某些現代詩著重個性與自由想像的表現無法接受，甚至產生排斥的心理，面對這種現象，與其怪罪詩人們叛逆，倒不如歸罪整個人類文明、生活、傳播的型態，竟然會那麼快速的由單元的時代跳進了多元的時代，以致使那麼多人無法適時的拋除傳統的美學認知習慣，以更為開放自由的方式，去欣賞「現代詩」。

然而，日形孤寂，甚至有人認為已經瀕臨死亡的「現代詩」，果真就只能停留在少數人閱讀欣賞的階段嗎？在醇美的傳統詩已經日漸遠離，而現代詩卻未能受到大眾青睞的時代，現代的中國人如何去尋找最美麗的心靈語言彼此交談呢？

五、欣賞篇

如果我們有心接近，便可以發現所謂艱澀難懂的「現代詩」中，其實到處都有令人眼睛為之一亮，讓人感到親切、動人卻又愛不釋手的美麗詩句，並沒有所謂的讓人「看不懂」的問題，隨便舉例，例如：洛夫先生的《因為風的緣故》片段：

「……然後以整生的愛／點燃一盞燈／我是火／隨時可能熄滅／因為風的緣故」

例如：張健先生的《掃》：

「掃地擦黑板的值日生／不小心擦落一顆流星／楞在那兒／等老師打手心」

例如：落蒂的《淒涼》：

「打開自己珍藏的日記／發現只有無題詩三首／一首我拿起來／一口一口吃下／一首拿給妻／為冬日的生活點火／另一首／我想，只有寄給你。」

例如：杜十三的《橋》：

「他把一句謊言吐在地上／變成一座橋／搭在兩岸之間
／河水不相信／從橋底下走過。」

例如：商禽的《眉》：

「祇有翅翼／而無身軀的鳥／在哭和笑之間／不斷飛翔

例如：向明的《黃昏醉了》：

「飲盡了這一天／五味雜陳的／烈酒之後／黃昏醉了／
它把一張豔紅的臉／朝著／遠山那挺得高聳的胸脯／埋
首／睡去……

　　像以上這種淺顯易懂，充滿嶄新詩境的「現代詩」可以說隨
處都有，有人說看不懂現代詩，那只是一種偷懶甚至拒絕打開胸
懷的藉口罷了。想想看，我們想交一個朋友都必須花時間，以真
誠態度對待他，何況是想接近「最美麗的心靈語言」，又怎能不先
掃除成見用點心思，好好的讀讀它呢？

六、流傳篇

　　同藝術和宗教的發源一樣，自從有人類開始生活，就有了各
式各樣的「詩歌」存在，兩大部分的「詩」，起先都是藉由特殊的
語言、形式和「歌」結合成一體而流傳下來的。「詩經」如此，聖
經中的「詩篇」如此，還有其他甚多的詩篇莫不是如此。「詩」藉
由「歌」的方式流傳，必須是由唱詩的人，面對著聽「詩」的人，
也就是在一個定點定時的時空中，才得以完成的 —— 因為那個時
候沒有文字也沒有錄音機 —— 這裡傳播的形態我們稱之為「詩的
一次元傳播時代」，或稱之為「詩的線狀傳播時代」。

　　而後，由於文字的發明，除了先前的詩歌得以經由文字的追
記而流傳給不同時空的人之外，當時創作的詩篇也得以文字的形

式，運用傳信、銘刻、轉載……的方式傳達出去 —— 這種傳播的形態，我們稱之爲「詩的二次元」或「面狀傳播時代」，這個時代已因印刷術發明而使得文字的流傳更爲快捷之後，越過一個新的高峰了。

其實，不只是詩如此，其他的文學作品得以廣泛流傳，莫不是拜此「面狀傳播時代」的發達所賜；然而今天，除了印刷術的蓬勃之外，人的傳播形態卻已更進一步的數十年前的文字、符號、圖片等平面方式，演變成集合各種聲光電化的「三次元立體化傳播時代」了。

在這樣一個充斥著文字、符號、圖像、電波、傳真…並存的多元傳播時空裡，對於從原始語言發軔的詩而言，是否會因這流傳方式的改變，也進一步的從平面的文字印刷形式中，蛻變成更貼近現代人生活步調和生活形態的嶄新面貌呢？比如說，除了在印刷精美的詩集上讀到詩之外，我們也能夠同時在電視螢幕上欣賞詩，在計程車上的收音機裡聽到詩。……也許，還正是詩未來傳播的主流之一。

七、革命篇

有一部分的現代詩人，他們的創作觀念是完全服膺於「現代主義」的精神和主張，以致完全排斥「詩」在文字形式之外任何的表現形式，因此，除了用文字寫出來「詩」才是詩之外，他們反對詩以文學之外的任何方式再現，因爲「現代主義」的本質講究的就是創作媒介的獨立性與純粹性，文學就是文學，繪畫就是繪畫，音樂就是音樂……，彼此之間絕不容相干；也不容相關，換句話說，中國傳統藝術那一套所謂的「詩中有畫」或「畫中有

詩」是不能成立的 ── 這種的觀念，不能算是錯誤，但也不能算是全對，因為在後工業的資訊時代裡，藝術家用來創作的媒介，比如聲音、形象、符號……等等，彼此之間的關係以及各自的特質等等，已經隨著時空的迅速改變而和前述的「平面傳播時代」不同了。

當畫家們已經可以打破畫布的平面框框，而用多材質的立體形式，比如裝置，地景、錄影……等等最新的形態，讓形象、聲音，甚至符號一齊出現，以進行他們符合現代生活的特質的創作時，詩人們為何不能也在純文學的基本表現之外，讓「詩」結合現代的聲、光媒介，像結合古代的書畫歌謠、唱曲一般的嘗試更多元化的表現方式呢？

如果我們觀察資訊時代的現代人，一定會發覺他們觀賞一件作品的習慣，通常都是像看電影一樣的採取綜觀的立場，就好比看一個人時，他們都是從那個人的形象、聲音、動作、談話內容……等等一旁觀看的，而不是只有觀察他的形貌或言語而已，這種「立體接收」的情況和一、二十年前由於傳播形態的不夠進步，以至於只能聲音、符號或聲音分別接收的情況大不相同 ── 依此類推，誰說「詩」不能在純文學的形式之外，也能同時和其他的媒介結合，以產生更符合現代人生活情狀的「錄影詩」等等多元化的「革命」呢？

八、生活篇

事實上，面臨一九九〇年代，我們的生活當中就有許多這樣的「現代詩」存在我們的左右。

比如說音樂家李泰祥先生，曾經把許多現代詩人，諸如：鄭

愁予、羅門……等人，只在詩集上出現的詩作品動人的旋律譜成
歌曲，透過螢光幕或錄音帶達給更多的人「聽到」；比如說，演誦
家趙天福、李曉明等人嘗試把某些現代詩藉由國語、閩南語或客
家語的再表現方式，讓純文學的現代詩以生動活潑的立體方式，
呈現在舞臺上，比如說，某些電影裡充滿詩的對白，某些廣告詞
充滿詩愫的詩句，某些流行歌曲偶然出現的，令人感覺為之一振
的歌詞，諸如：「我很醜，可是我很溫柔」、「我聽見花開的聲音」……
等等，莫不是現代詩融入現代生活的一些讓人感到親切、溫暖的
實例。

　　也許這些「生活化」了的現代詩和純文學的現代詩，在藝術
的層次上仍然難以相比，然而，這至少是提供現代人「美麗的心
靈語音」相互交流的，一種值得提倡的可能吧！

九、未來篇

　　藝術大師托爾斯泰在他著名的《藝術篇》裡曾提到一個觀
點，大意是說：對一般的生活大眾而言，能夠振奮他們精神的流
行歌謠，這比他們聽不懂的藝術歌曲來得有意義 ──「振奮精神」
或為提升精神的境界是一切藝術存在的最基本條件，雖然我們並
不全然認同藝術或者「詩」必須迎合大眾的品味才能存在，但我
們 ── 所有詩人和讀者，卻必須體念一個讓「詩」能夠高貴又能
深入「人間」的本質，那就是讓「詩」以最「自然」的形態成為
我們共通的語言：詩人在追求高深的藝術境界之外，是否也能同
時考量「人」與時代的本位呢？

　　而讀者為求感動而面臨一首詩的時候，是否也能想想看，我
是否因為缺乏生活或者生命的想像與美感而不能接受呢？如果有

一天詩人和讀者都在共通的語言之下提高共鳴的可能時，詩人們
便可以發覺：寫寫歌詞，寫寫電影對白，甚至寫寫廣告詞何不可
呢？讀者們也可以發現，那些歌詞、對白、廣告……是多麼充滿
詩意啊，如此，透過現代生活中一些已然存在而不能逃避新媒介
的溝通，才能在摒除「不自然」的心態之下，獲得暢通的可能，
而所謂的詩 ── 一種最美麗的、人類的心靈語言 ── 才更有機會
彼此傳達，彼此交流。

　　詩的未來，其實就是「人」的未來。

十、世界篇

　　像地球不停的在旋轉，全世界各個角落每一天都有不同的詩
在流傳，雖然詩的形式隨時代的不同而有不同的改變和主流，然
而無論如何，如果詩存在一天，人類的心靈就有從詩獲得向上攀
升的機會。

　　因此，除了中國人每年以「端午節」紀念偉大的詩人屈原，
藉以感懷他的詩作為民族正氣與文學藝術所發揚啓迪功效之外，
西洋各民族也莫不或深或淺的從其前輩詩人的作品中獲得了生命
的指引，而成其堅忍向上，追求真美的民族性，像羅馬詩人、但
丁的《神曲》、蘇格蘭詩人史考特的《蘇格蘭邊境吟遊詩抄》、法
國人布瓦洛的《詩藝》、美國詩人艾略特的《荒原》……等等，都
曾對當地民族的心靈與心智的提升供給了可觀的力量，全世界各
個國家也因此都有類似我國詩人節的節日，用以紀念或表彰詩人
對其國家與民族的貢獻。

　　今天，在進入前述的立體傳播時代之後，有更多勇敢的詩
人，又開始嘗試打破傳統的詩觀，讓詩在文學的形式之外，也能

融合其他的電波媒體,以進行更具親和力與更符合現代生活節奏的詩藝創作,比如,義大利等國每年都舉行一次規模盛大的「視覺詩」大展,其他重視文藝的國家更是不斷的提倡詩歌藝術的表演活動,而在臺灣,也有少數的詩人,開始嘗試著結合多元媒介的形式提倡「詩的聲光」演出……等等,這一切說明了詩在未來的傳承,將永遠伴隨人類追求美麗、和諧的心靈活動不斷的演進下去,因此,我們期待中國的現代詩人和讀者們,也能以更開闊的胸懷,迎接這個趨於詩的,嶄新時代的來臨!

（七十九年六月,聯合報）

二十一世紀新詩路

　　從宏觀的歷史角度來看，「詩」做爲一種藝術，已經在數千年的表現過程裏歷經了「口唱」、「筆墨」、「印刷」及「網路」等等不同「文本」（TEXT）的形貌變化，「詩」作爲純文字的「文學詩」並且堅持它的文字純粹性，坦白來說，只是近五十年來「現代主義」勃興以後的事，在這之前，「詩」，如同哲學大師黑格爾所言的，是一種可以納入各種文本領域去盡情表達的藝術，因此它可以跟聲音、文字、舞蹈、造型、儀式甚至建築等形式互相結合，並和人類的生活產生活潑而深刻的互動。問題是，在「現代主義」之後的「後現代」二十一世紀中，這種「純文學」的詩文本還會是「詩」的表現主流嗎？

　　鑑於人類的文明狀態，已經由於整個傳播媒介環境的大變動而產生了質變，過去現代主義所賴以維生的「純粹」、「界線」、「獨立」等等美學姿勢也不得不紛紛做了調整，而在「數位」、「網路」、「複製」、「虛擬」……的新美學環境中，運用更強悍的「解構」與「再現」管道爭取「後現代」的發言權，筆者有理由相信「二十一世紀的詩」將朝向下列的幾個方向多元發展：

　　一、數位化／網路文本的新具體詩興起：一種把 LD（液晶銀幕）當成「紙」，把 HTML 當成「筆」進行創作的「詩」將在網路世界裏逐漸興起。文字在此將不是詩的全部，因爲這種「網

路詩」涵蓋了文字、聲音、造型、行爲……，以及任何以 LD 和 HTML 可能「書寫」出來的具體多文本效果，它可以是「再創作」的，但在大部分的情況下，它卻是原創的。這些「網路詩」可以在台灣的「詩路」多媒體創作區，以及透過 YAHOO 搜尋站找到數千個「ELECTRONIC POETRY」看得到，而且越來越多，愈來愈精彩。

　　二、行爲化／詩的多媒體藝術展演：其實在五十年代左右，包括「維也納團體」（VEANA CROUP）、「眼鏡蛇畫派」（COBRA GROUP）以及「達達畫派」……等等當時前衛的創作團體，便已經陸續的在純文字的創作之外，把文學詩融入多元藝術展演的範疇，這種詩將納入藝術創作行爲而講求「互動」「融合」的創作、傳播方式，在近年來的當代藝術中更是所見多是。可以預見，在創作媒介更行多元化的二十一世紀裏，這種「行爲化」的多媒體創作形式也將蔚爲風潮。

　　三、環境化／詩的景觀和公共藝術化：透過電腦網路可知，越來越多國的詩人和藝術家嘗試將詩的純文字閱讀導向景觀與公共藝術的創作，如紐約地鐵的詩海報、日本百貨公司的詩傳單，以及大師 MARCEL 的大型詩裝置和許許多多將詩篇納入公共藝術與景觀設計的作品，就像中國古代的詩文屏風、樓閣與門聯一樣，將有越來越多的詩人、藝術家在網路之外，也扮演著讓詩環境化的角色。

　　四、素材化／文學詩「再創作」化：以純文字創作的文學詩將大量的尋求被「再創作」的途徑，結合二十一世紀興盛的聲光媒介，以爭取納入二十一世紀數位傳播的主流。在保育觀念的帶動下，森林的禁伐、紙張的管制等措施將使「印刷傳播時代」式

微，因此，除非詩作只爲了孤芳自賞，否則那些講求作品完成度，相信「讀者的互動也是創作不可分割的一環」的詩人勢必改弦易轍，在大部分的情況下，不得不將文學詩只視爲二十一世紀新詩歌「再創作」的初級素材。

視覺詩的展望

一、視覺詩的整合觀念

「視覺詩」（VISUAL POEM），顧名思義，乃是「經由視覺媒介表現的詩」，問題是，因時代性、文化性的差異以及創作的觀點不同，「經由視覺媒介表現的詩」——這個界定，也有兩種不盡相同的解釋：一是「視覺詩乃是經過視覺化的『詩』——把文字媒介的詩當成再創作的素材，加以視覺化」；二是「視覺詩乃是純粹視覺性的『詩』——文字本身的意義可以拋除不顧，或者只用來當做視覺化的一個造型單元，或者，根本不用文字。」

在中國，唐代盛行的「山水詩」，以及清代姜紹書所著「無聲詩史」中所說的明代水墨畫、文人畫等，以上述界定的第二個觀點來說，乃是人類歷史上最早的一種「視覺詩」，這些山水畫、水墨畫所意圖呈現的，無非是想藉由筆墨的氣韻和意境、構築當時畫家、文人心中理想詩境——除了這種不以文字為體的「無聲詩」之外，中國的看法——象形文字的造形藝術，也和視覺詩有著相當緊密的關係，不論是篆、隸、楷或是行草，無不具有相當純粹而高度的造型美，尤其是草書，其線條、其動態、其空間的佈局、其墨色的濃淡，以及墨、力相乘所產生的速度與質感，完全具備了一流視覺藝術所具有的素質，乃至有所謂的「點如滾石」、「鉤如屈金」、「驚濤駭浪」或是「碧沼浮霞」之類充滿視覺

美感的形容加諸於中國的書藝，即使不懂字意的人，亦能領略其
中的形質之美，因此，如將詩詞藉由中國書法表現，其意義，乃
吻合了上述界定的第一種解釋：詩經由書藝視覺化了。

　　現代藝術在觀念上要求純粹的形式，習慣以媒介的屬性來區
分藝術的類別，如以這種觀點衡量前述有關「視覺詩」界定的兩
種解釋，很顯然的，所謂的「無聲詩」大都應該屬於繪畫藝的範
疇，這和米羅（MIRO）的作品以及某些新表現主義、新意象主
義的「詩境的繪畫」，仍然被界定爲繪畫一樣，乃是同樣的道理。
因此，如果我們服膺這種要求純粹形式的表現媒介區分法，那麼，
我們就不得不對下列對於「視覺詩」一個較爲嚴格的定義：「視覺
詩，乃是將文學詩視覺化的一種整合藝術。」（若 x 文字，f＝詩
創作，則 f（x）＝詩；若 g 爲視覺化運作，則視覺詩＝gf（x））。

二、詩的媒介屬性

　　文學詩所具備的媒介屬性涵蓋了「聽覺的」和「視覺的」兩
個範疇，以傳統五、七、四、八格律的中國古詩來說，其聽覺的
屬性乃是字的讀音、句的語調、平仄、韻腳以及字數等等，這些
聲音的屬性和音樂的屬性，諸如音階、節奏、旋律、節拍等等，
在人類文化遺傳的形式上具有很高的共通性。因此，很自然的，
詩與歌變成了一體，詩歌同源而來之，由唐詩演化到宋詞、元曲，
亦離棄不了詞牌和曲調的彼此附和，即使到現在，現代詩加上音
樂的運作變成的「歌」，亦使詩與音樂發揮了相乘與化合的整合形
式，詩因音樂而更能傳達，音樂也因詩而更加動人，在這種形式
之中，詩是被另一種相關的藝術形式「聽覺化」了，而我們所接
受的，是更優美、更感人的「聽覺詩」，同樣的道理，如果能從詩

的視覺屬性著手，將文學的詩加以視覺化，那麼，是不是也能產生更加動人的「視覺詩」呢？

三、中國現代詩的視覺屬性

中國文學詩的視覺屬性，如前所述，「文字的造型」乃是最基本與最具特色的一點，除了古代的書法之外，中國現代畫家李錫奇以書法造型為基調加以演繹的繪畫作品，也讓我們看到了中國文字視覺屬性開拓的另一種可能形式。「文字的造型」之外，中國現代詩裡重要的視覺屬性另有兩點，此即：「詩的排列自由化」與「詩的視覺性意象豐富化」。

中國古詩或限於一定的格律，或限於一定的字數，除了遵循由上至下書寫的大原則之外，「排列」的視覺性自然也就不受重視：詩的意象所具有的視覺性，也多為景物的描繪，而此種景物的描繪方式亦多能藉由「無聲詩」或水墨之類的形式進行繪畫性的表現，詩人自然的也不會再行運用其他的視覺方式表現詩境。基於這兩點理由，中國的「視覺詩」也就只限於「文字造型」的演繹，而少在「排列」與「詩境」的其他視覺方面進行新的發展。

中國現代詩卻具備了中國古詩所缺乏的、更豐富的視覺性向度，經由五四以來的新文學運動和近卅年來的努力，加上生活形態轉變和西方藝術思潮的沖擊，使現代詩的排列方式打破了聽覺格律的限制，邁向自由化，甚至具備了前所未有的視覺性意義（如林亨泰的圖象詩），讓詩的意象在視覺性的領域裡顯出前所未有的形狀、色彩與質感，更使詩的文字意義從舊有的經驗之中解脫而出，邁向更為鮮明與可望的感覺原態。此外，文字的書寫方式也因工具的改變更具彈性——這些條件，都為中國現代詩提供了視

覺化的嶄新可能。

四、詩的造型 ── 「意象」的視覺化

　　「文字的造型」與「文字的排列」在視覺化的運作上都不算是太困難的事，前者可成中國的書法或西方的美術字，後者可成圖像詩，如中國的回文詩、寶塔詩。兩者亦可共同運作，有如西方的「新書藝」或「視覺書藝」（VISUAL WRITING），問題是，「詩的意象」如何視覺化？此點，乃是詩的視覺化以及「視覺詩」表現的核心所在，「圖像詩」和「新書藝」只有「文字造型」與「文字排列」的視覺化，而沒有詩意象的視覺化；「視覺詩」則涵蓋了「文學造型」、「文字排列」與「詩意象」三者的視覺化。一般來說，將詩詞譜成歌曲，譜曲者首先要決定的，乃是根據詩境選擇曲調與曲式，而後，根據詩境架構旋律（MELODY），構思旋律的時候，同時要考慮到字的讀音和音階的關係，以及，句子的語調和旋律與節拍的配合。旋律有如造型，決定了詩的意象輪廓，此點的掌握，應使聽者能從旋律的運轉之中體會到詩詞的意境而產生共鳴。「詩的意象」視覺化正有如「意象的造型」。「造型」可以是具象的、可以是抽象的，也可以是潑墨的、工筆的……，可以將詩句當成造型的基本單元，也可以將詩句當成畫面的一個部分，此外，還可以將詩句打散，和視覺造型產生有機的結合 ── 種種不同的途徑，端賴詩的意象內容所需，和視覺化表現的方式不同而異，視覺詩的表現因視覺化的主事者不同而不同，正如不同的詩詞有不同譜曲方式，同樣的詩詞由不同的人譜曲，也會產生不同的歌曲一樣；而有些詩容易視覺化，是因為視覺性的意象較為豐富，正如有些詩不易譜曲，是因為詩本身聽覺要素較弱的緣

故 ── 因此，「詩的意象」如何視覺化的問題，乃是從事視覺詩創作的主要課題，決定了「詩的造型」── 掌握了詩的意象視覺性，而後，再依據此一造型前提，選擇合適的詩句排列方式，並決定適合的文字造型 ── 以此爲視覺詩創作的一種基本概念，詩的意境與內容便能找到有效的視覺形式，使兩者產生同步的共鳴，讓詩即是畫，畫即是詩，而不只是詩中有畫，畫中有詩了。

以此次中義視覺詩中洛夫的作品：「當妳沈默如一枚地雷」爲例，該作品採用了肖似佈雷圖的某種中國道教符咒圖形爲詩的造型，再將詩句打散箍藏在此一黑色符形的空隙之中，文字則以紅、黑、藍的色彩意圖模擬出地雷可怖的金屬角質，抽象的視覺畫面和金屬色質，使詩本身就像分布埋藏，隨時引爆的感覺，充分擴展了詩境中原有的張力。(該詩的視覺化技巧如再加強，當能在詩意的傳達之外，使整個作品獨立形成更爲動人的視覺詩畫面。)

此種將文字、詩境與造型畫面進行整合的表現點，在義大利的參展作品中，如阿卡美（V・Accame）、費拉利（V・Ferrari）以及巴代拉（L・Pattela）等較爲嚴格的視覺詩創作裡，都有其不同的墨現方式。

五、視覺詩的其他形式

詩的視覺化除了以繪畫的形式呈現之外，舉凡攝影、雕刻、舞台，以及其他的立體造型或現代映象藝術，莫不可以用來做爲視覺化的形式，如此次展出台灣辛鬱的作品「無題」即是運用立體造型呈現的視覺時。在各種媒介空前發達的資訊時代中，詩若能進一步發展其視覺上的屬性以和現代多種進步的視覺媒介相互

溶合，則其傳達力量將在現有的文字形式之外獲得更大的突破，正如有些冷門的詩詞一經譜曲之後，便大大的提昇其感染力量一樣，比如說，我們可以將「詩」以 ENG 或錄影藝術的方式進行視覺化，（運用蒙太奇的觀念拓展詩的視覺性）讓每個家庭的電視螢幕得以隨時收視；我們也可以將詩利用印刷術加以視覺化，再和大眾媒體相互結合，以深入人類的日常生活——正如古代的中國人將詩詞以書法的形式題於門上，牌坊、燈籠、橋亭、衣物、屏風之上，其講究生活詩化的視覺化用心，是值得現代的中國詩人和藝術家，以更新、更進步的方式加以提倡發揚的。

六、展　望

「視覺詩」在西方，是「新書藝」和「視覺書藝」之外的，另一種有關的文字造型演化的新表現藝術，本質上，它是一種能使詩「畫」彼此增加共鳴力量的整合技術：文學詩是視覺詩視覺化過程中再創作的素材，視覺化則是文學詩的另一種展現方式，詩必須能經由視覺化而更加動人，視覺化也應能因詩的表現而更加豐富，那麼，詩畫的一元化才能提供人類更美好的心靈經驗，視覺詩的存在與發展才更有意義。

如今，中國現代詩經過近卅年的努力已到達一個新的頂峰，中國現代視覺藝術也有其突破性的嶄新風貌，我們希望更多的詩人能夠關心視覺藝術，以及其他的藝術，以使詩的語言更加豐富；我們也希望更多的視覺藝術家能夠關心現代詩和其他的文學藝術，而從其中獲取更活潑的創作靈感，因爲現代藝術在各自固守性的整合實驗，和現代科技的發達，更使彼此所用表現媒介的共溶性增加了前所未有的可能，我們虔誠的希望，經由新象藝術中

心此次「視覺詩季」的舉辦，和中義視覺詩的聯展，能夠提供各
種領域的現代台灣藝術家們，一個較有彈性和更為寬廣的角度，
去思索中國的現代藝術，同時使「視覺詩」的創作，能繼書法和
水墨藝術的傳統之後，進一步結合現代精神，向前推向一個嶄新
而燦爛的高點。

什麼叫做現代詩？

　　什麼叫做「現代詩」？在一次聚會上有人提出這個問題，在座的某位詩人立刻回答說：「現代詩？現代詩就是以手法表現的詩嘛！」沒想到兩旁一水的小姐突然接腔說道：「現代藝術手法太玄了吧？現代詩不是寫給現代人看嗎？」

　　如果現代詩是寫給現代人看的，那麼，什麼又叫做「現代人」呢？細細思量，我們可以發現「現代人」——生活在一九八八年資訊時代的「現代人」，和生活在一九八〇年非資訊時代以前的「傳統人」，在面對詩的態度上似有如下的不同：其一，現代人比較忙碌，比較沒有時間慢條斯理的看「字」，即使有，大部份也只是看看別人的經驗、心得和新聞報導，看到「現代詩」，大多認為那是夢的文字迷魂陣，了解起來費時費勁傷腦筋——這表示「現代人」對文字的「賦、比、興」運作已經疲乏了；其二，現代人要看的東西太多了，電視、電影、MTV、新聞、畫報……，一年當中難得有一次碰上現代詩，即使有，也只是看了兩行，其他的幾行留著撐住腦袋打瞌睡用。其三，現代詩是「詩人」之間獨特的語言，必須像學英文或日文一樣的練過一陣子才能看懂，因此，現代人寧可看電影、看錄影帶、看電視……，看一些不用學習就能看懂的東西——這表示映像媒介已經主宰了大部份的傳播體系，現代人對文字的想像空間已經退化了——然而，儘管現

代人有這麼多反現代詩習性，偉大的詩人們卻仍然不死心的挑燈夜戰，一字字一行行的寫，在稿紙上「種植」詭譎的詩意，冀望有人也會跟著瞪大著眼睛在高低不平的字裡行間去「開墾」肥沃的詩境，這可是多麼矛盾一個情況！回想從前，中國人可是一個多麼喜愛詩的民族，四千多年前就在山巔水涯間唱來唱去，而後又在門楣上屋宇內器皿上寫直畫橫，在酒前的戲台和飯後的窗前吟高誦低 —— 在那人和人溝通只能依賴見面、口傳和符號記錄的時代裡，以文字為媒介的文學可是多麼風光，多麼熱情的擁抱和凝聚過無數個人類的心靈，因為在沒有其他聲光爭豔、干擾的傳播環境裡，文字之中自然蓋涵了所有的聲音、所有的映像、所有看不到的人，和所有無法觸摸的感覺，人們依賴著透過文字的想像，在心靈上開拓一連串的不可能而生活得比實際好些，這情況，就好比目前大部份的共產國家接觸文學的需求會比生活在資訊社會的現代人來得強烈是一樣的道理，然而，當原本藉由文學構築的想像空間，在資訊時代中被強勢的聲光媒介以鉅細靡遺的再現效果佔領，或具體的還原之後，現代文學，尤其是現代詩，便難免的由盛情馳騁的原野窄化成為都市中落寞的老巷，在偌大嶄新科技構成的立體傳播體系中，以純文字符號為業的現代詩人們，便只好繼續十數年前非資訊時代的身段，孤絕的擺踱在熱鬧非凡的聲光陰影之下了。事實上，和其他的非文字媒介藝術相較，在國內，文學透過現代人生態，講求生活化傳達途徑，進而和現代化媒介化合的嘗試，確是比諸視覺、音樂等其他現代藝術來得保守而被動，視覺藝術已由畫布上的繪畫藝術結合印刷術而成為版畫藝術，結合電波科技而成為「錄影藝術」（Video art），結合現代質材、空間觀念而成為「裝置藝術」（installation），音樂也已

由現場的演奏（唱）藝術結合合成錄音科技而成為音樂藝術……，其他的非文字媒介藝術也都或多或少朝向結合現代媒介，運用現代科技、迎合現代生活的形態而有新的表現，唯獨文學，除了小說經由「再創作」而得以電影的形式化之外，散文與詩卻始終難有結合現代生態，適合「現代人」生活節奏的嶄新形式出現，這或許是因為：「文學本就應該只由純粹文字的形式，獨立表現」的傳統「成見」囿限的緣故吧。只是，如此說來，由人類先驗的生理共感（euphoria instinct）指揮之下的藝術傳達質素如果和人體的生理結構一樣的不變，那麼，在聲光傳播日形緊密的未來時代中，依賴「原始媒介」—— 文字創作的文學家和詩人，是否就甘心永遠處於整個文化傳播體系中的末座或末流呢？我們姑且聽聽哲學家黑格爾在其所著「美學」第三卷中的一段話：「詩可以不侷限於某一藝術類型，它可以變成一種普遍的藝術，可以用一切藝術的類型去表現其一切可以納入想像的內容……」，這段話，即使對整個聲光氾濫資訊時代中的文學尷尬處境，也一樣可以提供有利的契機和有力的辯證，那就是：「文學或現代詩，將永遠可能成為現代人想像的藝術，只要它不再固執的，只侷限於文字的形態」，換句話說，「文學、現代詩可以成為所有藝術的內容，只要文學或現代詩能夠勇於接受新媒介的化合（synthesis），勇於接受其他媒介的親和並進行再創作。」

　　如此「前衛」的觀念，並不表示現代詩或文學應該放棄文字媒介傳達的本位形式，相反的，是希望現代詩能在文字形式的本位之外，也能更活潑的，以其他較新、較適合現代人生活形態的再創作去接近現代人，因為「現代人」已是個多元化心靈的「新人類」，除了純粹的文字傳達之外，現代詩人何妨也鼓勵運用文字

以外的多元形式去引發「現代人」對「現代詩」的共鳴呢？

如此，現代詩中所蘊涵的聲籟便能理直氣壯、活活潑潑的化成旋律和音樂結合成歌，所運用的符號便能化成書法和繪圖結合作為視覺藝術，所意指的意象便能轉化成為影象、動作和攝影結合，納入幻燈和舞台，而這一切，似乎也都是「因為風的緣故」——詩人洛夫詩作新曲演唱會一個大膽的嘗試，也是所謂「現代詩、歌、曲、裝置、攝影、書法等藝術整合演出」，使「現代詩」進一步成為「現代人的詩」的一個具體的反省和實驗吧。

（寫於洛夫「因為風的緣故」多媒體
演出之前。1989 年 10 月）

散文藝術的思考

　　哲學大師亞里斯多德論「詩」，認爲凡是具有純文學價值的作品都是「詩」，無論它是否具有詩的形式。詩人雪萊說：「詩與散文的分別是一個庸俗的錯誤。」美學家克羅齊則主張純文學只有「詩與非詩」兩種：「所謂『詩』就包含了一切純文學；『非詩』就包含一切無文學價值的文字。」

　　從這些角度來思索「散文」成爲一種藝術的可能，其條件和其他的文學創作一樣，主要還在於寫作的人 —— 包括散文家、小說家與詩人，能否以純文學的「詩的本質」去建構一己的文學符號世界 —— 壞的詩，難免是一些徒具詩形式而無「特質」的作品，而好的小說或好的散文，則無一不是具備濃郁「詩質」的獨到之作。

　　這些情況，在觀諸中國傳統許多「非詩形式」的散文傑作之後，往往更能清晰的證實，比如《賦》，比如《老子》、《莊子》及《世說新語》、《古文觀止》……等，無不是在精闢的本文（TEXT）和流暢自由的敘述形式之外，同時兼備了優美如詩的音韻節奏和激人聯想的意象，因此，如果要我們說出當時散文詩的區別，似乎也只能沿用朱光潛先生在《詩論》中所引用的看法，將「詩」歸爲「有音律的純文學」，而將「散文」歸爲「沒有嚴格音律的純文學」了。

　　白話文運動之後，散文亦從歧義性豐富的「文言文體」變成了「口語式」的白話文體，原先所有舊時詞彙的音韻節奏表現和譬喻衍生的常見文字意象，自然的也同「新詩」的命運一樣逐漸的解構，而必須面對嶄新的生活型態另尋純文學的表現途徑，以承續「散文做為一種藝術」的時代風範了──在這個時期，朱自清、徐志摩、魯迅、胡適……等大家的文字風範提供了我們耳目一新的借鏡，那種真誠流露，坦白而不做作的口白自然敘述和樸拙有力的「白描」或「渲染」風格，至今仍然深刻的影響著臺灣目前的散文創作風向──然而，假如我們深究這些白話體散文的本質，常會發現，這些散文之所以動人的主要因素，乃源自於作家的人格、題材和敘述內容的本身，而較少關乎「敘述」或其他表現方式的藝術性創新，大部分的作家和讀者所關心的，仍然像素描、木刻或印象派畫風般的交流方式，著重於一個事件、一個人物或一段感情的清晰「描寫」與感受而已。

　　然而，正如小說要成為一種富有時代感的獨創藝術一家，白話散文若要成為具有時代新風貌的「九〇年代文學藝術」，光是承繼前人的敘述自然和故事內容精采、情感真摯等條件，則是愈來愈難以為繼的，因為文學之所以位居八大藝術之一，主要乃是其所運作的文學符號媒介能在過去的時空裡，以其自成獨立而富有變化的自足世界去扮演人類「想像運動場」或「心靈經驗第一現場」之故，重點是：人類的想像之所以能夠不斷的超越更新，是絕不能囿限於一成不變的時空跑道或者場景的。

　　以人類所處的「環境」來說，在千年文明的不斷轉換之下，整個「自然界」顯然的已經由山水雲霧……的「先驗式第一自然」擴大到包含玻璃、鋼筋水泥都市……的「人造式第二自然」，再從

「第二自然」快速的朝向聲光電波「再現式第三自然」行進之中，人類所處的時空舞臺既然正在狂飆轉換，而散文，若是一種足以機動反映新時代特質的文學「藝術」，那麼，散文家是不是仍應只是關懷田園鳥獸的「第一自然」，而對 CD、傳真電視……充斥周遭的「第三自然生活」視若無睹呢？此外，如果關懷了，是不是只要換個「題材」，說些都市裡的遭遇和感想，就可算是十足的「反映時代的特質」了呢？

細細考量，地球上整個資訊時空迅速膨脹、改變的本質，似乎不只是人、事、物現象的變化而已，而是更深底層，有關整個人類的動態、思維、言語，以及生命結構的翻新 —— 因此，做為一個應該挖掘時空與人性深層的文字藝術家，似乎也應該有所更為深沉的覺悟，而能同步的，將文字表現的思維形態也「第一自然」或「第二自然」的範疇擴張到包容「第三自然」的時空運轉方式吧。

在種種改變過往時空的速度、節奏與本質的「運轉方式」之中，影響現代人的行為最大的，要數人類「看的本質」的改變 —— 人類的「看」已經從過去「面對面」或「面對現場」的「看」，滲入了大量「透過攝影機的『看』以及「通過傳真螢幕的『看』」了 —— 而在這些有如走馬燈，大異於人眼「平常看」的「電波傳真的看」法之外，多的卻是經過「選擇」、經過「剪接」、經過「編輯」，甚至經過「蒙太奇」之後的「看」 —— 我們不只能用「傳統的看」看到我們周圍有限的現象，還必須通過上述革命性的新「看」法，才能「看」到社會、「看」到人類、「看」到世界以及「看」到地球 —— 做為一個散文作家，應該如何掌握這種「看」的本質，而在傳統的「看」法之外，也能通過「新的看」法演繹出更有創

意的「敘述」方式，去面對這個日形光怪陸離的世界，進行更有時代感與更多「真實感」的反映或者批判呢！

如果，畢卡索可以用立體主義的「敘述」實踐他的「移動視點」美學，蒙德里安可以用「水平垂直分割」的「敘述」實踐他的幾何美學，以及，貝多芬可以用他的絕對寂音的「敘述」實踐他的音感美學，而不只是沿用前人的印象派畫風或者古典的曲式去從式「創作」，那麼，散文作家是否也可以大膽的嘗試現代映像中各種「看」法的「蒙太奇」敘述方式，運用文字將現代人間的萬象「拍攝」成冷峻、客觀、無我的「場景」，再充分的運作搖、推、拉、溶入、淡出、全景、特寫……等唯我的「映像導演」手法取代一般文字的主觀描摹敘述方式，進而用心的將自己的「文字表現」合成帶有「詩質」的「膠卷」，用新的「文學」拍出具有鮮明意象與戲劇張力的現代人生「場景」呢？

多年來，我一直在思索這個屬於文字美學上的問題，也試著完成了一些實踐上述「敘述」觀點的散文作品。雖然有人認為這些作品難以歸類，因為它們涵蓋了散文、小說、詩甚至戲劇等文類的特質，但基本上，我個人則較偏向於將這些系列創作當成「散文詩新文體（New Stylistic）」的試煉，因為這些寫作都是我針對前述自發性文學美學觀的長期實踐結果 —— 作為一個寫作人，我個人深信，唯有先成為一個文體作家（Stylistic Writer），他的「寫作」才有可能成為獨特而感人的藝術。

現在，我把近三年來的新作五十餘篇，和從過去十多年來上百篇該文體作品中選出的四十餘篇合集成《新世界的零件》，乃是誠懇的希望能夠提供九十九個純「心」打造的「零件」作為我的寫作和讀者在「新世界」裡互動之用 —— 不只希望它們閱讀這

些「零件」，更希望它們在熟知了這九十九個「零件」的本質之後，能夠自行拆解、組合，進而自行去建構一個屬於他們自己的，更爲寬廣開闊的「新世界」。

（1998 年 4 月，聯合副刊）

第三波文學

── 聆「聯副之聲」有感

　　一九八八年，面對一個多樣化媒體蓬勃，電波資訊系統盤纏交錯的嶄新時空，每一個生活在「現代」的人，無可避免的，都必須重新調整自己的認知方式，以革命性的視野和聽覺去領會一個全新的世界 ── 包括人的世界、物質的世界，和心靈符號的世界。

　　在印刷術未發達之前，人與人的交流除了面對面的言語、表情之外，只有筆墨符號的傳達，每個人對外界和其他心靈的認知，都必須藉由「原音」或「原件」，在一定的時間順序和空間的轉換過程中才得以完成 ── 在這個階段中（線性傳播階段），文學的傳播是筆墨的「原件」形式，作品的流傳大多依賴書法或雕刻的再現以保存於冊頁之中或其他生活器物之上；印刷術發達之後，由於快速複製功能的實現，「原音」的要件雖仍適度保留，「原件」的要求卻在一定的規模之下被「替代」了，文學的傳播走出了對書法的依賴，而得以統一規格的鉛字符號和油墨網板的多數再現形式，打破空間的圍限而大量流傳，在這個階段裡（平面傳播階段），文學是「非原件」的書籍、雜誌或報頁，傳統筆墨的個性和意趣被轉換成劃一的字體和變化有限的編排設計風貌，文學傳播的內涵，也由夾雜著墨韻筆勢的手藝形成，走向純粹表現敘述內

容的獨立「符號藝術。」在這一段影響人類文明進展最鉅的時代中，文學的傳播和書籍、報頁的型態幾乎是不可分割的，要想接觸文學，就必須「讀書」—— 文學的傳播型態是一種必須學習，必須提高品味才能享受的「貴族式」傳播，而不是一般人都可以享受的「生活化傳播」。這種情況和上述線性傳播時代裡，文學得以在符號書寫的真假好壞之外，也以其他生活的形式，諸如門、碑、屏、聯、衣、燈……，甚至唱詞、劇曲……等生活環境相互結合，使一般販夫走卒亦能耳濡目染的多元化立體傳播型態，是有所不同的，因為「文學」在那個時代裡不僅是「書」，而且也可能是歌謠、戲曲、門聯、屏風……，甚至是巷尾一段精采的「說書」或「數來寶」，以及街頭一闋叫好的「鐵板快書」……，因此，依靠「原件」、「原音」傳播的文學，在那個依序運轉、循節推移的時空中，在某種程度上，卻無疑同時也是家居生活中的「窗外」，或是農忙斗笠旁的「山水」，是每個人都可以在晨昏過程中輕鬆感受得到的一種「氣氛」。直到現代藝術、現代文學從純粹化、獨立化走向高絕的路途之後，整個藝文傳播途徑才跟著和「生活化」逐漸脫節了。

　　這種趨勢是歷史的一種必然嗎？答案可能是未必，如果我們膽敢把整個人類文明史縮小來看，當會發覺這種「純符號」導向的文學傳播型態，在整個人類近萬年文明發展的時間長度上，只佔著短短的，不到數百年的一小段而已。純符號的文學「平面傳播」型態雖然在近代文明為人類的心智活動建築了一座巍然的廣場，卻不能因此就保證爾後的文學傳播，不會因為另一段媒介環境的大變動而納入類似「線性傳播」階段的，結合現實生活的傳播形式，因為整個地球上的「文字傳播系統」在面臨聲光媒介分

秒閃爍的此刻，已不再是印刷術蓬勃所能支撐的一枝獨秀的年代了，因為這正是一個「立體傳播」的時代，也是所謂的「第三波」的時代。因此，小說改編成電影、廣播劇，現代詩經由「再創作」轉變成「有聲詩」；散文由原作者朗誦，配合情境音效與音樂轉化成「情境散文」；報導文學配合現場實況影像或音效轉化成「實況文學」……，把文學的平面創作運用「再創作」的觀念和現代的其他電波媒介相結合，是不是也能夠在「書籍」的形式之外，讓文學和現代生活型態更加契合，而也能有如古代一樣，讓文學在貴族式的平面傳播途徑以外，亦能經由立體的傳播方式和現代人打成一片，甚至更積極的以反撲的姿態拯救現代人的耳、目、心性免於次級映像文化、蛋殼文化的襲擊和淹沒呢？

　　在當前資訊氾濫，知性、感性卻愈稀薄的年代裡，我們樂於見到聯副在報禁開放，文字突現擁擠的此刻首度讓現代文學的報頁以立體化的傳播觀念出聲，在精緻的文字版面之外，也能可親的，讓我在匆忙夜歸的計程車上，輕鬆自在的聆賞到一段動人的散文，這真是做為一個繁忙的現代人，邂逅現代文學的一次新鮮而活潑的經驗。

【1988-01-23／聯合報／23版／聯合副刊】

用詩抵抗陸沈

── 從《八十三年詩選》擴大心靈的版圖

　　雖然有人預言：「詩快要死亡了！」然而在台灣，至少在這兩三年，我們卻從「年度詩選」上看到了「老幹加新枝」一齊欣欣向榮的景況，今年尤其顯著，除了年輕的唐捐、陳宛茜、紀小樣……以其新鮮的語言加入詩選的陣容之外，年紀已然不輕的新「新詩」人隱地先生也撐起他的新筆桿，像撐竿跳一樣的躍入了詩的國度。至於努力於新語言開拓實驗的「四度空間」、「心臟」、「薪火」、「新陸」、「校園聯盟」……等詩社的某些年輕同仁，其表現也令人耳目一新，讓人不得不深慶台灣詩壇在老葉叢叢之外仍然不斷有新枝吐露新芽，在日趨不良的文學環境下共同以不枯不竭的詩心維持一個生生不息的局面。

　　詩的「生生不息」比什麼都來得重要。台灣沿海的土地因超抽地下水而逐漸陸沈，高山的森林遭盜伐盜砍而逐漸稀疏，傳統的文化遭慾望扭曲而逐漸荒蕪，徬徨的人心遭政客擠壓而逐漸空虛……，在這一連串逐漸混沌、逐漸寒涼、逐漸喪失的過程中，幸好還有近百位詩人嘔心瀝血從文學的使命感出發，為這個汪洋中的海島擎起人性的希望，傳遞歷史的體溫，留下經驗的結晶，為我們這一代，甚至下一的靈魂建構一處處可以靠岸泊心的「碼頭」，在日趨虛無紛擾的土地上置放一些可供希望與創造力反彈的

「跳板」── 正如同我們「喪失」了唐朝，卻仍擁有唐詩可供徜徉於夢幻的長安；「喪失」了宋朝，卻仍然擁有宋詞可觀宋時的天地 ── 具象的世界隨著時間遞嬗而浮現成為具象的世界，豐饒我們做為一個人的可能 ── 詩經、楚辭、唐詩、宋詞如此，元曲、白話詩以至民國八十四年出版的《八十三年詩選》，又何嘗不想如此？

基於這樣的認識，我們希望《八十三年詩選》能在質與量上都能展現更為雋永的風貌。首先面對的便是「質」的考量，身為主編，我們有一個疑問：「用六十四個詩人的角度選詩，是否會比用八個詩人的角度選詩來得更週全，選得更好？」基於以往不乏有詩人對被選入的詩作自己並不滿意，甚至批評編者的疏漏和「不識好貨」，我們幾經討論、考慮之後決定了一種全新的編選方式 ── 也就是「互動式」的編選；首先，我們從最近十年的各類詩選中挑出六十餘位仍在創作的詩人名單，另外徵詢報紙副刊提供其他優秀的詩人名址，再加上我們從各詩社主動蒐集具有潛力的新人，合約八十餘位涵蓋老中青的詩人名錄之後，再分別發函邀請他們提供年表（八十三年）內發表的詩作若干首。詩收齊後（約佔發函總數的百分之九十三），先由我們兩位主編以最大的彈性進行初選，不分長短，不分題材，只要是認為好的詩就選入，淘汰率約為全部作品的百分之二十～百分之二十五。接著，我們又分別找出去年各報的副刊和多種重要詩刊進行「補選」作業，主要在考量「被淘汰的詩人還有沒有其他更好的作品？」「雖經選入但不太理想的詩作還有沒有更好的詩可以替換？」以及「少數經發函但沒有及時反應的詩人有沒有好的作品？」三個原則之上。最後，我們以前述步驟選入的詩作，提交編委會以討論和投

票並行的方式進行複選，經過慎重而熱烈的過程之後，終於產生了五十四個詩人七十四首入選的作品，合輯爲嶄新的《八十三年詩選》。（上）

【1995-06-02／聯合報／37 版／聯合副刊】

迎接「詩的網路」新時代

—— 國際「網路詩刊」簡介

　　隨著「網路資訊時代」的迅速來臨，整個世界的傳播方式也跟著興起巨大的變革，除了原有的印刷與聲光傳播之外，此時又加上了按鍵即可進行的「虛擬傳播」（Cyber Communication），使得人類的政、經、文化、科學、教育……等等文明生態進一步面臨了解構、重組與更新的可能。現代詩也出乎意料的，以迥異於以往的面貌，在電腦網路上踏出了令人驚艷的新姿與丰采。

　　當我們在電腦網路上鍵入 http://www.yahoo,.com/之後，不出幾秒，即可在美國運通超大學（American Express University）提供的 yahoo 主頁目錄上，依照「藝術→人文→文學→詩」的路徑找到一二一種自一九九四年即已陸續上網，來自世界各地包括英、美、法、瑞典、俄羅斯、新加坡……各國的「網路詩刊」。顧名思義，「網路詩刊」即是以電腦網路的特質為媒介而呈現的「現代詩」，而不只是螢幕取代紙張，讓文學詩換個地方出現的「螢幕詩」而已。舉例而言，在前述的網路詩刊，我們除了可以在 Amongst the Weads Poetry、Poets Corner……等以詩選形式取勝的詩刊上讀到隨時披露的當代好詩之外，也可以在 B.A.W.P.、Baron Poetry Network、Poetry Reading Room……等有聲詩刊上「聽」到詩人朗

誦的好詩，並將完成的 Pages Poet Certre、Gothic Vampyre 等互動
詩刊上即興寫詩，並將完成的詩作立即送上網路供人閱讀、批評。
此外，還可以在 Poetman、Poets Desk……等論壇上和詩友交換詩
創作的心得，甚至還可以進入 Scott Gallery、Butterfly Wings……
等多媒體詩刊去體會攝影、繪畫、表演藝術和現代詩結合的有趣
「複合詩」。其他還有隨時增補的「詩人專輯」，以圖文、聲音並
現的方式介紹當今著名詩人的生平和佳作 —— 這些「詩刊」在形
式和內容上均已大大的超脫了傳統詩刊或詩集的限制，可以說，
坐在終端機前就有如擁有一部「多媒體地球詩選」或是「多媒體
現代詩工作坊」，除了讀詩、聽詩、寫詩之外，還可以隨時發表詩，
出版詩（如 Silver Cord Productions） —— 而如此精彩動人，前所
未見的「國際網路詩刊」，才只是眾多網際網路之一的 Yahoo 中
的一個檔案而已呢。

　　如前所述，「網路詩刊」和傳統詩刊在本質上最大的不同，
除了附加聲光動能效果的多媒體化之外，就是即時性與互動性。
「即時性，使得詩的寫作和傳播可以一氣呵成，讓讀者的欣賞也
作為創作的一部分，因為運氣好的話，不多久就會有人在你的電
子信箱內留下美言或惡語，讓你重新思考自己的作品；「互動性」
則使得詩的創作朝向遊戲化和集體化，讓初學的人多了一分興味
少了一分寂寞 —— 例如有份「互動詩刊」一出現就要上網者填入
若干動詞、名詞、介紹和最喜歡、最不喜歡的事物……等等，最
後只要按一下鍵，五分鐘就會自動完成一首卅行左右，頗有水準
的現代詩，還可以應要求立刻上網「昭告天下」。

　　在紙價飛漲的今天，若干仍然苦撐至今的台灣傳統詩刊不知
是否可以來一次「台灣現代詩網路聯盟」的大合作，在純文字之

外，考慮結合其他的網路超文本（Hyper text）要求，讓五十年來苦心經營的現代詩成果，也能耀眼奪目，生龍活虎的在地球網路上再一次「復活」？！

【1996-03-17／聯合報／37版／聯合副刊】

築島於汪洋中

── 談聯副的「超短型副刊實驗」

　　近十年來，台灣的傳播生態面臨了空前的衝擊與轉化，首先是報禁開放，報紙增版，爾後是第四台擴張，收視頻道激增，接著則是電腦網路的蔓延以及各類國際版雜誌的進占中文市場……。在如此日新月異、每天早晚都交織著不同聲光電化內容的資訊「新新生活」中，大家的眼睛和耳朵很顯然的比十多年前要忙得多 ── 為了趕上潮流免於脫隊，以前只要翻翻薄薄三張半的報紙即可，現在呢，除了動輒四十幾大版的文字轟炸之外，還有六十幾個頻道的選看，收十萬個連接地球各角落資訊站的查訪，以及多得看不完的、最新圖書和刊物的接觸……。

　　即使我們耳聰目明的程度可以媲美最新型的掃描器，面對如此巨量的多媒體資訊每天進行長時間「攝取」的結果，自也難免造成「當機」甚至「中毒」，於是乎，為了節省時間尋找新奇，早年那些枯坐案前即能掌握資訊的虔誠「閱讀者」，近年來已被盯著終端機螢幕的「視聽人」所大量取代，文字被稀釋了，圖像一躍而成為主角；平面是附帶的，「三 D 立體」或「虛擬實境」才是主流……。在這種傳播大環境機制產生結構性變革的新時代裡，依據傳播學大師麥克魯漢的「接訊定時產量理論」來看，毫無疑問的，文學傳播必定面臨強勁的被排擠效應與被轉化命運，這些

效應反射到現實面的台灣來看，就是詩集出版的兌減、純文學刊物的停刊或經營困難，以及純文學讀者的冷漠與流失……等等「厭文字」現象。

　　就在這些現象初露端倪的民國六十九年十二月十八日，我們在聯合副刊看到了「超短型副刊實驗」推出的宣言：

　　「我們身處八十年代的初葉，一方面享用各種物質、精神上充裕的供應，一面又爲供應的過分充裕、快速所苦；展望未來的年歲，整個外在世界正不知又要如何來衝擊、考驗並改變我們。每思及此，誰人不惶惶然、茫茫然而若有所思？尤其知識的膨脹，傳播的發達，任誰都無法日日安然接受那漫天壓來的文字、概念，遑論吸收、消化了。文字，誠然是今人所要承受最典型，也最嚴重的文明壓力。聯副爲了稍解讀者之苦，前有『極短篇』、『掌上小品』專欄之設，今更以『超短型副刊實驗』公諸讀者、社會，希望人人能以最短時間各取所需，得到應有的文學、哲學和其他人文智識的給養，既不與時代脫節，又無慮大量文字無暇盡讀之困惑……。」

　　配合這篇宣言推出的第一輯作品，除了袁瓊瓊的短篇故事〈儀式〉，以及由余光中的短詩〈電視機〉、喻麗清的掌上小品〈香椿的悲〉、黃伯飛的〈哲學快餐〉和〈百萬人札記〉合組而成的「四瓣草」特輯之外，還有李金銓的沙田漫筆〈小得美〉、蔡澔淇的極短篇〈蛻變〉、東方白的自畫像〈不知東方之既白〉、唐鴉的極短評〈一窩書〉、思果的千字文〈創作的代價〉、何凡的專欄〈百貨公司推銷贋品〉，和三篇小說連載：無名氏的《死的巖層》、金庸的《書劍江山》、高陽的《延陵劍》等共計十四篇十七個作家的作品。以當時一份報才十四個版面卻佔有一版之尊的聯副而言，採

取如此多元化、精短而高密度的文字傳播策略，確實獲得了甚多讀者的好評和作家的呼應，因爲在如此的安排之下，讀者不但可以從容閱讀、各讀所需，而且每讀一文即有所感，每閱一牘即有所悟，進而能在閱報之餘仍有充分的時間爲自己忙碌的心靈完成一場「人文的新陳代謝」或「生命的光合作用」，自自然然的調整、提升自我性靈的高度和品味。這些經由純文學閱讀所獲得的快樂和充實，絕非其他時事、社會或流行的版面所能提供，更非現在一般只懂得親近圖像聲光的新新人類所能想像。

　　「超短篇副刊實驗」在隆重的推出四輯之後，便採取不定期出刊的方式在聯副上持續至今，記憶所及，除了前述的「西窗故事」（短小說）、「小辣椒」（極短評）、「千字文」、「四瓣草」之外，爾後更有「四塊玉」、「新聞眉批」、「生活造句」、「留言板」、「新書過眼錄」、「小語庫」、「快筆短文」、「小眉批」、「啄木鳥」、「多寶格」⋯⋯等等不下數十種形式各異的「超短型實驗」與實踐在聯副上不斷出現，使得「超短型」不再只是聯副上的花招或是只是「實驗」，而確實變成了中國副刊史上的重要「傳播文體」——此一「傳播文體」尚具有「單向傳播」與「互動傳播」兩種不同的類型，簡言之，上述由編者依「超短原則」選刊供讀者閱讀的佳作，如「多寶格」、「千字文」⋯⋯等，稱之爲「單向傳播」；而由編者出題，再由讀者共同互動參與的作品，如「生活造句」、「新聞眉批」⋯⋯等，則稱之爲「互動式超短傳播」。以「生活造句」爲例，先由編者約請作家就一般字詞示範造句，如「聲音」：「昨天的聲音匯成今天的潮汐，拍響明天的海岸」，就有讀者依此造句原則造出：「她的聲音積成漫天烏雲，化成大雨，拍響我午夜的窗」⋯⋯等等有趣而充滿機智的佳句，讓讀者透過閱讀同享創作

的喜悅，如此的「超短實驗」，已不是字數或篇幅的「超短」，而是編者、作者和讀者之間心靈和共鳴距離的「超短實踐」了。此外，由於聯副的「超短實踐」持續不斷，也確實直接或間接的影響了某些作家的創作方向和風格，因為在「高密度、高品質、高張力」的超高水準要求之下，自然有些作家會在經常「實習」之下練就了以文字結成鋼索引領讀者直登奇峰異嶺的真功夫，而不是只以文字當路招，散漫指示讀者在平地上繞圈子看平常風景的平凡功力而已了。

　　如此，早於「厭文字症候群」在台灣社會出現的十多年前，聯副就已見微知著，以深廣的思考和持續的行動進行「超短型」的「文學傳播」革新，其意義和影響都是既深且遠的。事實上，所謂的「超短型」在歷經這麼多年有效的實踐之後，就深層本質來看，應該是「超多元」、「超互動」、「超距離」與「超傳播」的超「文學傳播實踐」。聯副編者多為詩人，除了深諳「用字精簡」之道外，自然也懂得日趨艱困的未來，聯副仍能一本「超實驗」的精神，在以純文學為主的版面堅持之下，繼續努力動腦動心，創造出更新更好，更有創意的「超版面」，以做為資訊汪洋中一座突出而豐饒的美麗文學島，供我們繼續喘氣、歇息，思索生命與未來。

【1996-11-21／聯合報／37版／聯合副刊】

革命、愛欲與救贖
── 評高行健小說集《一個人的聖經》

　　約三十年前，當我還在台中一中讀高中的時候，一個紅衛兵經歷萬險渡過了台灣海峽，在台灣出版了第一本揭露大陸文化大革命內幕的書：《天讎》。作者叫凌耿，後來就成了我在台中一中的同學。記得當初文革已近尾聲，但閱讀那本書時，稚嫩的心靈猶禁不住為其中所描繪的，鋪天蓋地而來，無人能夠遁逃的革命紅潮所震駭，深深覺得整個中國大陸陷入如此可怕的「人間地獄」景況，確是人類史上難以置信的浩劫，其中記憶最深刻的，就是敵對派系的紅衛兵居然把對方的頭頭抓來煮熟吃掉了。中國五千年歷史中，恨與鮮血雖然佔有重要的成分，但總是繞著權位的爭奪、人性的貪婪，以兵戎戰陣的形式流淌噴灑的居多，而像文革時期只以一黨意識為上綱，違者，或雖不違而怠慢者，就有可能在毫無做人尊嚴的卑微下家破人亡的，除了這一場由毛澤東策畫，藉批判吳哈撰寫的《朱元璋傳》而發動的文化大革命之外，恐怕難有可與其匹配的了。

一、從人性意義的深度思索重新面對「文革」

　　文革之後，有許多因為不滿中共「只講黨性，不講人性」作風的大陸菁英逃出了紅色政權的控制，其中，作家高行健從控管

嚴密得幾乎滴水不漏的「五七幹校」奇蹟式的逃到了法國巴黎，經過近三十午的深耕，他在法國與鄰近的西歐國家中已是卓然有成的著名小說家、劇作家與畫家，最特殊的是，他也成了一個對中國完全沒有鄉愁，不想，也永遠不會再「回」到大國大陸的「一個人」了。這「一個人」採取了和《天讎》的被害者控訴完全不一樣的心情，而以一種大幅拉開時空距離後更爲凝斂、宏觀、睿智、深沉的哲學家胸懷，以寓言式的視野，大而磅礴、小而淋漓的把文革進入他生命，以及在他生命中發酵的那個部分，充分的運用他作爲一個傑出文學藝術家的特殊表現手法重新拼貼，深刻再現的完成了一部三十萬餘言的長篇小說：《一個人的聖經》，企圖讓每一個讀者以凌越歷史事件的角度，從人性意義的深度思索去重新面對「文革」這塊人類的巨大傷疤，進而尋求獲得救贖的可能。如此，在《一個人的聖經》裡面，高行健讓我們看到的不只是文革的故事片段，而是文革糾結人性、扭曲人性的巨大投影；不只是文革的傷痛，而是文革推倒人性，撞擊人性尊嚴的綿延迴響。高行健把這些投影與迴響重新拼成了動人的風景，譜成了感人的旋律。試看他爲了免成把柄而銷毀一張家庭合照的描寫片段：

> 「照片上的著色已褪得很淡。父母相依含笑，夾在當中那清瘦的小孩，胳膊細小，睜一雙口眼，彷彿在等照相機夾子裡要飛出的鳥。他毫不猶疑便塞進爐膛，照片邊緣「噗」的一聲燃燒起來，父母都捲曲了才想起去取，已經來不及了，便眼見這照片捲起又張開，他父母的影像變成黑白分明的灰燼，中間那精瘦的小孩開始焦黃……」

文革中有多少人就是爲了銷毀一些什麼而點起了火，把自己的父母和自己都燒成了灰燼？上面那一小段只不過是個燒照片的

描述，卻也同時具備了強大的隱喻效果，像這樣自然不做作，樸拙而盈真章的文字功力，在《一個人的聖經》所見多是。

二、多線且兼具時間拼貼的敘述風格

除了如詩句般的精鍊文字之外，《一個人的聖經》在敘述表現上更有其不凡的藝術成就，平常的第一、第三等人稱的表述形式對高行健而言已不敷或不屑使用，他用的是他在自己前一部在法國轟動的小說鉅著《靈山》裡所獨創的「第二人稱」敘述形態，似乎要讓每個閱讀本書的人都成為主角，而在多達六十一個事件或場景的敘述當中，他所採取的脈絡也不是一般常見的單線或雙線敘述，而是多線且兼具時間拼貼的敘述風格，稱之為「後設」或後現代風自然也成，但除了「後設」之外卻也還有高行健個人獨到的不落俗套的嘗試，而整體來說，《一個人的聖經》採用的敘述大策略無非就是：你←→他，男←→女，中國←→西方，記憶←→遺忘，現實←→往事，猶太←→東方，時間←→空間，愛←→性，罪←→寬恕……等等「人性位移」的大辯證，這種「非常高行健」的敘述表現藝術，毫無疑問的，是承續自高行健的戲劇。讀者可以發現，他擅長把一些表面看似沒有直接「符旨」（signifier）關連的事件或事物拼貼同一個舞台上，卻能生動的運用其他「符徵」（signified），如節奏、光影、聲音……的互動讓它們產生充滿戲劇性的關連，在《一個人的聖經》中也是，「文革」這個有如不可更動的詛咒那般強大而鮮明的「符旨」，卻可以自始至終如流水般浸入全書每個和「文革」沒有直接關連的事件，進而改變它們原本的意義，諸如「你」（書中主角）的性、愛……等等，事實上，充斥全書的有關男主角在文革中和文革後，在中

國與西方的性經歷，就是本書有關文革本身一串被統一節奏與質感的重要「符徵」，這個「符徵」即使不是《一個人的聖經》中的主角，也應該是最重要的第一配角。

　　曾經在台北市立美術館欣賞過高行健的水墨畫個展，在那些讓人記憶深刻的畫幅中，只有黑、白兩種顏色以不同的肌理與造型構成各種不同有如山澗水涯的險地，或是曠漠黑澤等絕境，但是，不可或缺的，每個畫幅總會充滿戲劇性的在某個適當的角落出現一道蘊藏智慧與希望的光，用來支撐畫中某個踽踽獨行悲悵徬徨的人形。《一個人的聖經》主要的顏色也是兩種黑色的「文革」和白色的「愛欲」，高行健除了巧妙的運用潑灑、刮刷、撕磨的肌理與造型技巧結合這黑白兩色之外，更重要的是，他也成功的為它們找到了可以容許彼此共存、互動的光，這是何等睿智與大氣的手筆。我個人深信，《一個人的聖經》也是「一個人」經過自我革命之後找到自我救贖之道的寓言，它將是有關「文革」與高行健個人再革命與創作不可忽視的重要的作品。

【1999-04-27／聯合報／37版／聯合副刊】

錯把嘔血看成桃花開

── 論洛夫的詩藝術

你們問什麼是詩
我把桃花說成了夕陽
如果你們再問
到底詩是何物？我突然感到一陣寒顫
居然有人
把我嘔出的血
說成了桃花

── 洛夫〈談詩〉，一九八○年八月二十九日

一、嘔出的血怎麼會變成桃花？

從洛夫的「生命體悟」談起

　　撥開落了漏地的桃花，我們會看見洛夫仍然使用「超現實」的方式嘔血，每嘔一次血就長出一株桃花，上面開滿了駭人的意象，飄著花香夾雜著腥味 ── 正如同他在《魔歌》詩集中的「自序」中所言：「……詩人首先必須把自身割成碎片，而後揉入一切事物之中，使個人的生命與天地的生命溶爲一體。作爲一個詩人，我必須意識到：太陽的溫熱也就是我血液的溫熱，冰雪的農冷也

就是我肌膚的寒冷，我隨雲絮而遨遊八方，海洋因我的激動而咆哮，我一揮手，群山奔走，我一歌唱，一株果樹在風中受孕，葉落花墮，我的肢體也隨之破裂成片；我可以看到「山鳥通過一幅畫而溶入自然本身」，「我可以聽到樹中年輪旋轉的聲音」[1]……

　　就是從這種以幻為真，以我入客，全身通體能隨感應進出萬物的新《齊物論》精神出發，布列東的《超現實主義宣言》才得以在洛夫的創作中找到婉約、雄渾、瑰奇、博麗、苦澀、澄明、睿智…等等千變萬化的「詩表情」，才得以使得「嘔血」的虛幻，蛻變成「桃花」的真實，才得以使得洛夫的詩藝術成為生存、生命與世界的唯一真相 —— 請看《隨雨聲入山而不見雨》：

　　　下山

　　　仍不見雨

　　　三粒苦松子

　　　沿著路標一直滾到我的腳前

　　　伸手抓起

　　　竟是一把鳥聲

　　在洛夫的這首詩裡，山已非山，雨已非雨，即使是苦松子、路標、腳前、鳥聲……等等生活中具象的存在，也都已經在「超現實」手法對時間和空間的錯置之後產生了質變而重新擁有它們的意涵，並且彼此互動，相依相輔的共同營造出一個獨立而鮮明的「可以呼吸、可以感覺的第一現場」 —— 這個現場即是「桃花的現場」，和洛夫用生活推入文字的「嘔血的現場」是不一樣的，「不一樣」的原因，就是洛夫的「詩藝術」使得前詩的三十三個

1　洛夫《魔歌》頁5，中外文學月刊社，一九七四年版。

字改變了原有的現實存在「基因」，而得以在超現實美學的重新排列之後從「鮮血」突變成爲「挑花」，重點是，這個「突變」的過程是無聲無息、不著痕跡的，如此運用近乎「口白」的自然敘述方式，使得「敘述的過程本身」和「敘述的結果」都能同時產生動人的意象——時間意象和空間意象——在洛夫的作品中所見多多，也是洛夫「詩藝術」的成就中最爲高超、獨到之處，茲再以「石頭妻子」一詩爲例：

> 妳一直未曾哭過
> 妻子，我真不相信
> 用刀子
> 在你身上刻不出一滴淚來
> 更不要說血了
> 甚至也沒有傷痕
> 我哀傷的離去
> 順手從妳額上刮走一撮青苔

　　直到最後一行句子出現之前，全詩自然得就像親切、平常的口白——有如濃濃流動的小溪。然而，在自睹了「順手從妳額上刮走一撮青苔」十二個字之後，你會發現那條小溪突然轉進了一個大瀑布，「轟」的一聲讓你掉入一個很深很深的意象漩渦裏去，這時候，你再回頭看那「潺潺」小溪，便會猛然發覺那「潺潺」本身竟也是如此的充滿「時間」性的深沉與詭奇。事實上，把墓碑里的女人的頭髮營造成「青苔」的意象並不難，難的就是這種不露鑿痕、嘔血不見「血」的功夫，尤有難者，則是這種「不露」和「嘔血」的過程本身都可以成爲「藝術」的造詣——這一切，都和洛夫「把自己割成碎片」的生命體悟有關。

二、那棵樹邊跳邊燃燒起來！

「超現實主義」的洛夫，或是洛夫的「超現實主義」？

　　誠如洛夫自己所言：「超現實主義對詩最大的貢獻乃在擴大了心象的範圍與智境、濃縮意象以增加詩的強度，而使得暗喻、象徵、暗示、餘弦、歧義等重要詩的表現技巧發揮最大的效果。」[2]事實上，「暗喻」、「象徵」、「暗示」、「餘弦」、「歧義」等新的表現技巧之強化並非始於西方超現實主義，在中國，蘇東坡即曾謂「詩以奇趣為宗，反常合道為趣」，古代詩論也有「無理而妙」的詩觀與詩法，李商隱、李賀、李白、杜甫……等大詩人也已在數千年前以類似「超現實的手法」完成了甚多傑出的創作，甚至從本質上而言，詩本來就是「超現實」的，試想一首無法呈現動人意象的詩，會是多麼無趣的散文短句的堆砌而已。電影大師柏格曼即曾說過，他的電影運鏡所使用的蒙太奇語言很多都是從中國的《六書》得來的靈感，如象形（用造型直接寫實運鏡）、指事（鏡頭上、下、左、右對景運動）、形聲（運用類比聲音平行敘述）、會意（用相關的景象，以象徵手法描寫心理）、轉注（同一動作連貫不同場景的跳接）、假藉（同一場景運用不同速度或不同焦點的運鏡手法改變其意義）。《六書》原是製造文字的原則，柏格曼卻把它延伸成為製造影像的原理。同理可推，表面受到「佛洛伊德潛意識學派」和柏格森「生命衝動論」影響的「超現實主義」，也是當時的詩人和專家互動、催生，用來「製造」嶄新「語言」和「形象」的原則、原理，卻難保沒有和早就主張「萬象唯心」的

2　《洛夫自選集》頁235，黎明文化出版，一九七五年版。

古老中國有如上柏格受「蒙太奇」語言和《六書》的雷同和交集了 ── 如此觀之，誰說作品富有中國詩詞傳統神韻的洛夫，就一定非得是舉著西方「超現實主義」的大纛才成為如今的洛夫呢？準確的說，應該是先有一個以縱時觀點延續中國詩詞傳統品味的洛夫，在「石室之死亡」的前後遇見了穿人皮西裝、打蛇領帶、留著中國式八字謂的「超現實主義」先生（見超現實主義大畫家達利的畫），才更相信他也可以用中國人的「膚色」、「骨肉」打扮成更為國際化，同時更有現代中國味的詩人洛夫，試看「湖南大雪」：

> 雪落無聲
>
> 街衢睡了而路燈醒著
>
> 泥土睡了而樹根醒著
>
> 鳥雀睡了而翅膀醒著
>
> 寺廟睡了而鐘聲醒著
>
> 山河睡了而風景醒著
>
> 春天睡了而種子醒著
>
> 肢體睡了而血液醒著
>
> 書籍睡了而詩句醒著
>
> 歷史睡了而時間醒著
>
> 世界睡了而你我醒著
>
> 零落無聲

如此「現實與夢幻」統一的畫面，不就是中國、東方的禪意大膽的以西方超現實主義畫派的構圖方式攤開來的感覺嗎？感情是唐詩宋詞似的，敘述和表現手法則是現代的、並置的，有如規規律律，卻住著不同生物的建築物，裏面的家具也許是「仿古」

的，外面的景觀則是全然的國際化 —— 這也應該是「制約過的超現實主義」在洛夫的詩裡見到中國楚文化的血肉之後的姿勢吧？就好像「所有會唱歌的果子／抱著一棵樹／邊跳邊燃燒起來」（洛夫《大地之血》）。如果「所有會唱歌的果子」是「超現實主義」，那棵被抱著的「樹」就是楚國兒女洛夫，然後，樹會那麼自然的「邊跳邊燃燒起來」，那麼駭人、那麼生動、那麼「洛夫」 —— 這就是洛夫的詩藝術了。

三、送給你在停電的晚上讀我

洛夫的「詩藝術」

　　評斷一個現代藝術家，有下列三個準則可以依循：其一、藝術家的創作理念，其二、藝術家的表現手法，其三、藝術家作品引起的共鳴度。毫無疑問的。詩人洛夫也是一個以「文字符號」為材質（material）進行創作的傑出藝術家。他的創作理念，主要是以統合古今中外和生命內外的時空觀為縱軸，以整合個人生命經驗和歷史經驗為橫軸，意圖構架一個具有絕對人本價值世界的文字美學觀。正如同大畫家畢卡索曾經從年輕時代以憂悒的藍調作畫的「藍色時期」，因為創作理念的突破，而得以「移動觀點」的視野重新審觀世界，從容的步入影響藝壇甚為深遠的「立體主義」時期，而後奠定了藝壇大師的地位。洛夫也逐漸的從他的「黑」（石室之死亡）、「紅」（血的再版）、「白」（時間之傷）「三原色」會和「青銅的獰厲、絲絨的柔軟賢和瓷器的晶瑩」（李元洛語）的貢獻，隨著生命智慧的沉澱和苦難經驗的遠離，慢慢的過度到一個更為透明、更為無我的澄明之境，相信由於人生境界的提高和

視野的進一步擴大，洛夫將會以其一貫的創作理念完成反芻，為
他的詩藝術完成更重要的作品。試看他的新作：《猖猖而去》

> 昨天西餐廳烤焦了六十多顆好大頭顱
>
> 他們把責任推給
>
> 正在相互調笑的一對蟑螂是可以理解的
>
> 他們有錢
>
> 他們弄大了夏天的肚子再弄秋天
>
> 今年的蘋果又紅又脆
>
> 是誰的私生子你我何必追究
>
> 總之，玻璃碎了
>
> 才發現世上沒有一個笑容是完整的……

　　像這樣的一首「遊戲之作」和其他以臺灣社會和文明現象為
嘲諷對象的「洛詩」，讓我們看到了不像過去那麼嚴肅、深沉和正
經八百的洛夫操控文字的彈性竟是如此之大，然而反覆咀之、觀
之，你會發覺整堆詩句背後的「創作理念」仍舊是一貫的，沒有
游移的。

　　其次，以「藝術表現」的層次來評斷，如前所述，洛夫肯定
是近代詩史上在創作形式和技巧上都達到高峰的重要詩人。「藝街
創作」旨在追尋某種「唯一性」（uuique）的美學表達，藝術家必
須從自己獨到的時空觀點出發，運用自己擅長的媒材（如文字、
顏料、音符……）建構一種獨一無二的「精神經驗第一現場」，以
引發讀者的共鳴而完成整體的創作活動。洛夫的詩藝術對「文字
媒材」的運用至少已能絕妙的操控「時空光影」的直射、折射和
反射，對文字原有的質感產生的變化，而成功的營造出一種「表
現的再表現」的累積相乘效果 —— 這種表現手法在臺灣使用其他

媒材創作的藝術家中成許可以常見，但在以使用意旨（signified）為文本的詩人群中，因囿於對符號屬性的傳統認知，卻少有如此的高超手法者。試以簡單的「函數」關係說明洛夫此種「表現的再表現」藝術手法：

以「x」集合（set）代表文字符號，「f」不規則函數代表「初步敘述的創作過程」，則 f（x）為「初步的『表現』」結果；若另有其他不規則函數「g」、「h」代表不同層次的創作性「敘述」，則下列的「合成函數」稱之為「表現的再表現」hgf（x）…。一般詩人的創作手法都有一個不錯的「f」，卻少有另一個有機的函數「g」能將其「初步敘述」的創作結果「轉化」，或「提升」到另一個「反常合道」的「再敘述」軌道去 ── 在這裡「初步敘述」與「再敘述」有時是平行的、有時是交錯的、有時則是互動的，重要的是，f、g、h 等不同層次的「敘述」與再「再敘述」函數，彼此之間也必須構成一種有機的敘述與被敘述的關係，茲再以洛夫的另一首作《水與火》為實例說明：

　　寫了四行關於水的詩
　　我一口氣喝掉三行
　　另外一行
　　在你體內結成了冰柱
　　寫了五行關於火的詩
　　兩行燒茶
　　兩行留到冬天取暖
　　剩下的一行
　　送給你在停電的晚上讀我
第一行的九個字（x 集合）和一個初步的敘述手法「f」構成

了「初步敘述」f（x）的關係，（主要是「寫」和「行」的平行互動）第二行則出現了新的「再敘述」g（主要是「喝」字）和 f（x）構成了 gf（x）的「再敘述效果」（主要是「喝掉三行」），第三、四行再出現了更新的「再敘述」h，和 gf（x）又構成了 hgf（x）更高的「再敘述效果」（主要是「行」和「結成了冰柱」），第二段的敘述表現手法則和第一段一樣。綜觀整首詩「行」字的出現是最關鍵的，x（x 集合中的特定元素），f 是常見的直敘，g（主要是「喝」，則是超現實的「反常」敘述手法，至於「h」，則是「g」的反敘法 ——

　　如此的「敘述與再敘述」交錯的藝術手法，在洛夫的創作中可說是所見多多，有時長、有時短、有時層次分明、有時錯綜繁復，但基本上，經由洛夫的巧思妙手、各種看似不太可能的敘述效果都能獲得它們神奇幻妙的歸宿，不留痕跡，令人歎服。此種由真實的時空遁入虛幻的時空，再運用虛幻時空的彈力躍上更高層真實時空的身段和手法，事實上乃是洛夫創作美學與理念的具體實踐，如前所述，是因為洛夫在心靈和觀念的深處已先將自己擊成了碎片，他才能不受羈絆，如此自由自在。

　　現代藝術講求創作的「完成度」，主要是從藝術家的「創作理念」、「藝術表現」和「讀者的共鳴度」三者的互動整體觀之，因此，一個優秀的藝術家縱有清晰的創作理念和高超的表現手法，如果沒能引起讀者（和評者）的共鳴，那麼，由於缺乏「傳達」性，他的創作「完成度」是不夠的；同理，如果一個藝術家缺乏獨創的表現，而以譁眾取寵的平凡面貌贏得「共鳴」，那麼，他的「創作完成度」更形不足。可喜的是，在因為生澀而逐漸被冷落的詩壇上，洛夫獨創一格的詩藝術卻因為他的詭奇博麗的內

涵，結合了自然生動的表現手法而廣受歡迎和重視，換句話說，他擁有比其他詩人更多的機會和讀者互動，而得以使他的「詩藝術」不限於只是詩人創作的「作品」本身，而是有關現代人生命與精神的空氣、水或者養分 —— 以此觀之，詩人洛夫、文字藝術家洛夫，應該因爲他的「詩藝術」能夠爲閱讀中文的人類提供救贖的機會而贏得他崇高的價值吧！

四、一隻驚起的灰蟬把山中的燈火一盞盞地點燃

結　語

　　大陸詩評家任洪淵在「洛夫的詩與現代創世紀的悲劇」一文中說到「比利時物理學家魯里戈金運用中子撞擊宇宙的胸膛，想要掏出『物』的最後秘密；而洛夫卻用文字撞擊自己的胸膛，想要掏出『人』的最高奧義。」[3]沒錯，一個詩人如能藉由自己的創作本身構架一個可供其他人類感覺、沉思、冥想、發現的「生命呼吸的第一現場」，並以此找到自己和他人做爲一個「人」的最高奧義，那是可敬的。二十多歲的洛夫如今已是六十多歲的洛夫，四十多年來，他不斷的以詩餵養、錘練自己，也不斷的用詩來折磨、背叛、說服、支撐、茁壯自己的靈魂和血肉，如今，他已以他的詩藝術證明了使現代詩成爲中國詩藝高峰的可能，也以他的行動，證明了詩能使「人」重新架構自己的可能 —— 這些可能，不只是「鮮血可以被看成桃花」的可能，更是「鮮血本來就可以是桃花」的可能 —— 獸本來可以是人、火本來可以是樹、死本來

3　蕭蕭編《詩魔的蛻變/洛夫詩作評論集》，頁 169，詩之華出版社，一九九一年四月版。

可以是生、瀑布本來可以是溪流、雪本來可以是肌膚…的可能。
如果有人說詩壇的「晚鐘」已經響起了，燈火早已經一盞盞的枯
毀了，那麼：

> 晚鐘
> 是遊客下山的小路
> 羊齒植物
> 沿著白色的石階
> 一路嚼了下去
> 如果此處降雪
>
> 只見
> 一隻驚起的灰蟬
> 把山中的燈火
> 一盞盞地
> 點燃

　　── 這又是「遊客」變成一隻隻「驚起的灰蟬」的可能，洛
夫的可能，和我們大家的可能。

　　　　　　　　　── 《創世紀》詩刊一○二期／一九九五年三月

羅門論

—— 羅門暨其詩作的價值

　　羅門，一九二八年生於海南島文昌縣,一九四二年（十四歲）進入設在四川成都的空軍幼年學校,畢業後,一九四八年（廿歲）進入杭州筧橋空軍飛行官校,同年代表空軍足球隊參加在上海市舉行的第七屆全國運動會會一九四九年由大陸撤退來台,在岡山繼續飛行,一九五一年停飛,進民航局工作,一九五九年（卅一歲）參加民航局高級技術員考試合格,調任民航局臺北國際機場高級技術員,一九六七年擔任民航局民航業務發展研究員,一九七七年(四十九歲),他辭掉了所有的工作,從此專心從事詩創作至今。

　　羅門早在一九四八年（十多歲)編空軍幼校畢業特刊,就已發表詩作。但正式發表的第一首詩「加力布露斯」是在他廿六歲服務於民航局（認識女詩人蓉子)的時候寫成的,才首度出擊,就被主編紀弦以特殊的紅字刊登於「現代詩 J 季刊封底,四年後,他出版了第一本詩集「曙光 J,七年後出版了風格成熟的「第九日的底流」,隔年,寫成了奠定他在中國詩壇崇高地位的「麥堅利堡」,此後他更是創作不綴,至今陸續完成了「死亡之塔」、「隱形的椅子 J、「整個世界停止呼吸在起跑線上」、「曠野」、「有一條永遠的路」、「誰能買下這條天地線」、「羅門詩選」……等長詩、短詩與英譯本十數種,內容涵蓋了抒情、自然、都市、戰爭、死亡

與時空等各種主題，此外更有論文集數部，視覺詩創作兩層「燈屋」……，目前的他仍然以近七旬的「高齡」，生龍活虎的穿梭在臺灣文壇上，用心的過著他所謂的「每一秒鐘都是詩人」的日子。如此一位從小身智俱優，生命結構紮實豐富，充滿尼采所說「衝創意志」，每一時都是詩人的羅門，他在中國近代文壇上的出現，存在與努力，自應有其特殊與非凡的價值 ── 這個價值是建立在羅門堅持做為一個純粹的詩人所散發出來的毅力、悲憫、能量、智慧與創意，通過他的作品對世俗的社會、傳統的人世、弱者的妥協、愚者的執著……所進行的一次長達半個世紀的發現、顛覆、革命與重建 ── 也就在這一連串為了捍衛做為一個人的價值的過程裡，羅門才成為一個真正的詩人，並且讓我們深信他所一再強調的：「凡是離開人的一切，它若不是死亡，便是尚未誕生。」

　　因此，如果我們能夠誠實的，像發現一座山的雄偉或一條河流的美麗那樣的去面對羅門，我們也將可以「發現」：近看的羅門和幾分鐘內看到的羅門確實難以和遠觀的羅門和數十年中看到的羅門相比，前者和身旁的山岩、河岸一樣，難免有失之頑固、粗硬、拘束甚至冗煩之感，後者卻是磅礴與婉約兼俱，動人心弦引人深思的壯麗美景。我們要從那個角度，要如何看才能發現羅門及其詩作的價值呢？

　　首先，我們應該從藝術的角度去發現羅門 ── 任何藝術，尤其是詩，都是為了尋求人類與週遭環境互動與和諧相處的「美學」之道，並以之實踐在人類的文化之中，誠如杜斯妥也夫斯基所言：「世界將由美來拯救」，詩人和藝術家的價值就在於他能否在不同的環境中創造出一種和外界和諧互動的，獨到的美（學之道），並以其實踐的結果提供給其他的人類做為「發現」的方向與生、活

的表率，以避免自我生命的淪陷。比如說，面對「第一環境」
——山水雲天的大自然環境，藝術家所提出的「美學之道」是自
然主義、是印象派、是寫實派……；面對「第二環境」——人造
城市與人造景物的環境，藝術家所提出的「美學之道」是現代主
義，是立體派、是抽象派……，面對「第三環境」——電波聲光、
虛擬景況膨脹的環境，藝術家提出的美學之道則是後現代主義，
是解構的、是拼貼的……。以此觀之，身跨農業社會、工業社會
與資訊社會的羅門，早在五〇年代末期的臺灣便已率先投入了「都
市詩」創作，並以之充分的實踐其「三大自然」美學觀[1]與「圓與
塔互動」的生命觀，不僅對後代文壇樹立了鮮明的導範與影響，
也對生活在「農村─都市」過渡期的讀者擴大了生命的視野，提
高了心靈的向度，甚至於讓一些徬徨的靈魂得以在黑暗和失望中
找到尋求更新生命質能的可能性。「三大自然美學」意指藉由大自
然，人造自然和內造自然交感互溶而擴張生命質能的創作觀，也
是羅門宏觀的詩美學架構：「圓與塔互動」說則是體認了外在自然
的圓融諧和和工業文明世界的衝突、壓抑之間的矛盾，以及如何
經由「螺旋狀運動」尋找生命本體和價值的一種動態的體悟，這
也是羅門掌握自己的行動和創作，甚至是掌握文字的一種美學上
的策略。重點是，祭出了美學觀和美學策略的同時或前後，羅門
一直義無反顧，以他數十年來一長串的創作誠摯而剛健的實踐他
的所思與所信，這在他豐沛的作品中可說所見多是，試舉「茶意」
片斷觀之：「……整個視野靜入那杯茶中／歲月睡在那裡，血淚也
睡在那裡，……／沈在杯底的茶葉，全都醒成彈片……」——詩

1　見羅門〈我的詩觀與創作歷程〉頁 5-8，文史哲出版社，1995 年 4 月
　　版。

中的「歲月」、「血淚」是第一自然的,「茶葉」、「彈片」是第二自然的,然而那個「醒」字就是「螺旋狀運動」的某個姿勢,巧妙的讓「第一自然」和「第二自然」由沿外圍緩動的圓週迅速凝縮成激烈暴動的圓心,推翻了我們對於茶葉的「鄉村印象」,揭露了戰爭的廢墟本質,進而讓讀者在驚惶反思未定時跌入詩人悲天憫人的「第三自然」心跳聲中。

　　其次,我們可以從羅門詩作的本身去發現羅門 —— 綜觀羅門各種時期,各類題材的詩作之後,我們可以歸納出他作品的幾個特質,此即:悲憫的‧現代的、口語的、深刻的、爆發的,以及生命的、宗教的、思想的、沈重的⋯⋯。似乎除了睡眠之外,他時刻都不忘運用自己的每一根神經去撞擊時間、空間和人間的每個座椅,企圖藉由不同的動作,諸如摩擦、切割、扭轉、重組、位移⋯⋯,讓他所接觸到的每個面向都能產生巨大而尖銳,至少是與眾不同的回響,以便用來提醒、警告,或是安撫、暗示受困於文明絞鍊和死亡重壓的無助心靈。他似乎就像一個具有宗教狂熱的使徒,又像是不斷舉矛向人類困境風車挑戰的唐吉訶德,活著就是為了創作,創作就是為了想替週遭的同類傳達一些可以獲得救贖的感悟—美的感悟、時空的感悟、死亡的感悟。誠如他自己所言,他曾在「麥堅利堡」、「板門店 38 度線」、「TONY 的斷腿」、「時空奏鳴曲」⋯⋯等詩作中追蹤死亡的奧義。曾經在「都市之死」、「方形的存在」、「玻璃大廈的異化」、「眼睛的收容所」⋯⋯中,安撫受到文明與性慾操控的人性。曾經在「窗」、「螺旋型之悲」、「天空三境」、「存在空間系列」⋯⋯中,揭露受困於自我,無助於存在的荒謬。曾經在「死亡之塔」、「第九日的底流」、「整個世界停止呼吸在起跑線上」、「回首」⋯⋯中,剖示時空的內臟

和基因。此外,他曾經在「山」、「河」、「海」、「大峽谷奏鳴曲」……中,闡述大自然圓融的精華,在「光穿著黑色的睡衣」、「教堂」、「女性快鏡拍攝系列」、「悲劇的三原色」……中,反諷文明生存情境的必然與未然……。如此,羅門的大量作品幾乎都是透過他所謂的「靈視」,藉由超寫實和超現實的各種鏡頭,用文字感光、感「靈」之後拍攝出來的「電」影,往往在令人觸「電」之餘還能留下鮮明的意象,試看「地球也哭著回去」的片斷:「……當焚屍爐較郵局還穩妥/一封信在火途上快遞/我便清楚的讀到,主啊/你在用骨灰修補天國」,再看「流浪人」的片斷:「椅子與它坐成它與椅子/坐到長短針指出酒是一種路/空酒瓶是一座荒島/他向樓梯取回鞋聲……」,再看「麥堅利堡」的片斷:「麥堅利堡　鳥都不叫了　樹葉也怕動/凡是聲音都會使這裡的靜默受擊出血」 —— 如此口語近人,如此出人意表,如此深刻沈重,如此重擊得讓人的心靈感動震撼的詩意象和詩語言,在羅門的詩作中所見多是,就是這種舉重若無,微風吹來造成山崩一般所產生的「受美救贖」的快感和靈動,才建構了羅門詩作崇高的價值,不像時下的某些詩作晦澀難解,有若一座座妄想取代自然景觀的水泥牆,只顧著以做作的「牆」貌孤傲示人,卻總是不智的隔開了讀者和真正風景的通道。羅門的詩就像一條條幽徑引導著你輕鬆步行,但在上坡和轉彎處總會讓你看到驚心動魄或是迤邐深遠的美景和遠景—換句話說,羅門的詩是動態的「言語」,而不是靜態的「語言」,是「發現」本身,而不是「被發現」的終點,讀他的「詩」,是真正進入語「言」的「寺」廟中去感悟另一個更神秘,更恢宏的「第三自然」真世界,而不會只是停留在「第一自然」和「第二自然」的有限表象中徘徊、頓足—總之,從羅門的詩作

中，我們我現了「羅門的發現」、「羅門的看」、「羅門的言語」的價值，也發現了一種可以提供別人發現他自己、發現美、發現生命的真價值 —— 這乃是一條秘徑、一把鑰匙、一種「靈視」的價值，而不是一塊人造碑，一座人工牆、一把人造花……的價格。

最後，我們可以從羅門的「行動」去發現羅門—從四十九歲毅然辭去高薪民航職務專心創作，至今已近廿年卻無一日不在詩的崗位上思索、鑽研、工作，始終努力不懈的羅門，比起一些寫了幾年詩就停筆，成了名就停筆的詩人而言，確實有其值得敬佩與踵法之處。為了把時間全部集中奉獻給自己的熱愛的詩創作，因為他已然把詩當成自己生命的全部，詩是他所有的目的，而不是手段—這種宗教式的狂熱造使羅門的每一個細胞都有如純粹的「詩元素」，讓他在呼吸行止之間較諸任何人、更能輕易的進入並且掌握詩的「靈視」，也更有能力從混亂錯綜的紅塵萬象中去提煉自己明亮剔透的詩心，幾乎任何來自第一第二自然界中喜怒哀樂的各種情狀，羅門均能以其詩禪苦修後的高深身段，巧妙玄奇的將其折射、昇華，成為「第三自然」中的豐与血肉與澎湃的感動。雖然在日常生活中，有人會以俗世的觀點批評羅門的頑固，冗煩與不通人情，但對於一個詩人和藝術家而言，就是這種能夠因為理想與使命而不妥協的堅持，才造就了藝術和文學的永恆和對人類發揮救贖力量的價值，也正如羅門所言：「只有這種抱攬，才能進入火的三圍」—這三圍就是「真·善、美」的高峰和深谷。一輩子求真、求美，充滿悲憫仁者胸懷的羅門，除了他的藝術和詩作之外，是不是也透過了他的行為本身，讓我們發現了他做為一個詩人的價值了呢。

毋庸諱言，擁有「中國都市詩之父」美譽的羅門，確是中國

近代詩空中一顆閃亮而詭奇的星，他以獨創的姿態恆久發光，毫不倦怠，即使他終將損落，後世的人亦能領受他無數光年以前便已傳出的能量，而不會忘記他所在的位置。最重要的是，我們將從這個位置繼續他的「發現」，努力的去發現更多、更美的「嶺現」。

《藍星詩刊》一九九六年四月

白靈詩作的時間性、空間性與人間性

從三首五行詩談白靈的「詩元素」

　　在台灣中壯輩詩人當中，白靈的詩藝術有他獨到而富有創意的面貌，他的詩創作和他獨創一格，把詩評論以空前的評析手法加以量化、模化（SAMPLING），再進行富有科學性「比較學」式論述的理性運作，是另一種完全不同的「詩表現」── 他的詩評論是富有創意邏輯的「詩表現」，而他的詩創作，則是充滿理趣與想像的另一種「詩表現」。兩種「詩表現」當中，「獨創性」與「新意象」（NEW IMAGERY）（p6）

　　的追尋都是他風格型塑過程中極為重要的兩個發酵點。試看〈爭執〉一詩：

　　　整齣黃昏都是白晝與黑夜浪漫的爭執

　　　雲彩把滿天顏料用力調勻

　　　天空再也抱不住的那

　　　落日 ── 掉在大海的波浪上

　　　彈　了兩下

　　「彈了兩下」在這個地方出現，可說獨創了一種空間的動感，造出了讓人駭異的「新意象」。再看另一首〈風箏〉：

　　　扶搖直上，小小的希望能懸得多高呢？

　　　　長長一生莫非這樣一場遊戲吧

　　　　細細一線，卻想與整座天空拔河

　　　　上去，再上去，都快看不見了

　　　　沿著河堤，我開始拉著天空奔跑（P7）

　　在這首五行詩裡，要想讓「沿著河堤，我開始拉著天空奔跑」變得合理生動，前面四句詩的醞釀必須能夠自自然然的突破「空間」的束縛，並在想像的極限之下立刻轉折，「整個天空才能被拉著跑」。

　　事實上，五行詩的創作就像是百米賽跑，在短短的百米之內，詩人必須以極快的想像速度，戲劇性的衝到意象的終點才算精彩，否則只是鬆垮垮的五行散文，毫無詩趣可言。但是白靈不同，在這本近七十首，以精悍的「五行詩」為起點的《白靈‧世紀詩選》裡，我們卻常常能夠獲得多樣的，和他的五行詩一脈相傳的「戲劇性美感」。試再看他的另一首五行詩〈乳〉

　　　　可以觸碰可以握、之溫柔

　　　　舌尖下，聳入你底靈魂

　　　　光都滑倒的兩捧軟玉

　　　　荒涼的夜裡

　　　　顫動著的金字塔啊（P8）

　　從女性的乳房到宏偉顫動的金字塔，白靈只用了五行詩就「蓋」好了。從這三首五行詩中詳加剖析並拿來和白靈其他的詩作進行比較，我們似乎可以發現：如何讓「時間」與「空間」產生成戲劇性美感進而創出詩的意象，幾乎是他詩藝術獨創性的最主要部分，而在這個獨創性的表現手法上，「速度」、「質感」、「膨脹」與「緊縮」等等「詩創作元素」的延伸、轉化與分裂、複製，

乃在絕大部分的情況下形成了「白靈的詩」的全貌。

五行的輪動與複植

想像把四首白靈的五行「化合」（SYNTHECIZE）成一首詩，
會是如何呢？詩試看他的〈地下鐵〉：

> 不得不自轉如地球（p9）
>
> 卻又不怎麼圓的頭顱們
>
> 　　　　膨脹在
>
> 列車的窗玻璃上
>
> 全是上帝吹出的泡泡吧

到這裡為止，此詩的前五行可以獨立為一首好的五行詩，但
再從頭接下去看：

> 不得不自轉如地球
>
> 卻又不怎麼圓的頭顱們
>
> 　　　　膨脹在
>
> 列車的窗玻璃上
>
> 全是上帝吹出的泡泡吧
>
> 廉價的星球
>
> 能載運到哪兒呢（p10）
>
> 如何擁有
>
> 才能絕對地靜止
>
> 但列車不得不急馳
>
> 　　　模糊成星河
>
> 　　虛空不得不擠壓
>
> 　　　憂鬱成黑洞

　　凡光皆湧入

而通過的會是誰的影子

草地醒來

不得不打開雙手

迎接孩子們腳尖賜過來的

皮球

　　　　皮球

皮球（p11）

　　從第六行到第十行，從第十一行到十五行，以及，第十六行到第二十行，都可以是獨立的五行詩，但這四首五行詩卻能從白靈的詩心裡自動延伸轉化，甚至自行裂變繁殖成一首時間、空間和質感都充滿張力與戲劇性的，難得一見的好詩。

　　在《白靈・世紀詩選》其他的詩作裡面，像以上所舉的這種「五行輪變的節奏」現象所見多是，即使在〈鐘乳石〉、〈大黃河〉等長詩中（後者本詩選未選入），這種「每五行就有一個小意象，每個大的五行倍數就會產生一個大意象」的情況，幾乎可視爲「白靈詩」的獨特「美感節奏」，就像中國五音輪動的音階已經深入中國人的「生理共感」（EUPHORIA INSTING）那樣，白靈的詩也有他逢五便轉，可能連他自己都不甚察覺的深層現象。這個訊息透露了甚麼呢？

白靈詩作的四大特點

　　綜觀白靈的所有詩作，我們可以發現他的詩創作具有如下的四大特點，此即：

　　一、能婉能豪（張健語），剛柔並濟，陰陽互補：他的詩作

運用的技巧光譜範圍極廣，不論殊相共相，小我大我，一入他的腕下，均能發揮多變的波長和頻率，表現（p12）

　　光譜涵蓋了好幾個詩人的所愛。試看下列三種手法：

　　小雨數十行
　　下歪了　　　織成數千行
　　下在山裡
　　掛起來像私藏的那幅古畫

　　下在遠處
　　模模糊糊
　　躺著的山猶似隔簾
　　看乍看是一群
　　曲線優美的臀

　　下久了
　　才看到

　　（p13）
　　白蛇似的小溪逐雨聲
　　一路嬌喘爬來
　　碰到撐黑傘的松
　　躲到傘影不見了

　　下山了
　　連同雨聲捲起來

　　插進背後的行囊

　　　　　——〈登高山遇雨〉

　　這首詩除了最後一段是五、三共融的「三行」之外，其他也都是「五行詩輪變」的連接，段與段之間（或是五行的首與首之間）的進行，就像是帶領讀者欣賞一幅長幅的捲軸水墨畫，或是看一卷風景短片，每個鏡頭都帶給你一個小訝異，整體呈現，又能帶給你更大的戲劇性美感。本質上來說，這種表現是屬於空間的演繹與蛻變：與此詩不同的其他表現法，對白靈而言也是所在多是，再看一首〈永恆的床〉（片段）：

　　（p14）

　　當最燙最紅的一盆岩漿

　　噴至高空，剛剛

　　要澆在龐貝城上

　　他和她都不肯逃走

　　床和歷史被他們有勁的指甲

　　抓出了皺紋

　　這是和上一首詩不一樣的表現手法。因為如果說前一首〈登高山遇雨〉是空間的戲劇性美感表現，這一首則是「時間性」的意象傳達，短短數行，整個龐貝城的愛欲已經歷歷在目，讓人如臨其境。除了「空間戲劇化」與「時間戲劇化」的表現途徑之外，白靈最擅長的還有「質感對換法」，正如之前所舉的〈乳〉與〈地下鐵〉二詩中的「乳房與金字塔」以及「頭顱與皮球」，都能在他的巧妙技巧之下，讓人理所當然的接受「乳房性感得就像金字塔」或是「頭顱真的可以像皮球那樣在草地上彈跳」，整首詩讀來觸手可感，在詩意象的經營上確有獨到之處。事實上，白靈詩創作的

多元技法，幾乎無一不是從「時間」、「空間」與「質感」的本位演擇或是互動延伸產生的多變與多化（p15）

　　二、題材多樣（奚密語）、形式多變：對他而言，幾乎無物不可入詩，從小市民到大鄉土，從個人獨白到科幻題材，各種形式均勇於試驗，從極長到極短，極淺到極深，均能展現中堅詩人處在複雜、多元的社會中以創新為職志的精神。試舉一詩〈渴〉

> 愛的乾渴
>
> 唇知道
>
> 太陽之乾渴
>
> 沙漠
>
> 應回掌人仙出伸，

　　最後一行初讀不知所云，但再讀之後，才恍然於一枝仙人掌正逼近你的眼前，直挺挺的由下而上從沙漠裡伸出。這就是白靈勇於創新的地方，這種試驗創新，在白靈其他的詩作中所見多是。（p16）

　　三、苦心孤詣（游喚語）、知感兼具：他的詩代表了從現代到後現代時期的詩人們，在形式和內容均追求極度「自由」的深沉渴望。因此，他一方面亟欲擺脫前輩詩人的「袍」影，一方面則不斷在語言意象上尋求「特立獨行」的可能。試觀這首好詩〈停在地上的星星 —— 舍利子〉

> 在清苦與頓悟間長途跋涉
>
> 那高僧終於脫下芒鞋和皮囊
>
> 赤課裸
>
> 投入火焰去了
>
> 忍受不住的都在火中沸騰

抓不緊的就放鬆

任它成煙

清晰的世界轉瞬間模糊

血裡來的紅裡去，不過幾撮灰塵（p17）

不過是元素的再度循環

星辰般，瘦削的軀般飛散後

清煙的下方他竟仍端坐著

在那空曠的中心，縮成珠珠渾圓

品瑩發光

一碗星

滾出了輪迪的螺轉

一顆顆

叮叮咚咚

落在佛掌上

　　這首詩除了第一段是虛四行之外，其他各段也是五行，每行構成一個小意象，整體再形成一個大意象：主要是最後一段：「一碗星／滾出了輪迴的螺轉／一顆顆／叮叮咚咚／落在佛掌上」（p18）——是何等的「特立獨行」。

　　四、結構嚴謹（瘂弦語）、巧於設計：觀察在他前後兩代詩人的詩作中，常有「有句無篇」的弊病，單他的詩兼得「詩意象」與「散文結構」的巧妙，溶「神話語言」與「日常語言」於一爐。如前所述，白靈的詩作雖工於詩句意象的經營，然而由於他對「五行輪變」的美學節奏掌握得很好，也因此使他能在「循序漸進」的表現策略中兼顧分行、分段與整篇的效果，自然也就不會有所

謂「有句無篇」的缺失了。

白靈式的「人間性」

　　詩創作與其他藝術的創作都是一樣，都是詩人或藝術家生命結構的投射，所有的藝術作品包括詩歌，都是從詩人或藝術家生命內裡的土壤中生長出來的，李白的生命結構不同於杜甫，寫出來的風格自然有真性情與田園風之迥異；李賀的生命結構不同於杜甫，創作的風貌也自然有樸素與塊奇之別；然而宏觀而看，古今中外凡是偉大的作品，除了技巧與表現藝術的「時間性」與「空間性」之掌握外，「深沉」與「悲憫」的「人間性」幾乎也是不可或缺的重要質素。「人間性」的開拓幾乎和技巧或藝術表現無關（p19），卻和詩人本身的生命情懷、人生歷練，以及信仰哲學、宗教情懷有著深沉的互動關係。這也是為甚麼貝多芬、馬勒這些能夠深刻撫慰大眾生靈的深沉型音樂家，會比史特勞文斯基那些充滿歡愉與趣味性的優秀音樂家還要受到音樂史家推崇的緣故，換個方式說，詩人或藝術家缺少了消化苦難以及向苦難宣戰的情懷，他的創作便會淪為甜蜜、趣味、漂亮，而遠離了苦澀、深沉與靈動的美感，而這些深沉美感的掌握，有時是比技巧更能直指人心的。

　　除了對詩藝長期不懈的追求，於詩形式開拓「獨具慧眼」外，白靈與他同輩詩人絕然不同的一點是，他是第一個把「百年來華人的苦難和命運」始終擺在「首要敘述母題」的詩人，打從他成名起，這樣的「母題」似乎不斷「折磨」著他，他把「歷史的痛」刻在骨骼上，把兩岸的「人間」纏縛在腰間，他說那是「緣於生命在奔流之中遇阻於一種廣大無力的悲哀、和隱密深切地生長的

苦悶，一種屬於全體華人血液中無以詆毀的基因和懊惱」（見
《 新詩二十家 》 頁八三），他與許多以「自我」爲中心或以純
抒情爲職志（但也並非他所反對，見本文末）的詩人不同的是，
他是經常以衝撞民族的痛爲「樂」、以檢驗人間的苦難爲必然的詩
人。但他的批判性格已從早期的「顯」走入晚近的「隱」，逐漸朝
諷刺性、隱喻性、多方向性推進，這也是爲什麼他會從早期的〈大
黃河〉、〈黑洞〉、〈長城〉跳出，開始寫〈提絲傀儡〉、〈薑之復仇〉、
〈原點〉、〈圓木〉、〈漩渦〉、〈天葬〉、〈祭典〉、〈爸爸，整個中國
容不下一張安靜的書桌〉、〈一支小瓶〉、〈龍舟競渡〉，乃至晚近的
〈謁中山陵〉、〈登八達嶺〉、〈魚鷹〉、〈夜泊長江某鎮〉、〈一尊黑
洞〉、〈灼灼烈日〉、〈真相〉、〈誰主浮沉〉、〈真假之間〉等等詩作
（p20），批判或諷喻的對象涵蓋了現、當代歷史曾活躍過的要角，
含括了隱喻、神話、傳奇、歷史、象徵、和繁複的意象，很多都
是長詩，要不是研究學者或與其相當的人道情懷，恐很容易將這
些詩作「忽略」。這些作品看起來是白靈式的「人間性」，其實或
許就是全體華人隱忍未發的「集體潛意識」，白靈以其詩藝術作了
他人所難爲的最佳見證。

他在《煙火與噴泉》一書中曾提倡「藝術導向的多元化」（頁
一二六），認爲「個人會因時代的變動、環境的殊異、藝術修養政
治理念社會意識的變化而有不同的關懷」，因而分爲（一）地域意
識的藝術導向：個人自我與社會民族的交集（強調本土性、族群
自我認定）；（二）純粹經驗的藝術導向：個人自我與天地宇宙的
交集（強調天人合一或與自然的衝突）；（三）人道主義的藝術導
向：天地宇宙與社會民族的交集（強調悲天憫人的藝術關懷）；（四）
現實與理想的藝術導向：自我、天地宇宙及社會民族的交集（強

調現實與理想的互動性，亦即它們彼此之間隨時處在變化之中）
（p21）。白靈在第四項中並舉中國問題爲例，認爲「其理想是全
體中國人的自由民主化，其後才是各民族或各地區的自由選擇統
一或分裂」。其後他更進一步指出：「題材選擇和創作內容主題並
非最重要的，『藝術的完美』纔是最重要的。只要是『完美的』作
品，即使非常『個人』的，也遠勝於『非完美的』非常『民族』
的作品。」「尋求境界的高下還不如追求境界的完美、藝術的完美」
「不管寫的是哪個藝術導向，完美無疵的作品就是最高境界」。這
些話印証了白靈式的人間性是出於他一己不得不的選擇，並無意
別人跟隨，同時也可讀出他的眼界和心胸，他站在歷史和未來的
角度以鞭答現在，他對未來的看法其實同時背離了「兩岸的主流
意識」，他擁抱荊棘但不被荊棘擁抱。這樣的「器識」絕對值得學
界重視，但也或許迫於眼前現實，還有待百年後再來驗証。然而
就「動人性」而言 ── 一如白靈強調的「境界的完美」，我仍寧可
回頭細讀他的〈不如歌〉、〈口紅〉、〈魚化石〉、〈愛與死的間隙〉、
〈路標〉等詩，因那其中似乎更貼近白靈平易近人的本性，不再
那麼憤世嫉俗，正像他在〈暖流〉一詩開頭所寫：（p22）

　　一條河要溶解幾座山
　　纔吐得出一片平原
　　巨大的潮水得來回幾遍
　　纔彈得動海岸的琴弦

　　再堅硬的時代再頑強的歷史，激烈後終歸風清月明，高山之
下畢竟平原遼遠，海岸必將以綿長的時間撫平碎裂的傷痕。白靈
的「藝術導向的多元化」和「境界完美說」值得深思，在這本詩
選中更可看出他卓越的實踐能力，也逐漸演化成他最尖銳且唯一

的指標。這也是爲甚麼大文豪巴爾乍克會說：「詩與藝術甚麼都不是，除了動人以外。」的緣故了。爲免本文爲序有佛頭著糞之譏，文末且以巴氏此句爲結，並與白靈兄互勉。

（本文為《白靈世紀詩選》序/2000 年 3 月）

第四部　跨領域人物
── 生命機鋒

愛的特殊美學

── 訪殘障畫家黃美廉博士

　　旅美畫家黃美廉博士奮鬥成功的故事，令我感觸頗深，以她如此一個從小罹患腦性麻痺症而瀕臨「智障」邊緣的人，卻能夠在自己的毅力堅持和父母的愛心呵護下，突破一連串的困境而獲得非凡的成就，其中所顯示的意義絕非一般人所謂的「幸運」，或是一些人所謂的「具有繪畫潛能只是未被發現罷了」的，這樣草率而人云亦云般的說法而已，因爲，眼盲的海倫凱勒能夠成爲偉大的作家、口吃的羅斯福總統能夠成爲一流的演說家、耳聾的貝多芬仍能繼續創作，「時間簡史」的作者，偉大的物理學家史蒂芬霍金得了全身癱瘓的「帕金森症」仍在用心的探索宇宙……，有史以來無數的實例似乎都在告訴我們，所謂的「殘障」和「智障」，只要不曾傷到他「愛的能力」和「被愛的機會」，那麼，不管他的身體如何的受限受障，他都有機會像巨人一般的站立起來，至少，他仍可以和一般平凡人那樣的做一些有益的事，爲社會提供一些貢獻。

　　事實上，即使是正常的人，如果長時間剝奪了他「被愛」和「去愛」的權利，也會因爲屢遭別人的歧視或是不得溫暖而導致人格上具有破壞性，不能平衡的「智障」，或是冷漠、孤僻，不能與人正常相處的「殘障」，甚至還有可能淪爲作奸犯科的社會

負擔。如此觀之，「殘障者」和「智障者」之所以會成為社會的
負數，往往都是在他主觀的認為自己已經沒有希望獲得別人的
愛，或客觀的被認為不值得去愛、去關心的這個情況下開始的。
殘障者有機會把箭射入奧運的點火台而贏得數十億人的喝采，正
常的人也有可能殘害自己的骨肉而遭人唾棄，做為一個人，我們
首應重視的應該是我們有沒有「愛的能力」的心力問題，而不是
你的大腿比別人的長，你的眼睛比別人的大的物理問題。美國康
奈爾大學教授，國際知名超心理學家優力克・紐塞兒（Ulric
Neisser）認為：「所謂的智能是人類對他們並不太瞭解的某種東
西所做的敘述性概念（descriptive concept）……，當我們以智能
這個詞彙加諸某人身上時，是意指他和我們所認為的一個明智者
的『原型 ——（prototype）』或『理想模式』類似的程度。但，如
果你要問一個人有『多少智能』，在邏輯上就跟問一張沙潑有多少
『椅子性 ——（chairness）』一樣，兩者的判斷都是從跟『原型』
的類似性而來的。」他同時認為：「智力（I.Q.）測驗所測量的並
不是人類心靈的深度，它只是挑揀出一組剛好為我們社會中大部
分所看中或常用的能力而已……」。更重要的是，對於一般人認為
黑人的 I.Q.較其他人種為低的事實，人類學家歐格布（J.Ogbu）
也根據一次大規模的田野調查提出了原創性的看法，他的結論
是：類似黑人、印度人這些因為不良的社會制度而身處社會階級
下層，必須經常面對歧視、恐懼、冷漠與壓抑的人，他們的 I.Q.
確實會呈現偏低的現象；但在美國的開放社會裡，有許多的黑人
家庭經過幾代的教育與社會調適之後，卻是人才輩出，甚至天才
不斷。美國優秀的音樂家、藝術家和運動家都少不了黑人的影子，
而別的未開發的黑人國家則比較少見這種情形 —— 這個調查結果

正好說明擁有受尊重的自我就會有空間發展，而不至於永遠殘障下去。另外，根據艾力克博士的研究，任何人只要身處一個健康的，有「愛與被愛」的機會而不是被卑視和被壓抑的環境之中，他就能在不同的領域中找到他特異能力（specific）發展的點，只要社會能給予一個人愛的鼓勵而不是敵視的抑制，那麼，除了已經演變成精神病患的人之外，任何人都有潛能可以發揮。

　　目前，在心理學甚至生物學的領域裡，專家們已經發現了「音樂治療」、「藝術治療」……等多種「特殊美學」的潛能激發途徑，用來幫助所謂的「智障者」有其他的機會，去開發或是啟動隱藏於神祕大腦中的其他能力神經網路，而獲得了很好的成效。有一個著名的案例是這樣子的：一個「智障兒」直到八歲還不會說話，但在母親不斷的用愛用心照顧，每天抱他在鋼琴彈奏數小時音樂給他聆聽，並施以其他長期的音樂刺激的情況之下，居然有一天在深夜獨自爬了起來，用很流暢的指法完整的彈出了巴哈的奏鳴曲。這個「智障兒」目前已經成為一個優秀的青年，並且快樂的在音樂園地裡找到了發展的方向。

　　「藝術」是上帝賜給人類充分「去愛」與「被愛」的美麗機會。經由「特殊美學」的啟動，所謂的「智障兒」往往可以發現到的閉塞中能有效的，以靈魂的毛細孔和外界交流，並累積豐富的美感經驗 ── 是這些奇妙的美感經驗使這些所謂的「智障兒」活得更快樂、更充實、更有能力，甚至在心靈專注的情況下，有可能使得自己發展成為優秀的藝術家，黃美廉博士是這樣，其他許許多多的案例也是一樣。然而話說回來，我們之中的每一個「正常人」，包括藝術家和其他的朋友們，又有那一個不是某種程度的「智障人」？又有那一個不是常常認為這樣就是這樣，那樣就是

那樣，甚至一輩子空有所謂優秀的「智力」卻跨不過自己矮小的經驗門檻的呢？

「樹仁基金會」結合藝術家以藝術關懷「智障朋友」的行動已經持續了十數年，從那些「智障孩子」生動、活潑，充滿靈魂美感的陶瓷和繪畫作品中，我們雖然不敢說件件都是佳作，但，這些確是一種「愛與被愛」的實踐與「超越智障」的行動，最重要的是，筆者認為這個實踐與行動似乎並不只是針對所謂的「智障兒」而發起，而是同時針對每一個生活在這個社會的每一個人而做的。因此之故，希望包括藝術家的朋友們能夠共同來參與，共同用行動來幫助他們那些「智障兒」，和我們這些「智障人」。

【1992-12-06／聯合報／25 版／聯合副刊】

崢嶸如湧筍

—— 訪畫家余承堯

　　崢嶸如湧筍，洗雨黃峰嬌；天際歸雲遠，閩中隔水遙。青松
圍古寺，花路語新樵；未了由行願，秋來再射鵰。——〈桂林行〉
／余承堯

崢嶸如湧筍

　　十多年前，當余老先生已經八十出頭的時候，他仍是一個獨
居於台北市區陋巷中的無依老人，沒有人知道那個時候他已經默
默的畫了將近三十年的畫，更沒有人知道他曾經在十九歲從軍參
加抗戰，四十八歲以中將之階退伍，五十六歲再從汲汲營營的商
場離開，而後是經過了這麼一段漫長時間的孕育之後，產生了生
命至深的頓悟，才像竹枝五十年才開花，又像冬筍一夜突然湧出
沈默的寒地一樣的，以藝術之筆擎起了追尋人生真義的火把，開
始他卅多年漫如黑夜般的獨行與攀爬——

　　「我五十六歲那一年開始畫畫，覺得我所想要看到的嚴謹的
布局和明暗的畫法，在傳統畫裡沒有，當時就是因為對那種因循
成規、不求真實、沒有個性的畫法看不太習慣，就開始『襯采』
用紙畫起來了。我畫圖是本身觀察自然後的表現，半是自然，半
是自己，從沒有立意要作畫家，這個『畫家』的稱呼，實在不重

要。」然而，就是這種直觀生命內裡，不爲名利所惑的洞見能力與「游於藝」的無爲心態，加上他的才華與智慧，才使得余老先生近千幅提煉自故鄉福建永春，滿布「鐵甲與石齒」般的畫幅，終能在近年贏得國內外無數美術史家的讚嘆與崇仰。

洗雨黃峰嬌

余老先生住在一座ㄇ字型大雜院式公寓大樓的邊間，去過的人，無一不對裡面的簡陋感到驚訝，因爲沒有人會想到余老動人心魄的無數佳構，居然就是在此一惹人皺眉的陋宅裡誕生的，而且除了畫畫，余老也在裡頭看書、寫字、吟詩、唱南管，甚至還自己洗衣、炊飯，自顧自的過著大隱於市怡然自得的日子。對於這樣的生活，他揉著親切和煦的閩南語，開展缺了幾顆牙齒的笑容娓娓說出他的看法：

「我一生行事，只是用一顆平常心和自然的態度去面對，所以，既沒有強求，也就沒有什麼令我失意的事，活得快樂而充實，就是一切了。」

承堯先生穿過了連天烽火，歷經了生離死別，踏遍了千山萬水，從九歲失去怙恃，樵耕度日的少時，走向十四歲發願讀書投筆從戎，而後負笈東瀛的青年，繼而轉向征戰南北兵馬倥傯的中年及左進右出縱橫商場的壯年，卻突然讓一切戛然而止，禪味十足的用一場福至心靈的「洗雨」抖淨了心中曾經激揚過的喜怒哀樂，在毅然走進偏僻陋宅的同時，卻也一步穿入了萬巒迭起，千峰競秀的藝術華殿，這種「雨過就叫天晴，開門就要見山」的決斷與氣魄，亦恐非執著於紅塵浮象的凡家俗匠所能輕易而爲的吧。

天際歸雲遠

如此，入陋室伸展筋骨卅餘載，以筆墨洗煉真心真性卅餘載，在面對突湧而至的聲名鴻譽與畫價高漲所可能帶來的鉅富，承堯先生仍有如面對天際浮雲般的不屑一顧，因為在畫藝之外，他所用心的，是詩詞、是書法，以及如何在台灣推廣那自幼就曾在閩南鄉間伴他入眠，陪他漂泊異常的南管之樂。

「傳統的中國讀書人分科並不是很細密的，每個人自小就要讀經史子集，學作詩就成了很自然的事，而且只要能掌握了毛筆這種書寫工具，畫圖也不會太難的。我學習的起步算晚，但是我相信『一勤天下無難事』的道理，於是靠自修念完了『資治通鑑』、『史記』、『廿五史』……等書，並且在熟讀之後融會貫通，有了心得。其中影響我最深的，就是孔孟和老莊的思想，我認為處世如果沒有孔孟便做不了人；作詩如果沒有老莊，就成不了境。我十多歲起開始學寫詩，而後每到一地便用心觀察當地的人文、景觀學著入詩，這個習慣一養成就沒有改掉，直到現在還是如此。」

從承堯先生的傳統詩詞，可以看出他的國學底子深厚，才情動人，讀來親切瀟灑，有杜工部之風，而且在使用閩南讀音朗誦之後，更見平仄聲韻之美，頗富南管詩詞之韻。他的書法也很獨特，草書喜以直率的彎曲取代一般的飄逸流動，轉折從容有力，筆勢不自覺的或直或斜，筆筆有如鉛錘一般，支撐周圍筆墨的運轉流動；斜筆則有如岩脈，互應著筆勢的上上下下，充滿了生命的形質與活力。

談起閩南文化，對中國聲韻學同樣有研究的余老先生話題特別多，對於先祖也曾是余老先生閩南同鄉的筆者而言，有些關於

兩岸文化淵源的典故能夠經由此次訪談意外的得知，應該是始料未及的收穫吧！

閩中隔水遙

「閩南古稱『海濱鄒魯』，乃是緣於遵守孔子之教，重視禮樂之故。而閩南泉州在宋代便是國際最大的商港，有如近代的上海，民生富庶，文化發達，朱文公即曾言：『天地旋轉，閩南爲東南文化中心。』而在那個時代，閩南語和中原的語言是相通的，因爲兩者都同時保留了周、晉、六朝，漢唐以降的古語詞彙，我們現在說北京話是國語，實則北京話是旗語。北京話說『馬上』是『快』的意思，閩南話卻說『連鞭』，比「馬上」更快，更有意含；北京話說「事情」，閩南話則說『載誌』，就是沿自周代《虞書》中的用詞。即使是『雨』的語音，閩南語到現在仍舊保留了《詩經》中古音的讀法 —— 這樣的例子不勝枚舉，此種中原文化、閩南文化和台灣文化相通相連的典故說來真是淵源流長，閩南人其實就是東晉五胡亂華之後南移的正宗漢人，台灣的閩南人也是，年輕人如果再忘了這些，只是一味的崇洋忘祖，那不是太令人惋嘆了嗎？」

余老先生似乎有意要我重視文化相連的現象，舉了幾個語言學的例子之後，又接著用閩南話舉了幾個「性格」上的例子做補充：

「閩南人很打拚，具有勤儉耐勞，正直誠實的美德與冒險犯難的開拓精神，泉州的閩南人只有三百萬，但散佈南洋各地，包括菲律賓、台灣、新加坡……的閩南人卻有三千多萬，即便是乘坐福建的杉船出去打拚的 —— 這些傳統的性格在台灣的閩南人身

上仍然可以看得很清楚，只是年輕一代似乎逐漸失落了，很可惜。而閩南人爲什麼能夠擁有這種安份於家努力於外的性格呢？說穿了，就是我剛才所說的禮樂教化的傳統起了很大的作用。」

青松圍古寺　花路語新樵

時年九十二高齡的余老先生聲如響鐘的，繼續使用閩南語訴說著閩南傳統文化的要義，當話題轉向了日趨沒落的南管音樂時，在旁隨侍的漢唐樂府主持人陳美娥小姐和她的兄長便立刻興致勃勃的圍繞了過來。

「宋朝在泉州設立了翰林院會館，專供研討音樂與戲曲之用，他們把宋朝宮廷的音樂大部分移來閩南做爲正當娛樂，同時培植了許多佚名的作曲家、詩詞家，介紹最流行的唐宋大曲、古琴曲與各種詞調。這麼多的詞曲能順利的自中原南移，主要得歸因於閩南語和中原古語相通這個因素。泉州制禮作樂之後，使用它來教化社會，久而久之逐成風尚，社會風俗得以改良而淳厚，人情也自然良善。人民心安，無內顧之憂，故能向外力求發展。外出的閩南人在外工作之餘，夜間集聚演奏南管，既可解除一日辛勞，又可安心明日工作，金錢也不至於浪費，一舉數得，何樂不爲？時日一久積蓄自多，經營成功，滿載而歸，以繁榮家園 —— 這是南管對閩南社會最大的影響了。」

未了山行願　秋來再射鵰

在茶香和煙霧之中，筆者和余老先生從開始有如隔著一道海峽遠一樣的感覺，逐漸的相互靠近了，因爲，在從他的繪畫、詩詞、書法，一路談到閩南文化和自己也曾經在台灣鄉下聽過的，

所謂的偉大的南管音樂的過程中,我就好像獨自駕著一艘帆船,朝著四百年前我的祖先渡海來台相反的方向,順著他親切的閩南口音散發而出的文化肌理紋路,無意間駛近了佈滿唐詩宋詞的海岸,看到了一片燈火輝煌的中原文化故鄉,而對於他這樣一個無師自通、無為而藝,直接以大智慧撞擊生命核心,追尋獨創美學的畫家與無私的理想實踐者,我的佩服與感慨是深沉無比的。因此,離開他的陋室,我的心卻仍有如晃盪不安的小船,擱在港口,卻隨著洶湧的潮水上下浮喘不已,我禁不住的思索著一些未了的問題……

【1990-12-12/聯合報/25 版/聯合副刊】

筆底四海風雲

── 訪畫家劉海粟大師

（中國現代繪畫的啟蒙者）

　　黃山很老，可是仍然生生不息，仍然充滿律動；九十五歲的劉海粟很老，也仍然充滿生命力，仍然洋溢著求新求變的睿智與勇氣。

　　在未見到劉海粟本人之前，想像中這位中國的一代藝術大師總難免就像老去而尚能飯否的過時英雄一般，只能以守舊的老態龍鍾之姿去憑弔自己曾經輝煌一世的傳奇罷了，然而，萬萬沒想到，在台北第一次見到這位兩年前還能第九度登上黃山，心儀已久的大師的飯局裡，他的口頭禪居然是「創新」，他吃的東西居然比年輕他半世紀的我還要多，還要硬。在那一刻，我感覺自己面對的似乎是一棵能不斷發芽的「神木」，雖然因為重聽而更顯得他沉穩高深，但，只要你的口「風」吃得大些，風向又吹得對題一點，那麼，他就會晃動紋理清晰、質感厚實的枝枒，在「風」吹之後翻出一叢叢出乎你意料之外的鮮芽嫩綠，響出一串串有如松濤浪擊，夾雜著上海口音的渾厚聲響：

　　「我呀，一八九六年生於江蘇常州，名槃，排行第九，故又稱『劉九』，海粟為我自號之筆名。我母親洪氏為清代詩人洪亮吉的孫女，通曉詩文，是我最嚴格的啟蒙老師。所以，我六歲就入

了藏有散字盤可自印書典的家塾讀書，三字經、百家姓、千字文、論語、孟子、左傳、春秋……什麼都要讀，奠下了後來接觸其他各種詩書經典的基礎。八歲時開始習字兼繪畫，當時習畫係以油竹紙蒙於畫帖之上鉤描南田派的花卉，因為我動輒離帖任意亂畫，常被老師斥為塗鴉頑童。十四歲時母親過世了，我來到上海進入周湘先生主持的『布景畫傳習所』進修畫藝，半年後又回到老家刻苦自習繪畫，那時候，我已深深感到中國繪畫講究臨摹，卻又食古不化的不可理喻，因此，為了實現自己的理想，我就於一九一二年，也就是我十七歲的那一年，再到上海和張聿光先生創立了『上海圖畫美術院』。」

　　對於我首先提出的「為什麼想到創辦『上海圖畫美術院』？」這個問題，海粟大師除了提到是為了反抗「照樣畫符」這個僵化的教育方式之外，還特別強調是自己對當時的八股風氣以及維新失敗的失望才更引起了他自行創校的動機，加上他家境富裕，出身北京京師大學堂的姑丈屠記先生又極力支持他，於是，他就藉由親友籌湊接濟，憑著自己年少的膽識勇敢的投入這個影響了自己一生，也影響了無數學子的開創行動了。

　　「創校的過程聽說很困難，大師是怎麼克服的？別人可能辦不到吧？」在飯局結束後一個禮拜，我來到海粟大師客居於敦化南路上的寓所，用一杯茶潤過喉嚨之後，又開始對準他的耳朵一字一字地繼續我的訪問，那時候，他剛從午睡中醒來不久 ——

一、模特兒與藝術叛徒

　　「起初學生只有十幾個，慢慢增加到一千多，現在他們改名為『南京藝術學院』，仍然由我掛名當校長。我開始是以西洋後期

印象派的寫生觀念教導學生的，從水果到人體什麼都畫。我用了中國繪畫史上第一個簽約的男性模特兒，那是我費盡了口舌，從眾多前來試探，卻一聽說要脫褲子就咋舌而逃的應徵者之中挑上的。後來，學校舉行成績展覽會，城東有個女校長楊白氏看了陳列的人體習作之後大罵：『劉海粟是藝術叛徒！』從此，我就以『藝術叛徒』自號自勵了。其實，人體是最純潔的，有什麼好罵好怕的？你看，米開朗基羅、羅丹的作品哪個不是藉由人體的力與美來表現深刻的美學思想的？有人說他們髒嗎？只有自己心裡頭髒的人，才會認為人的身體的髒的，是不是？那時是一九一七年吧，而這種不好的觀念就是我創校的最大障礙，一直到一九二五年吧，學校雇請第一個婦女為模特兒，五年後更是激烈，大軍閥孫傳芳當時還弄不清楚什麼是『模特兒』，一聽到底下的人說『模特兒就是光屁股的姑娘嘛』之後，便下令嚴禁，說什麼『去此模特兒，人未必不識貴校美術設備不完善……』云云，沒想到因我據理力爭，說明模特兒確為繪畫實習之必需課程，孫傳芳一怒之下就把我給通緝了──其實孫傳芳並不壞，只是腦袋太死了。然後我逃到日本，在朝日新聞社舉行個展，引起了大轟動，日皇還購藏了我一幅『泰山飛瀑』，並贈銀杯。你知道嗎？在那之前我早已認識康有為──我還拜他為師學書法，梁啟超和主張以美育代替宗教的蔡元培；之後還結識了徐志摩、傅雷、劉抗……等人，這些朋友大都能欣賞我的作風，深知我劉海粟是一個有勇氣、有創見、生命力強大的人，孫傳芳怎能把我鬥倒呢？」海粟大師語氣鏗鏘的說出這些往事，卻絲毫不給人得意之感，傲岸的嘴角上是和煦的面容。他的記憶驚人，過去的往事早已鉅細靡遺的，有如深鏤的痕跡構成了這棵「神木」的年輪了。我繼續陪著他進入時

光隧道 ──

二、氣韻生動的境界

　　「我十四歲讀古文觀止，讀到司馬遷的『報任少卿書』，大受感動，你看看，司馬遷那種旺盛的生命力，受了宮刑不但沒有殘廢，還能在獄中完成曠古絕今的編年史記，多麼令人佩服啊！我就是受了他的影響，從此不斷培養向命運鬥爭的力量，否則，我在文革時可能早就和傅雷一樣的走了。旺盛的生命力是創造力的根源，好的藝術家一定具有強大的生命力，這，可以從他的畫中一眼看出來！」

　　「那麼，大師認為好的藝術作品應該還具有什麼條件？」

　　「創新！」這兩個字是從九十五歲的劉海粟積滿岩石線條般皺紋的嘴裡一下子蹦出來的，鏗鏘竻然而毫不妥協：「謝赫的繪畫六法論，你知道吧，六十年前我在德國演講時就特別強調『氣韻生動』這個第一法，『氣韻生動』雖然是六法的第一法，卻也是後面五法的綜合法，然而我最反對的就是眾人對第六法『傳移模寫』的誤解，因為這個誤解，使得明清以來中國的主流繪畫一直停在講究師承的舊路上走不出去，只是用同樣的幾棵樹幾座山搬來搬去，毫無意思。其實『傳移模寫』在後期印象派的觀念和寫生是有關連的，寫生要求的就是訓練畫家從事物上找到自己對事物的新觀點，進而發現繪畫上新觀念和新美學，而不只是照著畫本直描直仿而已，你看塞尚、梵谷，以及一些西方的大家，哪一個不是從找到創新的門路前進而樹立自己的風格的。創新是什麼？創新就是要消化舊的找出新的，創新是一種新陳代謝，是一種生命力量勃動的發現，沒有創新，藝術就是死的。我曾經九上黃山，

每一次的感受都不一樣，因為黃山一直都在變化，它的雲霧、山石、造形、色澤……，始終都有一股動的感動，像音樂，對了，歐洲文藝復興大師華特佩脫不是說過：『好的藝術都像音樂』嗎？就是那種不停流動，生生不息的感覺 —— 而這就是創新。我的畫一直勇於求變，我研究唐宋、研究石濤和西方的後期印象派，從舊的過去找到了新的方向，再追求新的表現，創新其實就是不要怕嘛 —— 我用這種觀念在上海美專教出了很多傑出的畫家，像早期的李可染、徐悲鴻 —— 雖然他後來不承認，還有後期的趙無極……等等。說到這，我要強調畫家的畫品，特別是氣韻生動的境界，和他的思想、人格、學問都有絕大的關係，我從小苦讀詩書、恪遵家教，母親的教誨、姑丈的教導對我的畫藝都有很大的影響，同時，我在畫藝上講求創新的勇氣也反映到我的為人處世，比如剛才所說的女模特兒事件，我就是堅持以心中的聖潔去對抗世俗的不當眼光。還有一件事，當時也是議論紛紛，因為我也首創男女同學，學校裡有一個女同學叫做潘玉良的，畫得好極了，可是後來她出身妓女的事被張揚開了，學生家長紛紛要求學校退她的學，我不肯，於是就引起了其他男同學集體退學的風潮，她只好向我表示她要走了，我便對她說：『就是只剩下妳一個人學校也要培養妳！』後來實在拗不過她的堅持，我只好透過吳敬恆和蔡元培兩位先生的幫忙，介紹她到巴黎的里昂大學去深造……。」

三、活的中國近代藝術史

海粟大師在談及這段往事時，突然打住，眼裡意外的露出了一絲迷惘，才知道這位經他一手提攜的潘姓女學生，居然因為後來國內有人大肆抨擊海粟大師是個大右派而至死不願再見他了。

談到此處，筆者心中禁不住更加虔誠的油然生敬，年少時藉由畫史資料心儀已久的大師，此刻，正以實感清晰、筆觸卓絕的「真跡」風貌，真情流露的坦現在我的眼前，怎能叫人不生感動呢？以此印證：印刷複製圖上介紹的劉海粟風骨，確名不虛傳，事實上，海粟大師除了以特立獨行之姿對抗俗世，以大膽求真之識作育英才，並以創新求變之風實踐創作之外，同時也是一位無欲無私的仁者，比如上海五卅慘案發生後，他立刻舉行義賣濟急，以及其他無數次捐畫、籌款的義行，使其流風所及，直接間接照拂的同儕後生陌生人可謂無數，難怪乎，伐人也是無數的魯迅曾聲明只有三人不予批撻，其一是錢基博，其二是趙元任，其三則是劉海粟。

「請大師談談和文壇的交流情況好嗎？」

「康有為、梁啓超、蔡元培之外，傅雷是常在一起的朋友，文革時他被逼死了。徐志摩則是太早死了，他是第一個讚賞我的畫寫畫評的，沈從文是他提拔的。此外，郁達夫、魯迅、郭沫若、艾青、曹禺……我都有交往，曹禺這個人很客氣，一見面就叫我老師，他的『雷雨』、『日出』寫得好極了。寫詩的李金髮在我的學校教過雕塑，還有年輕的詩人白樺我也認識……。這些人使我從維新、五四想到現在的中國，大家從年輕時開始喊民主喊科學，一直喊到我快一百歲了卻還沒有喊成功，我是一個即將穿越三世紀，遍歷五大洲的人，這件事最教我難過了！」

「聽說大師有許多畫在文革時被毀了！」這句話我是大聲的連問了兩次他才聽清楚的，沒想到他突然正正臉色，嚴肅的說：

「文革的事我現在不願意去談它。」

其實很多人知道，文革時期海粟大師被打成了反革命，要不

是憑著堅強生命意志力，恐怕如他所說的，早就和他的好友傅雷的下場一樣了。文革之前海粟大師曾經兩次中風都獲治癒，曾經數度逃亡海外，甚至被日本人擄獲都能絕地重生，除了說他運氣好之外，應該也不能忽視他的毅力、生命力的堅強，以及，身為一個藝術家想像力豐富的緣故吧。

最後，筆者請教他目前逐漸蔚為風氣的藝術品收藏問題。海粟大師笑了笑，輕鬆的說道：

「台灣很富，可以開始投資藝術市場了。我個人在大陸也收藏了許多宋元明清的畫，大部分已經捐出去。可是，外頭有很多畫都是假的，即使北京的某些機構也公然賣假畫，這要小心，鑑定是一門大學問。我個人有很多畫也都被仿來賣，香港有位富豪花了三十多萬美金買了一大幅我的畫，後來請我專程去鑑定，我一看，畫是畫得不錯，可惜就是假的嘛！台灣的某家報紙也曾經登過一張仿我的假畫，這又是一個問題，藝術必須是真的，假的就不是藝術了！」說完他便哈哈大笑起來，可是立刻又很快的接著說：「你今天的問題都問得很好，否則，一句話不對，我是不再說話的。」果然，他這棵「神木」可真不是隨便就「枒枒作響」的，而所謂的問得好，應該如前所言，是和我深信在這棵「神木」蒼悒的枝枒之間一定還隱藏著一些能夠不斷發芽的東西有關吧。見他如此愉快，我看機不可失，立刻掏出早已備好的紙筆攤在他的面前，誠懇的請求他：「請請大師留下一幅真的字，刊在聯副上分享讀者吧。」

於是，這位以前又叫「劉九」，還能不斷創作的「活的中國近代藝術史」一代藝術大師劉海粟先生，在問知了筆者的名字並且有感的再度哈哈大笑之後，以他九十五歲高齡的手，真真實實

的寫下了如下的詩句：

　「筆底四海風雲，紙上人間煙火」

　　　　　　　　　　　　　（七十九年三月，聯副）

文學的危機
—— 訪白雅士先生有感

　　思想常是錯的，生活才是對的 —— 白雅士

　　「生活」，是人類依循時空座標的制約所反應的一種生命的動態，而此種生命的動態所呈現的文明程度，正有如經過長久蟄伏，卻突然以加速度爲曲率，迅速往上攀升的拋物線，急遽的將人類從一個簡單的筆墨符號時代，拋向一個瞬息萬變的電波符號時代了。如果，把長達數萬年的人類生活史縮入這條詭異的拋物線中來看，我們可以發覺人類之間的傳達方式，從幾萬年之久的面對面式「點狀傳播」，經歷數千年筆墨書寫的「線狀傳播」，數百年印刷符號的「平面傳播」，而後，一腳踏進匯集聲光、符號、圖像、電波的多元「立體傳播」階段，也不過才只有十數年的一小段「刹那」時間而已。問題是，這一段「刹那」的時間所要啓動的，以上述的文明發展曲率來看，很可能就是人類文明邁向一個嶄新境界的轉折點 —— 而當我們站在這個轉折點上把文學的過去和未來的可能做一番鳥瞰和眺望之後，爲了因應接踵而來的可能文明生態變化，對文學在人類史上所扮演的角色和其所扮演的方式，是不是也要有一番不同的看法和調整呢？

　　在「默狀傳播」時代，文學是用唱的、用說的；在「線狀傳播」時代，文學除了說、唱之外，是用寫的，而在「平面傳播」

時代，由於印刷術的發達，文學則走向純文字的面貌，把所曾經有過的，有關人類說唱經驗中的聲韻、高低、色彩、質感……等等，統統納入文字的思維系統之中，而以符號象徵的想像運作方式獨立存在，並且溯及既往，把已經發生過的非文字的言語經驗，諸如戲劇、歌謠、詩歌、稗官野史、傳說……等等，也一併還原收納在印刷術所供應的純粹符旨（signifier）蘊涵中，而和爾後眾多的文字創作共同匯成支流密佈的文學巨河，用來傳遞或反映人類心靈的種種，以供寂寞的人群臨河自照，從其中撲朔迷離、可山、可水、可天、可地、可雲、可煙、可悲、可喜的「想像」倒影中，去滿足真實生活中無從得到的意象需求。

　　然而，當這種純粹的文字想像世界所能提供的意象滿足方式，在立體傳播階段的聲光電化中，能由其他使文字想像內容具體化的映像系統，諸如電視、電影、MTV、雷射音響……取代或改變之後，人類的惰性自然傾向於接受電波媒介的感官按摩，而疏離對符號系統的想像作為。如此一來，文學最可貴的本質，那種需要讀者運用心性，透過符號的想像運作才能獲得滿足的心靈提煉過程，卻不可避免的遭遇了極大的挑戰，使得人類數千年來藉由文學所建立起來的文學想像空間，面臨了電波聲光符號的排擠和壓縮，而其所代表的意義，除了具象對抽象的排擠、事實對創造的排擠之外，也可能代表了物質對精神的排擠、科技對自然的排擠，甚至，物慾對人性的排擠。面對上述這種文學處境的危機意識，日前來華訪問的國際筆會秘書長，俄裔法籍著名小說家白雅士（Aiexandre Blokh）先生卻有他令人可喜的看法，他說：

　　　「如果這是危機，那不只是文學的危機，而是人類整體文明的危機。新媒介的多元化出現，對文學的想像空間和功

能雖然產生了壓縮、扭曲或者替代的危害現象，卻也提供了新的機會。文學在文字的形式之外，也可能藉由其他新媒介的『再創作』而取得傳達上的新形式，問題在於必須是好的『再創作』，否則，面對一部壞的電影，你除了被想像（be imagined）之外便無從去想像了。好的想像或意象是人類心靈的積極功能，也是文學的功能之一。如果文學不能激發人類生活中美好的想像，那才是文學真正的危機。要知道：文學的內涵是人類的生活，而不是思想。思想常是錯的，生活才是對的。」

即使面對現代文明的物化現象，白雅士先生對文學處境的觀點仍然是樂觀而有彈性的。樂觀的，是他對人性的未來仍有十足的信心，認為只要人類的「生活」繼續下去，文學做為提昇人類想像空間、傳遞生命經驗、淨化人類心靈的功能就不可能丟棄；彈性的，是他了解立體傳播時代，聲光電化系統對文學存在空間的壓縮現象之後，並不排斥文學除了固守文字的純粹形式之外，也能同時走向融合其他媒介的「再創作」途徑。

事實上，「再創作」的觀念不只是文學因應急劇變化的立體傳播形態，為了爭取納入人類現代生活更多的嶄新管道所可能採取的調適或奮鬥方向，也是所有從事創作的作家積極面對未來的趨勢所應有的體認，因為，人類的生活形態正在劇變，平面傳播時代簡單而純粹的傳播環境已在逐漸的遠離之中，如果：「生活」才是對的，為什麼站在人類文明轉折新高點的我們，還要堅持「一九八八年以後的文學仍只能以印刷文字形式存在」的「思想」呢？

【1988-08-27／聯合報／27版／聯合副刊】

心的翻譯

── 台灣、瑞典與德國的文學對談

　　第一次同時和馬漢茂、馬悅然、施穎洲、張錯、商禽、楊牧、許世旭等國內外文壇先進和好友在台北東區的一張飯桌上見面。酒過三巡，原本的矜持有禮便迅速的轉換成親切熱絡、有說有笑的場面了，在這種一見如故的東西交流氛圍之中，筆者受聯副主編之託，在杯間盤縫筷側碗旁做了一次現場訪問，蒐集了一些值得參考的最新文學人語，以饗讀者。

　　著名的德國籍漢學專家馬漢茂博士，一頭雪花花的銀髮，一口純正的國語，舉手投足之間渾然是中國知識分子溫文儒雅的氣質，談起同桌的中國太太必恭必敬，說起中國文學則是神采飛揚，對自己多年來在台灣和大陸兩岸所建立的文學姻緣，總難忍的現出一臉滿足的神色，是那種只要談了幾句話就讓人覺得相當可親，而願意一直深談下去的「老朋友」。然而，對於最近的中德文學交流，他卻有一些感慨：

　　「我曾經一度相當積極地把中國現代文學，包括台灣的和大陸的，譯介給德國人，西德一般的出版社和讀者都相當歡迎，但是，六四之後大陸的左傾意識形態似乎又有死灰復燃的跡象，已經開始影響作家們創作自主的立場了，再加上近年來東歐的解放運動也使得國際文壇的注意力轉向 ── 在這兩個因素影響之下，

難免的，德國譯介當代中國文學的工作便陷入了低潮。也許大陸的現代文學有可能重新再開始，就像過去開放期間一樣，再來一次『第二個十年』的繁盛期，然而，這也是很難說的。」談到這兒，馬漢茂博士嘆著說道：「本來是想要主動的創造潮流的，卻沒想到到頭來卻也難逃局勢的左右，自己反而變成『潮流』的一部分了。」

　　相對於大陸作家，馬博士也提到德國文學界和大學文學科系對台灣作家的重視，像他本人最近就特別注意吳錦發和張大春的作品，對前者關心山地人以及剖析台灣人認同問題的創作內容，以及後者諷揄時潮的嶄新表現手法都留下了深刻的印象，此外，台灣小說作家的作品也大量進入德國大學的碩士論文，比如柏楊、黃春明、陳映真、楊青矗、白先勇、陳若曦、王禎和……等。

　　接著，筆者就有一些有關於台灣文學譯界和諾貝爾文學獎推荐的問題，請教了大名鼎鼎的諾貝爾文學獎評量委員之一 ── 瑞典皇家學院院士馬悅然博士。馬博士嘴裡呼出的雪茄很香，說出來的話更妙，他說：「台灣有那麼多好的詩人和作家，你們自己為什麼不推薦呢？任何大學的外文系都可以把他們的作品推薦給瑞典皇家學院呀！」

　　氣質高貴優雅的馬悅然博士一臉誠懇，在身旁四川籍太座的微笑和自己呼出的香霧中娓娓說道：「沒錯，瑞典學界談中國文學，重點雖是大陸作家，台灣作家的作品不見得就因此沒有份量，像我最近就已經把商禽先生的『夢或者黎明』以及『用腳思想』譯成瑞典文的合集，打算在明年春天出版；羅青和余光中的作品我也翻了一部分，其他的作家也有人嘗試翻譯。我認為，台灣作家如果要問鼎諾貝爾獎，先決條件就是要有好的翻譯，目前看來

是太少了。」

　　話題於是轉到了傳聞曾被提名角逐今年諾貝爾文學獎的大陸詩人北島身上。馬悅然博士對北島詩作的評價很高，但拒絕證實北島是否曾被提名，只是簡略的提出了他個人對北島詩作的看法：「我在八三年翻譯北島的作品，就覺得他像瑞典詩人 Tomas Transtsomer。兩個人的詩作都有很好的隱喻和意象，豐富而獨特，具神祕氣質，而且都關心人類存在的問題，在宗教性的悲憫胸懷和音樂性的表現上也都相當突出。」馬博士接著對所謂的「好詩人」提出了他的觀點：

　　「一個好的詩人起碼要具備三個條件，第一點是要說真話，第二點是要有語言感，第三點則是要有愛，要有悲憫之心。」馬悅然博士多年來譯介過的中國現代文學作品，質量均甚可觀，在長久譯介過程之中，他深深的體會到「翻譯」確是一種用心的「再創作」藝術，以他而言，翻譯除了要講求文旨、文韻的「信雅達」之外，還必須和作者進行深度的心靈互動，以期產生同步的內在呼吸感應，如此，才有可能再創合適的瑞典文體呼應作者原有的中國文體，以完成自然無痕的轉譯創作，而讓不同文化背景的讀者跨越最少的障礙進入原作世界裡獲得共鳴 —— 馬博士這麼說的時候，身邊的中國人馬太太笑得更加開心了，他們這一對伉儷情深的異國佳偶，事實上，就是上述這一段「文體互譯」論的最好註解。

　　對於中國文學「翻譯」成外文的見解，此次回國參加「中國文學翻譯國際會議」的詩人張錯先生也有他深入的看法，以他多年兼顧文學創作與翻譯工作的經驗而言，他認為文學作品翻譯的成敗，有時候是選材的眼光問題而不是譯文的技術問題，他有感

而發的說：

「翻譯家有時候並不見得也是好的文學家，從某個層次而言，有些翻譯者甚至只是文字的技術人材而已，他們對『怎麼翻』總是比『翻什麼才好』更內行，也因此難免的，使得一些真正好的，而他卻不認識或不知道的好作品失掉了被譯介的機會，這是非常遺憾的。當然，翻譯者個人的偏好、判斷或品味也是形成這種偏頗情況的因素之一，但是，如果能在翻譯者和創作者之間有個跨行的人做交流，相信文學翻譯工作應該會是更有價值的一件事。」張錯先生冷靜而客觀的道出了國內文學作品外譯工作的癥結所在，至於應該如何落實去做，他則認為應該鼓動風潮，以更寬廣的視野進行全面的大型翻譯計畫：

「我們要團結，要讓始終以大陸為中心的外國翻譯學者發現、了解：台灣現代文學作品的水準和民族代表性絲毫不比大陸的文學差，甚至是更優越的。像這次在台北舉行的中國文學翻譯國際會議，我認為就是一個很好的開始，因為一些原本對台灣及台灣文學有偏見的歐洲學者都千里迢迢的趕來參加了。我希望這種促進彼此交流與刺激的研究能夠真正消除一些不必要的障礙，使得東、西兩方，尤其是台灣與歐美文壇之間建立起寬闊結實的橋樑和道路，共同為人類文學的明日而暢通。」

張錯說得沒錯，因為當他說完最後一句話，韓國來的詩人許世旭教授便已經微醺的領頭舉杯，口喊：「暢通！」，而圍滿一桌的德國小說家、瑞典文學家、中國詩人、小說家、散文家們便一一文質彬彬，瀟灑俐落的把手中的剩酒暢飲而下，在溫暖的心中，共同把今夜的豪情「翻譯」成明天的希望了。

【1990-12-03／聯合報／25版／聯合副刊】

美 之 路

——訪大陸美學家俞兆平

　　俞兆平先生是廈門大學中文系副教授，「中國聞一多學術研究會」理事，同時也是一位傑出的詩評家和美學家。他曾經出版頗受重視的著作，並已在目前大陸評論界的三個重鎮 —— 京派、海派與閩派 —— 之中贏得了崇隆的聲譽，使他成為大陸各方期待的評論家了。

　　此次趁著探親來台，在飽覽了全島多處著名的風景區和文教設施，見了多位詩壇同好，逛了幾家畫廊、書店和百貨公司之後，對於台灣的「美」，他有了一份獨到的看法：

　　「目前海峽兩岸都面臨了人類文明發展的大問題 —— 也就是如何使物質文明的精神文明調和發展的老問題，在這一點上，台灣似乎比我想像的做得要好一些，比如：我到台中自然科學博物館，裡頭竟然乾淨得看不到一片紙屑，所有的儀器陳列、保養得那麼好，而三、四百個在現場參觀的小學生除了低聲討論之外也不見喧嘩 —— 這種高度文明的、讓人的精神和物的本質互動得那麼好的現象確實讓我感到很驚訝，這不就對了嗎？如果中國每一個地方都能像這樣，那不就好了嗎？此外，我看了台北一些百貨公司、書店和咖啡店的陳設和客人的穿著，以及藝文活動的海報設計等等，也能感到一股傳統美、物質文明和精神文明的調和上

已經抓住了『美』的作用 ── 『美』本來就是一種『調和』嘛，沒有美，如何能使物質文明和精神文明調和成一體呢？！」

　　如此，我們談到大陸的美學研究現況，從最受他推崇的青年美學家劉小楓的「拯救與逍遙」 ── 意圖整合西方宗教文化和東方哲學的美學觀，談到康德的古典美學、蔡元培的美育、朱光潛的美學譯介⋯⋯一直談到他本人的「輻射形」和「波浪形」美學觀：

　　「大陸上有系統而大規模的引進西方現代的思潮和理論，是開放後從八二年才開始的，至今也不過是七八年的時間而已，然而仗著人多勢眾，我們也算是辛辛苦苦的、深深淺淺的走過了一圈，到現在，也已經或多或少的有人開始做自己的東西方比較研究了。」俞兆平先生客氣的說著：「我個人認為，藝術乃是現實的對應，也是人類精神本體外化的結果，因此，藝術是沒有所謂的『進化』問題的，比方說，你不能認為現代美才是美，古典美就不是美，或者，你也不能主張了後現代美學就要去否定自然主義的美學 ── 因為有什麼時代有什麼地方有什麼人，就會有適合那個時代，那個地方和那些人的美學 ── 如此累積了一段時日，我們就會看到各種多元化的美學流派以『輻射形』並現在同一個時空裡 ── 比如現在的台灣和大陸的某些地區，而不會再像從前那樣，只是隨著社會和經濟的更迭，新的流派流過來舊的流派就要流過去，眼前只允許一道波浪存在，或者只能看到最高的浪頂而看不到其他的思潮 ── 如果只是這樣，『美』的路怎麼會寬廣呢？所以剛才說在台灣看到的一些古今中外並陳的美，我是很喜歡的。」

　　俞兆平先生認為，近代中國大陸真能融會東西方美學思想的

人，以目前來說雖然只有魯迅、錢鍾書和宗白華三位大師，其他的年輕學者卻也有後來居上之勢，至於台灣，他說，他「還不知道」，因為台灣的「商品意識」似乎太高了些，比較少像大陸上一些真能沈下心來死做學問的人 ── 「搞藝術的也要重視『內部言語』的問題，而不光只是會搞『外部語言』而已啊！」俞兆平先生笑著，一語雙關的說。

　　「內部語言」是俞先生在台完成的一篇有關新詩美學的論述 ──「詩的內部言語」的用詞。在文章裡，俞先生談到了「言語」和「語言」的不同：「語言」是一種社會性、普遍性的溝通媒介；「言語」則是屬於個人的，隱含著「言語者」心理和生理反射特殊現象的過程。詩雖然必須藉著「語言」的形成完成，然而其所欲傳達的，並非只有一般敘述文字的「科學性語言」和「社會性語言」而已，因為詩語言所追求的詩人與讀者在個體生命經驗上的感應默契 ── 這種感應默契的建立絕不可能只是依賴詩文字語言的表象去「了解」的，而是必須深入詩人架構這個「表象」的「內部言語」過程所透露出來的生命感去體悟的 ── 當這種不能「言」傳只能靈視的意象之交融成為可能，詩才有可能成之為詩，詩人與世人也才有可能相互交流調和。

　　依照俞兆平先生這個說法，如果「詩人」是「精神文明」，「世人」是「物質文明」，那麼，我們應該如何去思索台灣詩壇的「美學之路」呢？

【1991-02-25／聯合報／25版／聯合副刊】

詩的過境
── 訪韓國女詩人金良植

　　金良植女士，韓國著名女詩人，現任韓國「泰戈爾學社──韓・印文化研究所」會長。元月中，一個陰雨濕冷的晚上，她帶著和煦的笑容和她剛出爐的詩集，熱情而高雅的和她的夫婿在台北「過境」。

　　洛夫、張默、管管、辛鬱、商禽、瘂弦等諸位當年和她在漢城「世界詩人大會」上認識的詩友們，也在約好的時間內先後趕到。大家都帶著十年來未曾稍減的詩味，以此起彼落的問候和笑聲紛紛「入境」──在韓國大使館兩位美麗韓國女職員的翻譯協助之下，一個圓型的餐桌立刻變成了中韓兩國詩人暢通友誼，詩話、詩歌起落頻頻的「詩與酒的機場」了。

　　「這幾年我忙著『泰戈爾學社』的事務，閒時仍然不忘詩的創作，同時，我也打算用新的觀點重翻泰戈爾的詩集並加以註釋。『泰戈爾學社』是一個民間的組織，會員包括了詩人、文學家、哲學家、大學教授、印度文化專家，以及畫家、音樂家和舞蹈家……等六千餘位韓國文化界菁英，我們每年發表論文，計畫將來印行韓印藝術研究集，同時每隔兩個月就舉辦一次演講會。至於成立『泰戈爾學社』的宗旨，主要有兩點，其一是因為我們承認韓國文化的本身有其限制，除了早期受中國文化的影響外，我們認為

還必須借助於和其他深度文化的交流和融合才能使韓國文化產生新貌；其二則是我本人的因素，我十歲時就曾經受泰戈爾詩作的感動，後來更進了印度哲學系讀書，這些經驗使我了解到印度文化融入韓國文化的進一步可能性。」

依照張默先生的看法，金良植女士的詩風和國內的女詩人夐紅有接近之處，卻較爲淺白，主要的詩作品集有「初薰詩集」等多部，曾多次獲得韓國的全國性詩獎，作品頗受韓國年輕讀者喜愛。

「在韓國，隨著經濟變動，已經有愈來愈多的大企業因關心文化而樂於贊助文藝和體育活動了。像合唱團、交響樂團，以及舞蹈、影劇和文學等社團，只要有實力有表現，要獲得經濟上的協助是不困難的，至於體育，那更不用說了。最近就有一家商社出資韓幣二億元給小說家們成立新的作家協會，我們的『泰戈爾學社』也是因此獲得企業界的贊助才得以維持的。」

金良植女士的言談和笑容就像城街道旁灑滿陽光的柳樹，充滿女性成熟旳智慧和優雅的氣質，這種氣質很自然的，讓人一下子就想到了詩：

「對於台灣詩人作品的印象，我的感覺是他們的精神世界很深沈，藝術手法很高妙。我曾經爲文在韓國的『詩文學』上介紹過洛夫和商禽兩位詩人的作品，洛夫的詩充滿悲劇的美感，商禽的詩則充滿了對人的批判和省思，兩者我都喜歡。我認爲好的詩必須真實才能動人；好的詩人不會拘限於自己的小人生觀，而是能夠超越自己，並對宇宙和自然有直觀的能力，此外，最重要的，好的詩人必須對萬事萬物，一草一木有關愛的胸懷，因爲只有這種關愛的胸懷加上高闊無拘的視野，才能寫出真實而好的詩來

的。」

　　說到關愛，金良植女士的另一半蔡先生 —— 漢城來的企業家，對於擁有如此一個如詩的太太，幸福與美滿之情始終溢於言表，席間，他忍不住當眾拉過太太的手開了個玩笑說道：

　　「太太，今晚我覺得妳只有十六歲。」實際上，金良植女士今年六十一歲。

　　「是呀，我覺得你今天也只有卅六歲。」實際上，蔡先生今年六十二歲。

　　如此自然吐露的「詩句」所顯現的伉儷情深，感動了在座的眾詩人們，啞弦於是脫口說道：「他們是從青春痘愛到壽斑仍然愛不停的，真好。」張默跟著詩興大發唱了一曲「楓橋夜泊」，管管則是觸景傷情，吟了一首「荷花」；洛夫含笑不語，商禽隨歌附和，辛鬱終於決定高誦「午夜削梨」……。在一串串詩語、詩歌生動的起落之後，心細的金良植女士想起了臥病的羊令野，親手將包裝好的兩只韓國水梨託由啞弦轉送給他 —— 詩人口說的關愛胸懷化成實際的表露，確也是如此的鉅細靡遺，這，又讓在場的詩友們感動了一次。

　　雨絲紛飛的夜色中，所有沾過詩句的酒杯一齊安靜的「降落」在曾經歡聚的餐桌上。詩人即將過境了，卻留下了一頁永不褪色的，充滿了關愛之情的詩之夜。

【1991-01-31／聯合報／25版／聯合副刊】

戲劇是要感動人的

── 訪 ACT 導演姚樹華

　　外表清麗白皙，說起話來清脆婉約，被啞弦形容為「宋瓷」的姚樹華小姐，年紀輕輕的，已是美國史丹佛大學的比較文學博士，目前在舊金山州立大學外語系任教，並同時在美國著名的 American Conservatory Theater（A.C.T.）擔任副導演的工作。

　　「A.C.T.是與英國莎士比亞劇團同享盛名的美國重要劇團，是廿二年前由一群演員策畫組成，純粹以演員訓練為主的。它的特質，誠如 conservatory 一字的意涵，就是著重於保存戲劇與文學的傳統。另外，A.C.T.擁有一個一千五百人座位的表演劇場可供學員排練公演，在美國眾多的民間劇場中也算是它的特色之一。」姚樹華特別強調 A.C.T.對演員訓練的嚴格要求，舉例說，著名的影星 Don Johnson 以及主演「洛城法網」的 Hary Hamlin 都曾是 A.C.T.的學生，而且 Don Johnson 入學第一年就被退學了：

　　「學生們在第一年是不能上台的，學費還要自己張羅；第二年可以上台表演了，卻不能講話，但可以申請獎學金；第三年如果你能夠幸運被留下了 ── 通常只有七、八人，你就有機會演大角；第四年呢？如果你居然還能意外的再被留下來，那麼恭喜你囉，畢業之後你可以回來教書或者成為 A 級的職業演員了，每週有五百美金的收入和成名的機會。A.C.T.的演員訓練就是如此的

嚴格循環卻又能生生不息的。」

　　談到國內的戲劇運動 —— 從早期的抗戰話劇、張曉風的舞台劇、蘭陵劇坊、賴聲川、慾望城國、九歌劇坊……一直談到目前蓬勃發展的小劇場，姚樹華覺得台灣的社會力能夠朝向劇場的形式擴展，相當可喜。但是，她也難免有一些屬於專業上的個人看法，她說：「戲劇究竟比較接近文學，和『表演藝術』不同，不論是現代、後現代或是什麼觀點的戲劇，我覺得劇本和人才是最重要的。基本上，我認為如果沒有好的劇本就很難有好的戲劇，就我在台灣曾經看過的有限的幾齣演出而言，好的劇本似乎不多；另外，戲劇是要感動人的，如果不能讓人感動，那不就只是娛樂了嗎？我們看曹禺的，易卜生的，羅卡的，莎士比亞的作品，光是劇本本身就已經讓人動容」儘管在不同的時代遇上不同的導演以不同的觀點導出來，卻喪失不了它們原本動人的意涵和特質 —— 這就是戲劇。

　　姚樹華果然愈看愈像「宋瓷」，簡潔、明白，風度堅持而散發著溫潤的智慧。

【1990-09-17／聯合報／29版／聯合副刊】

文學訊息的傳播者
── 訪翻譯家葛浩文先生

　　除了他的「封面」，那一身仍嫌洋裡洋氣的藍眼珠、白皮膚之外，他已把自己「翻譯」成一個地地道道的中國人了。葛浩文先生現任美國舊金山州立大學比較文學系教授，那一口滑溜的北京話和精湛的中文造詣，不只已經使他成功的翻譯了多部精彩的中國現代小說，更已經「信、雅、達」兼備的，也把自己「翻譯」成一個地地道道的中國人了 ── 因此，他從東方抽起文學的天線，眼啓手落之下就能讓西方的讀者「聽」得清清楚楚－這種功力再加上他那一身四海的瀟灑丰采，說他不是台灣小說界的「大哥大」，是什麼？

　　「台灣這兩年動盪得很厲害，也許目前就是所謂的重要的年代。台灣的小說家們現在就開始寫的，固然有人寫得不錯，不過，我認爲後來寫的也許會比較好，因爲，經過一段時間的沈澱會比較容易看清人心和時間互動的關係，像『幹校六記』、像白先勇、黃春明的小說等，都是沈澱之後的結晶。否則，光是眼前一些現象的描寫，會像馬匹只看到眼前狹窄的路況而不易掌握本質 ── 小說如果只是提供一些社會性或者歷史性的資料，那有什麼意思呢？」

　　閉著眼睛聽著，會以爲前面講話的人是北京來的。葛浩文很

強調小說表現的藝術性，和放在不同時空都能凸顯得出的人性掌
握能力，他接著說：

　　「從『尹縣長』開始，我挑選而翻譯得好的，都是足以代表
那個年代風貌的好作品，比如楊絳的『幹校六記』、蕭紅的『呼蘭
河傳』、李昂的『殺夫』、黃春明的短篇小說集……等，每一部都
是那個時代與人性的精彩切片。此外，白先勇、王禎和、楊直矗、
陳映真、黃凡、張大春、李永平、蘇偉貞……等人的作品，我也
很喜歡，他們的作品讀起來有歷史感，文字又好 ── 大陸的作品，
文字就差了些，氣魄雖大，難得看到幾部優雅的，像阿城或者馬
建那麼重視文字的作品。比方說，他們的語言在文革之後被窄化
或簡化了，有很多『搞』，在『搞』法上有什麼不同 ── 當然，就
翻譯而言嘛，這倒是留下了比較大的自主空間，我們也樂得自己
去『搞』看看 ── 台灣的小說可就不一樣了，白先勇、李永平的
作品可真是『搞』死人囉！」

　　接觸了那麼多的台灣現代小說，對於台灣文學進入世界文壇
的前景，葛先生也說出了他的想法：

　　「大陸的作品量多，作家多，西方人當然重視大陸的小說而
輕視台灣的作品，但這也不一定，李昂的作品曾經受到注意，還
有我翻的袁瓊瓊的極短篇小說差點兒得了美國全國性的大獎─因
此，政治地位雖然是因素之一，卻不是最主要的，最重要的還是
作品要好。紅樓夢在中國是好的，經過翻譯打了幾折之後在世界
上還是好的。如果作品本身不好，即使翻得再好，也是不好。可
是，一般人讀了好的翻譯作品之後一定會說是原著的，如果讀了
壞的翻譯作品呢，一定說是翻譯翻壞了。翻譯的真是揹黑鍋呀！」

【1990-08-11／聯合報／29版／聯合副刊】

台灣現代詩的「傳眞機」
—— 訪翻譯家陶忘機先生（John Balcon）

　　台灣現代詩的水準毫不遜於世界其他各地的詩作品，問題
是，要如何介紹出去？

　　陶忘機先生一九八一年第一次台灣來，一頭就栽進了台灣現
代詩的研究與譯介工作。大學時代因爲對亞洲歷史有興趣而積極
改習中文，在獲得比較文學博士的過程中大量鑽研了中國傳統的
文學詩詞，而後繼續個人原本對西方與南美詩歌的熱愛，他也在
中國近代與現代的新詩中，發現了足以讓他動容而認爲值得介紹
給西方讀者的好作品，因此，從洛夫的作品開始翻譯，到目前他
已經譯過十數位台灣現代詩人的重要作品了。

　　「我在華盛頓大學教中國現代詩，兩岸兼俱，大陸的北島、
顧城、舒婷……，台灣的洛夫、啞弦、商禽、余光中……都是我
上課的題材。一般的反映是，大陸的作品有氣魄，但表現技巧上
卻比較粗，台灣的作品比較細緻，但感覺上卻不像大陸那般強悍。
大陸的詩作從朦朧詩派走向了第三代的現代寫實，在形式上仍是
有限，台灣卻不同，幾乎鄉土的、政治的、都市的、返鄉的，甚
至後現代的……，什麼詩都有，這種多元並陳的情況，我覺得很
好。」

　　至於近幾年台灣年輕詩人的作品，在西方人的眼光下究竟如

何呢？陶先生這麼說：

「我曾經把翻好的幾個台灣年輕詩人的作品拿給美國文學界的人看，他們看到夏宇的『十四行』，就覺得有美國重要詩人 John Ashbery 的水準；看到李渡予的『螺旋』，也認爲相當精彩……。就我接觸層面而言，我認爲台灣現代詩的水準毫不遜於世界其他各地的詩作品，問題是，要如何介紹出去？」

陶忘機接著說，他和葛浩文此行的目的就是受聘於香港中文大學「譯叢」雜誌，爲「台灣現代文學專號」的編譯工作而來，希望此行能夠蒐集更多代表彎詩壇現代風貌的好作品，向分佈世界各地的讀者進行有特色的譯介 ——

「台灣的現代文學因爲政治問題和翻譯質量的問題而一直受到冷漠對待 —— 這個事實，我相信不久的將來會獲得改進的，因爲已有愈來愈多的外國人逐漸的有興趣欣賞台灣的現代文學了。此外，翻譯的觀念也在改變之中，你知道不懂中文的美國詩人 Finkel Donald 是怎麼翻譯北島的作品嗎？他首先要人把北島的詩一個字換一個字的翻成英文。然後，自己再把這些沒有文法關連的英文字彙運用獨到『詩眼』再創作，譯成無懈可擊的英文詩 —— 果然叫好，這只是一個特別的例子，但由此可見，詩的翻譯成敗，翻的人有時候是比作的人更重要，不是嗎？」

陶忘機指著房裡堆滿桌面的台灣現代詩集，笑著說：「這些，可夠我花上一大段時間好好消化了，我可是忠於原著的。」

【1990-08-07／29 版／聯合副刊】

中國文學的「小耳朵」

── 訪香港《譯叢》孔慧怡

「我比較關心的，是如何順利的找到台灣文學這幾年來的好作品，不一定是很有名的，只要能代表台灣過去三、五年的時代風貌，任何題材我們都會考慮……」孔慧怡小姐一臉秀麗，配上她那嬌小瓏玲的個兒和輕柔悅耳的嗓音，外表看來就像是一個時髦的大學女生，沒想到一開口，從她豐富的文史知識和條理清晰的表達，才驀然發覺到眼前這位倫敦大學的翻譯學博士，的確有她不尋常的主見和做事的魄力。關於「譯叢」，她如此介紹：

「『譯叢』創辦至今已經十七年了，是個半年刊，目前已經出版到三十四期。它的宗旨主要是向分布世界各地的讀者 ── 包括各大學的圖書館、各國領事的文化參贊，以及對中國文學有興趣的外國人、作家，甚至瑞典皇家學院……等等 ── 以英文譯介中國文學。不管是傳統的、現代的，大陸的、台灣的、香港的，只要是我們認為有代表性，是好作品，我們都會用計畫編輯的方式出版不同的專輯進行譯介。最近幾年我們出版過『中國現代文學專號』 ── 內容包括大陸、台灣、香港和新加坡的華文當代作品；以及『香港當代文學專號』 ── 以雜文為主；今年我們即將出版『中國古典文學專號』，接著，就是我們正在籌編的『台灣現代文學專號』了」。

　　在她的介紹之下，筆者才知道「譯叢」的原始構想人和創辦人原來就是喬志高先生，他和宋淇先生也是「譯叢」創刊後二十年來的主要編輯。「譯叢」除了以雜誌形態進行中國文學的譯介工作之外，另外還有「譯叢叢書」和「譯叢文庫」兩系列出版品分擔其他華文作品的譯介工作，經費主要來自香港永隆銀行私人捐贈的「文化交流基金」。孔小姐在一九八六年接辦「譯叢」時只有她一個編輯，但在她的克苦經營下，兩年內就出版了七輯，一口氣補齊接辦前的脫期窘況。今年起，「譯叢」又加入了英籍文學家卜立德（David Pollard）先生為編輯，重新恢復了傳統的兩人編制。同時身兼港中大翻譯系主任的卜先生此次亦隨同來訪，他的主要任務是尋訪台灣近幾年的優秀散文作品。

　　「這幾天，我們忙著拜見台灣的作家和編輯，並且蒐集了很多最近出版的好作品。前後見過的二十多位作家中，有些人對台灣文學的未來很樂觀，有些人看法持平，也有些人很悲觀——我覺得他們都有道理，因為對文學的悲觀和樂觀是世界各地都有的事嘛。我比較關心的，是如何順利的找到台灣文學這幾年來的好作品，不一定很有名的，只要能代表台灣過去三、五年的時代風貌，任何題材我們都會考慮。」

　　問到海峽兩岸的中國文學翻譯情況和水準，孔小姐則有感而發的說道：

　　「大陸上人力多，按理應該可以做得很好才對，可是，你知道嗎，他們也有一本和台灣的 Chinese Pen 一樣的 Chinese Literature，取材卻多是政治色彩濃厚的官方文學，翻譯出的英文，也多是書本學來的教科書文法而不是生動活潑的生活文法，如此一來，它的影響力自然就無法和『譯叢』相比了。而台灣私人辦

理的 Chinese Pen 則受到影響、人力的影響，又沒能得到來自企業界的大力贊助，做起來當然也比『譯叢』吃力。事實上，『譯叢』除了譯介和出版工作，還有訪問學人的計畫，目前已有哥倫比亞大學漢學家華茲生來港半年完成『秦史』的翻譯；今年十一月，則是馬悅然先生來，他也是來半年，什麼事都不做，就只翻譯李清照的詞……」孔小姐閃動著慧黠的眼光，充滿自信的說著。

【1990-08-06／聯合報／29 版／聯合副刊】

文化交流從生活開始
── 訪香港「開放雜誌」總編輯金鐘先生

金鐘，原名冉戀華，湖南常德人，曾在大陸任職數學教師及水利工程師，一九八一年赴港，任政論時事雜誌執行編輯，一九八六年開始主編香港「解放月報」，現任香港「開放雜誌」總編輯。金先生由於長期撰寫政論文章與人物專訪，並同時具有大陸、香港的多年生活背景與經常進出台灣的經驗，因此，對於兩岸與香港等華人地區的文化現象具有深刻的體驗，對於近年來兩岸勃興的文化交流，他也有鞭辟入裡的洞見：

「文化交流在基礎的意義上應該是生活價值觀的拉近，而不只是文藝、藝術的交互出版或展覽而已。兩岸隔離了四十年，雖說是同文同族，但由於意識形態的相異，連帶的便造成了各種生活與生命價值觀上的不同 ── 這些不同有必要經由互動的再融和才得以消除，而文化交流就是最實際有效的和平統一方式。文化統一了，中國才更有可能在經濟上統一和在政治上統一；文化不先統一，要想在經濟上和政治上統一是事倍功半的。」

金鐘先生認為兩岸的「文化交流」── 從「生活價值觀的拉近」這個層面上來看，台灣是占優勢的，因為「中國文化」反映到現代台灣民間的「生活方式」，經由觀光、探親的人潮帶到大陸上的每一個角落，就是對大陸同胞一種最富吸引力的「文化」交

流──而這種承續了傳統中國，溶入了近代西潮，涵蘊著勤勞、向上、公平競爭、效率、創意、民主化、多元化、國際觀……的「現代中國新文化」及所謂的「台灣經驗」，如果每一個到大陸去的「台胞」都能意識清楚的在他的言行舉止中表現出來，就是我們和海峽對岸進行文化交流的最大本錢，怕的是，我們帶去的只是銅臭味、貪婪、欺騙、不守法、沒禮貌……的負面生活文化。當然，台灣充滿生命力的生活文化相對於大陸的封閉與保守，對彼岸來說難免有些是被視為「腐敗」而「墮落」的，但是，有哪個進步的國家沒有這些「資產主義自由化」的現象呢？針對這個問題，金鐘先生說：

　　「被壓抑、被扭曲的，遲早有一天是要恢復原狀的，人就是人，人不是一天廿四小時都喜歡被黨壓在下面當同志的。那些他們嘴巴反對的，身體為什麼極力贊成？那麼他們白天喊著要打倒的，為什麼晚上要搶著扶起來？只要是符合人性的，能教他們生活得更快樂的文化，我看全國十二億的人口都會贊成的。所以說，台灣有什麼好猶疑的？要有信心。即使開放對岸的記者和同胞來台訪問參觀，只要讓他們看一下中國人可以怎麼生活，那就夠了！」

　　如前所述，依金鐘先生的觀察，兩岸的「文化不統一」現象，主要是近幾十年來彼岸錯誤的意識形態所扭曲造成的，因此「文化交流」的首要之意，就應著力於消除這種扭曲所造成的生活文化歧見，如果意識形態不易交流，那就從生活直接去交流──這也是中共當局最忌憚的，所謂「和平移轉」的外來攻勢。金鐘先生說：

　　「我相信以和平為過程所達到的目的應該都是好的，沒有任

何理由反對。因爲『和平』兩個字所代表就是理性、漸進、尊重和人性，『和平移轉』就是理性的移轉、漸進的移轉、尊重的移轉和人性的移轉，其本質無非就是科學的、有效率的和更好的移轉── 如果連這樣的『和平移轉』都要抗拒，那就代表任何移轉都不能接受，中共還有什麼希望呢？」

金鐘先生剛在香港出版「從毛澤東到鄧小平」的政論文集，文風紮實明快，兼具歷史分析的冷靜與數理邏輯的嚴謹。觀之他前面所言並對照他在書中所說的：「人性被扭曲了，牧歌式的自由消失了，人的價值改變了；熱情激起革命卻被革命所禁錮，個人在宿命力量的巨大陰影下討生活……」兩岸的「文化交流」，確實，應該更落實於「有尊嚴的生活文化」的交流吧。

【1991-10-21／聯合報／25版／聯合副刊】

超現實住宅
─ 達利的家

　　超現實藝術大師達利（Salvador Dali，1904～1983），除了其畫作如夢似幻，充滿順理成章的荒誕與神祕之外，其擁有的所有住宅也幾乎和其畫作一樣的讓人瞠目結舌，恍如步入詩境。

　　達利的住宅遍佈西班牙名勝地區與歐洲幾個特殊景點，尤其是他童年家鄉西班牙卡達奎司（Cadaques），靠近庇里牛斯山脈與地中海交界點一帶，達利就擁有幾座遠近馳名的「魔幻」住宅。這些住宅本來主要的特色都是近海，宅中一定有窗戶可以觀賞海景，此外，也只是地理位置優越或建築物本身單純易於改建、改裝而已，然而到了達利手中之後，有的房子的屋頂卻孵出了巨蛋（「蛋之屋」），有的變成了插滿叉子的蛋糕（「叉之屋」），也有在室內張開巨傘頂住天花板的「雨屋」，更有在十多艘小木船上種了松樹，讓松樹圍繞房屋四周的「船港屋」等等。

　　除了這些運用整體住宅「超現實」化的「再建築」群之外，達利也善於利用雕刻與改變「既成物」（READY OBJECT），比如著名的「紅唇」、輪胎、東方的香爐、透明白紗布幔等，結合自然的樹林與天空，讓他超現實住宅的庭園角落隨著日照光影的變化，瀰漫著神祕舞台般的氛圍，令人嘆為觀止。

　　在室內佈置上，達利的創意更是發揮的淋漓盡致，以前述的

「蛋之屋」爲例說明：步入屋內第一個房間就是有名的「熊廳」
（the Hall of the Bear），廳內站著一隻達利原本擺設在巴黎大學路
豪宅中的北極熊標本。熊以張牙舞爪，右掌持燈的雄姿象徵對訪客
的誠摯歡迎，身上則裝飾著達利蒐集來的各種項鍊、徽章、與各式
各樣的柺杖。熊掌上的那盞燈除了是燈之外，其實也是傘架與郵
箱，同時具備裝飾性、實用性與隱喻性，和同廳內對角窗子下的達
利「紅唇」沙發默默對談，隱約中散發發出一股詩境般的神祕氣氛。

　　再進去，則是接連寬闊的飯廳與圖書室，運用階梯間隔出兩
種不同氛圍的空間。飯廳本是歐式的大廚房，原有的炊具經過達
利的魔法，卻搖身一變成爲多寶格式的壁架，佈滿各種各類的乾
燥花，讓梯階下的空間宛若花圃；拾級而上，兼具起居室功能的
圖書室裡，延伸整面牆壁的書架上排滿了各類書籍，涵蓋藝術、
建築、文學、哲學、物理、自然科學等類，目前已成爲研究達利
生平與思想的重要參考。書架頂端放置著三隻經常和莉達
（LEDA）在達利畫作出中出現的天鵝，「木馬屠城記」中的傾城
美女海倫傳說中就是莉達與幻化成天鵝的宇斯所生。

　　上二樓，主要是達利的畫室，這個部分是達利夫婦於一九四
九年從美國返回西班牙後重新整建的。映入眼簾的是一具氫原子
的巨大模型，一尊戴著西洋劍護罩的新古典主義石膏像，腳邊放
著一顆美式足球，牆上掛著法蘭斯德式鏡子，壁龕裡散落著幾副
觀看立體電影的影鏡……每樣物品都各司其位，以達利超現實畫
作的異想風格互相對位，沈默的，以立體的形式烘托出達利靈魂
鮮明深沈的輪廓。

　　超現實藝術大師達利的畫讓人著迷，他的「超現實住宅」也
同樣讓人驚嘆。　　【2001-07-03／聯合報／14版／文化】

附錄一：論述杜十三

（摘　選）

哀愁與智慧
—— 杜十三詩的大悲咒

賴芳伶博士

摘　要

　　在歷史的回顧與前瞻中不停思索「創新」的杜十三（1950~），一直以「多媒體的藝術」作爲「文學」與「傳播」的焦點，努力頡頏詩的雅俗，希望書寫體能接合適於朗誦的口語體。本論文主要以杜十三的文字詩作爲討論對象，惟仍稍及於他跨領域的藝術表現，大要如下：一、前言 —— 簡介杜十三及其作品。二、詩與詩的越界演出 —— 索探其傳統淵源和當代轉化。杜十三於中國傳統的詩畫同源與音樂性方面受惠良多，復深受黑格爾「詩美學」和尼采「衝創意志」的影響，早於寫詩之餘，同時展演他創造的「視覺詩」與「聽覺詩」。多年來更與同好策畫、導演多次有關現代詩的展演。他的「越界」演出，除了複合媒介的運用之外，詩篇的觸鬚尚及於散文、戲劇…，所書寫的語字兼併中/英文，華/台語，文言/白話，乃至穿插佛經誦偈於其間。三、存在與災難：從人間地球到宇宙洪荒的哲理性思考 —— 杜十三對災難的體認多向多維，他詩篇中所謂的「災難」，有遠近即臨的天災地變，有層出不窮的社會動盪，有看似無解的兩岸僵局，有日日隨在的生老

病死貪嗔愛痴。「存在」所以成爲災難性的負荷，乃緣於「慾望與生俱來」；再者是大千世界的「無常住」。這些根深蒂固的生命感知，一直沒有從杜十三日漸精進的體悟和詩作中消褪。近期作品尤以「天人相應」「自作孽不可活」的觀照，聚焦於爲整體人類的罪咎弔唁，如同啓世經。四、一棵不斷成長的樹 — 語言形構種種。杜十三的詩極擅於切割並整合異質元素，「散文詩」是其中之一。這種「語言」體制的要求，通常含攝了散文的敘事性與戲劇性，不惟使詩的語彙毫不晦澀，還要在詩篇的「分行」與「分段」上進行精工，以彰顯生命與詩「誦嘆合一」的音律和節奏感。而他的「分行分段」也游向「分塊分區」的嘗試，吸納傳統「迴文詩」和現當代的「圖象詩」…的特質，由文字表象的組列變化衍生詩義的多歧與閱讀反應的多元。一九九〇年代以後，他的閩南語歌詩，不只侷限於文字的姿態之美，尚且兼具了「歌的詩境」。而早期的「憂鬱書寫」，至此階段更衍爲「因爲苦難所以奮鬥」的生命指標，以及婉約深沉的歷史思索。五、結語：雖然杜十三的詩如鴻鴻所言：「率多城市文明的器物，被大量烈燄、野草、海浪、月光…這些自然界的原型所包圍、所詮釋。」而「欲望和記憶的糾纏拖曳，與精神的迫切渴望躍升」一直也都在他作品的底層「構成一道位置懸殊的強烈拉鋸。」然而他在廣袤多情的詩心深處，蘊藏著宗教性的慈悲。「石頭因悲傷而成爲玉」，正是杜十三自我設定的「悲劇精神」。事實上，「詩」的變化就是「人」的變化，他將受想行識所及的人間哀愁，盡化作語言文字永恆的智慧與愛，每一首詩篇，都是他一再轉換說法形式的大悲咒。

　　關鍵字詞：杜十三、現代詩、多媒體傳播、詩美學

一、前　言

　　杜十三（1950~），生於台灣南投，原爲濁水村杜家排行第十三之么兒，後來過繼給竹山鎮黃姓人家爲嗣，取名黃人和。台灣師範大學化學系（輔修藝術）畢業。曾任《創世紀詩刊》主編、中華經濟研究院出版室總企畫兼台灣中華書局總編輯、讀者文摘台北編採部主任……等職。

　　杜十三自幼學習書法、誦讀古籍，性喜文學、繪畫和音樂。國中時代即嗜讀中西經典名著，就讀台中一中高中部時，深受《文星》《自由中國》…思想自由開放的影響，對西方的文史哲觀念與藝術思潮，已有初步的認識。他不僅主編校刊還擔任合唱團團長，更發表了一篇長達四萬字的文章：〈論人類存在與本質的來去〉，透顯出對存在主義的嚮往。

　　甫進師大化學系就讀的杜十三，立即介入當時風起雲湧的「保釣運動」。一九七二年，他結合繪畫、歌曲、散文、詩、小說、戲劇、論述…各種文類寫出《偉大的樹》，曾先後四次於學院演出。這本合集是杜十三日後跨界整合藝術的重要嘗試，在眾多不同的藝術形式中，或隱或顯地流漾著現代主義式的孤絕深沉、感傷頹廢的色調。一九七四到一九七八年間，杜十三服兵役就業結婚生子，僅寫了一首三百行的長詩〈黃花魂之歌〉，但是，和《偉大的樹》一樣，〈黃花魂之歌〉一出手就得獎。三年後他的散文詩《室內》系列，得到第四屆的時報文學獎。這些生活歷鍊加強也擴深了杜十三的藝術積累與人生心得。

　　一九八二年起，他轉入廣告界擔任藝術指導，對資訊社會、大眾傳播與文學創作的關連，有較務實的省察。是年出版的《杜

十三郵遞觀念藝術探討展》複數型作品集與《媒體 II》，運用時報公司等機構的資源，將作品冊頁直接郵寄給讀者，回收意見，然後匯編整理，交叉分析，再把結果公之於世。杜十三這次的紙上藝展，使現代詩從文字符號的世界出發，綿延至其他的藝術範疇，彼此互相滲透詮釋。他將讀者的回饋反應報告，作為一項藝術展出的終結，不僅突破現代主義的藝術觀，更檢驗作者理想和現實間的落差，發見預設讀者與實際讀者反應間的差異。這樣的作法實踐了他「複數型藝術創作」的觀念，被視為是國內第一個完整的觀念藝術（Conceptaul Art）成品。

自此以後，杜十三不斷從事文學與生活結合的各項行動，並倡議詩畫合一的「再創作」。一九八四年問世的《人間筆記》，就是一本詩畫集。兩年後的「有聲多媒體詩集」《地球筆記》，進一步整合了文學、繪畫、音樂三種藝術領域。作為當時被稱為台灣詩人「行動首席」的杜十三，他的前衛色采除了表現在觀念藝術展之外，還是第一個出版有聲詩集、第一個將現代詩搬上舞台、第一個結合詩與裝置藝術、第一個寫作千行詩…的優秀詩人。

一九八〇年代以降的台灣，農工商社會交錯盤雜，多元的意識形態逐漸形成，文化藝術脫出貫時性的思維，朝向講究並時性的美學觀念開展；杜十三所締造的跨科技與人文的藝術新型態、新思考，適為時代變遷的有力見證。一九八八年他出版現代詩行動記錄文集《行動筆記》，不出幾年，即交出散文選《愛情筆記》、詩選《嘆息筆記》，和雜文集《雞鳴、人語、馬嘯》。一九九三年，杜十三推出「手製限量詩集」《太陽筆記》第一部《愛撫》，後續跟進第二部《火的語言》，有更考究的形式包裝：「千行詩絹印限量詩集」。隔年，《火的語言》出文學版，《四個寓言》小說、劇本

集也同時面世。他在這年獲得《創世紀》四十週年詩創作獎。中國北京在一九九八年爲杜十三出版散文詩集《新世界的零件》，美國方面發行英文版的《四個寓言》。次年他完成有聲版詩集《石頭悲傷而成爲玉/世紀末詩篇》。

　　近二十年來，杜十三所展現的多媒體藝術理念，其實都是詩的各種變貌。他曾經在《行動筆記》中談到詩的四段演變，是由「口唱」到「筆墨」到「印刷文字」到「後工業電波傳真時代」，這些形式上的變革，使詩可能隨著聲光、樂音、舞台而「演出」。

　　他早期的《人間筆記》和《地球筆記》，已經善於經營意象，讓情感和思想升騰其中，在壓縮語言所造成的空隙裡游走超現實思維。較晚近的《嘆息筆記》、《火的語言》…，一方面承襲原有的特色，又開出頗具實驗性的台語方言詩；這樣的表現，是杜十三對當代台灣社會脈動的敏銳關注。二〇〇〇年文學版與有聲版的《石頭悲傷而成爲玉/世紀末詩篇》，除新作三十首外，另附他自己選輯的一九八二~一九九三年間的四十首舊作，仍然和聲光交織，與表演結合。在歷史的回顧與前瞻中不停思索「創新」的杜十三，以「多媒體的藝術」作爲「文學」與「傳播」的焦點，一直努力頡頏詩的雅俗，希望書寫體能接合適於朗誦的口語體。以下即以杜十三的文字詩作爲討論對象，惟仍稍顧及他跨領域的藝術表現，並提出討論心得。[1]

---

1 有關杜十三生平種種，主要係參考〈杜十三簡介〉，《創世紀》詩雜誌 105 期，頁 78，1995 冬，與〈杜十三創作記事〉，《石頭因悲傷而成爲玉 —— 世紀末詩篇》頁 216-223。（台北　思想生活屋 2000/1）

二、詩與詩的越界演出：立體多面交映的水晶體[2]

詩人白靈曾以「文壇異形」稱呼杜十三，主要因為杜十三自一九八〇年代起，就能夠自由出入不同類型的文體和表現媒介間，很難在藝術的領域被「歸類」。而白靈此處所謂的「異形」，不單指杜十三對傳統的叛逆，對歸類的否定，更重要的是，杜十三極度渴望回歸宇宙自然的母體，因此他的異形像一株不斷生長的樹，是接近一切原始元真的總集合。[3]近二十餘年來，杜十三超媒介、超文本、超語言的展演方式，似乎已為二十一世紀的新詩路，作了最精采的範例詮釋。他以「行動的實踐」搭配「觀念的提出」，尤其得到林燿德的高度肯定，說他是「行動詩人」。[4]

我們很容易從杜十三的身世環境和性情，看出他這些潛在的藝術基因，必然會在最適宜的時間點上，破土而出。古典漢文學「言志載道」的教養，使他很早即了悟「人文化成」、「成己成物」的社教功能。他一直到最近的詩集「後記」中，還殷殷訴說：「想在這個紛擾蕪雜的世紀末裡用心理出自己作為一個詩人，用愛與悲憫所能見證的一些感悟，以便提供給靈魂同樣受苦受難的朋友們一點讓生命重新感覺的新方向與新質地。」[5]這樣的感懷和宣言，其實是很傳統的。中國一千多年前的南朝，已濫觴詩畫合一；

---

2 這是羅門〈杜十三作為詩人的存在 —— 他內層創作生命的「基本面」〉，用來形容杜十三的創作特質的話，並指出他「同時具有由點向線向面向立體擴展的生命張力，以演變與拓寬詩思的感應磁場。」參見《台灣詩學》季刊第 25 期「杜十三專輯」（1998/12），頁 83。
3 參見白靈〈文壇異形杜十三〉頁 7-10。收於《石頭因悲傷而成為玉 —— 世紀末詩篇》。
4 參見林燿德〈行動詩人〉頁 87-89。收於《創世紀》第 105 期。
5 參見《石頭因悲傷而成為玉 —— 世紀末詩篇》「後記」頁 212。

至於結合「詩、書、畫」的藝文訓練，與審音度曲的音樂薰陶，對於中國舊式文人而言，亦絕不罕見。陳世驤（1912-1971）嘗從中國「詩」字的原始觀念，論及此一語言藝術實與音樂舞蹈密不可分，都是人類表情達意的昇華姿態。[6]中國文學史上唐詩宋詞元曲⋯的交替，正好說明了每個時代的「文化方言」，有著重於「讀」，有聚焦在「唱」，而說書與戲劇，尤其富於「表演性」；它們之間一直也都存在著互相援引、彼此詮釋的關係。因此，種種古典文體的「互文」現象，往往使其兼具「聲韻、意象與造形」的美。[7]

　　就藝術形式而言，詩歌的面貌從來即非一成不變。黑格爾（1770-1831）認為，「詩」是一種可以納入各種文本領域去盡情表達的藝術，不僅能和聲音、文字、舞蹈、造型、儀式甚至建築⋯等形式互相結合，並和人類的生活產生活潑而深刻的互動。[8]歐美現代文壇，把詩、散文、小說、戲劇、電影⋯多種藝術元素同時融合為一個文本的例子，所在多有；更不乏將文學、音樂、雕塑、繪畫、戲劇、電影⋯冶成一爐的創作。[9]杜十三深受黑格爾「詩美

6　參見陳世驤〈中國詩字之原始觀念試論〉，《陳世驤文存》頁 39-63。（台北　志文　新潮叢書之十一　1972/7）。
7　參見章亞昕〈第三波詩人 —— 杜十三〉，《創世紀》第 105 期，頁 79-83。
8　轉引自杜十三網頁〈二十一世紀新詩路〉。
9　參見瘂弦〈大眾傳播時代的詩 —— 有聲詩集《地球筆記》的聯想〉，《中華現代文學大系》15 李瑞騰主編：評論卷《貳》，頁 1140。（台北　九歌　1989/5）據聞，美國女詩人 Laury Anderson 十多年前即將詩作結合電腦數位音效，進行現代詩的有聲化創作，也曾將詩篇搬上舞台，以現代藝術的聲光媒介「演出」。其多元化文本在美國、日本、歐洲等地，都引起相當的迴響，她所錄製的朗誦 CD"BIG SCIENCE" 和表演錄影帶且被列入大學的教材。比利時詩人藝術家 MARCEL BROODTHAERS，在 1964 年以後，開始嘗試以具體詩（Concret Poem 或譯圖象詩）的觀念，將其詩作與實際空間和既成物（ready made object）結合，創造出一系列可以觸摸、可以進出、可以「傢俱」、可以閱讀可以徜徉的嶄新「詩空間」和「詩物件」來。如此衍生而成

學」和尼采「衝創意志」的影響，加上個人在視覺藝術和音樂方面的稟賦，故很早於寫詩之餘，同時展演他創造的「視覺詩」與「聽覺詩」。[10]多年來他更與同好策畫、導演多次有關現代詩的展演，像是：「詩的聲光」、「弘一大師五十年祭」、「因爲風的緣故」、「貧窮詩劇場」、「詩的新環境」…；而他在「台北雙年展」上大放異采的視覺藝術創作，以及陸續出版的歌曲，幾乎都帶有濃郁的詩質。簡要言之，人類文學藝術的「越界」、「跨領域」，實不始自「後現代」潮流；一九六〇年代的台灣藝壇早已出現雷射藝術結合詩歌朗誦的演出，但伴隨著一波波大眾傳播聲光化電的媒介，詩歌所受到的衝擊，的確突顯了「後現代」所強調的跨越特色。有這樣的認知，或許才是閱讀杜十三詩作「前衛」、「創新」、「善變」的基點所在。

　　詩人杜十三的「越界」演出，一在於他複合多媒體的實驗，

的「多元文本」，深深打動歐洲當代的詩人和藝術家，使他成爲打破詩和藝術傳統界限的經典人物。此外，蘇格蘭詩人藝術家 David Tremelet 和 Hamish Fulton 的「地景詩」，義大利的「視覺詩」（visual poem）運動，加拿大詩人 Lenard Cohen 的「民謠詩」，有「愛爾蘭靈魂」之譽的 Van Morrisen 的「現代搖滾詩」…等多媒體的演出，都是試將平面的文學詩轉化爲立體的「詩表演」、「詩朗誦」、「詩戲劇」、「詩攝影」…，所運用的工具已不是過去的「筆墨」和「吟唱」，而是現代化的「聲光化電」，以及新的環境、材質、行爲和時空觀念。至於柏格曼的「電影哲學」，則是間接拿文學詩篇作爲他類藝術「再創作」的動機或材料（material），進行現代科技化的視覺、聽覺或觸覺的媒介轉化，以完成詩的「再現」（Re-presentation）效果；亦即「影像的蒙太奇」「符號的敘述」與「詩的表現」，本質上是可以相互對應感通的。以上所舉的例子，詳參杜十三〈詩的「第三波」── 從宏觀角度論詩的未來〉頁 9-10。（彰師大國文系人文講座 2005/4/13）

10 參見高行健〈發現杜十三〉，《石頭因悲傷而成爲玉 ── 世紀末詩篇》頁 209-210。

一在於他對「自我」的嚴格挑戰；後者含括更深刻的美學追求，不僅止於多樣化的詩的形式與風格，更關涉到他對生命終極理境的探尋。具有高度創作自覺的杜十三，曾指出：「現代詩之所以不同於一般的近代藝術形態，是因爲其中融匯了其他現代藝術潮流中各種有關的影象思維、時空角色替換思維，甚至電影藝術的蒙太奇思維，使文字的意涵和本身擴張了原有的質感和意象結構的功能。」[11]從中我們可據以解讀他作品的「多樣取材」，「即時反映（應）」與「前瞻性」的特色[12]。杜十三的「越界」理念，讓他能在藝術生活與實用生活之間，搭起一座多功能的，美的橋樑；有時看似短暫，其實往往滲入人心深處，恆久不衰。他在詩美學的創發上，從成規軌範出走，游走於邊界異域，除了複合媒介的演出之外，詩篇的觸鬚尚及於散文、戲劇…；所運用的語字兼併中/英文，華/台語，文言/白話，乃至穿插佛經誦偈於其間，使其相生相成，欲讓所有宇宙看似對立相抗的異質，都能在此碰觸，互融，和解。或可曰「現代」與「後現代」的張抗、融滲。[13]

　　這樣的詩想操作，實與時代環境密切相關。近二十年來的臺灣，農工社會和後工業社會交雜並置，意識型態錯綜複雜，多元價值觀蓬興，人文藝術的判準更趨相對性；張漢良曾以「並時階段」── 接受美學強調的「貫時性被置換爲並時性」── 來形容此一美學觀念及藝術風格的多元化現象。[14]此一文化氛圍，同時隨着全球傳播媒介風潮的巨變而衍生質變，站立在「數位」、「網

11 參見杜十三〈詩的「第三波」〉，《台灣詩學季刊》第 8 期，1994/9。
12 參見辛鬱〈我讀杜十三〉，《台灣詩學季刊》第 25 期，頁 77，1998/12。
13 關於從現代到後現代的「雙重視野」，可參考簡政珍《台灣現代詩美學》頁 143-328 的論述。（台北 揚智 2004/7）
14 轉引自林燿德前揭文。

路」、「複製」、「虛擬」…的新美學環境中的杜十三，自信地掌握
著無垠的時空座標，靈活操作「解構」和「表現」的管道，例如
「現代詩網路聯盟」，使台灣的現代詩日漸與科技結合，以擴充詩
的世界版圖，爭取「後現代」的發言權。他認為二十一世紀的新
詩，將朝幾個方向發展：一是「數位化/網路文本的新具體詩興
起」，二是「行為化/詩的多媒體藝術展演」，三是「環境化/詩的
景觀和公共藝術化」，四是「素材化/文學詩再創作化」。[15]這些見
解一一履踐在杜十三的詩創造中，無怪乎白靈認為他是「詩人上
網的先驅者」。[16]

　　大眾傳播學者麥克魯漢說，誰能掌握媒介，誰就能掌握這世
界；使人們以你的耳目為耳目，以你的觸覺為觸覺…。[17]今天最
有力的傳媒可能已經非文字莫屬，而是廣播、電視、網路…；杜
十三以最時新的行銷策略，讓他的詩作結合音樂朗誦、繪畫裝置、
舞台聲光現場…，參與廣播、電視、錄製唱片、錄音帶、CD…上
網，的確極度善用現代資訊社會的時空特質，不但縫合詩與生活
的界線，更大方開展詩的大眾化、功用化的一面，讓日常之美蘊
藏哲學理趣。以《火的語言》為例來看，本來是千行詩絹印限量
詩集，一九九四年在台北「誠品藝文空間」舉行「杜十三個展」

---

15 參見杜十三〈二十一世紀新詩路〉。又，杜十三〈詩的「第三波」
　　── 從宏觀角度論詩的未來〉，預測「詩」在未來幾種可能的變貌
　　是：（一）詩的多元文本（MUTITEXT）化（二）詩的「多元媒介
　　化」（三）詩的生活空間化（四）詩的遊戲化和終端機化（五）純
　　文學詩傳播的窄化和荒蕪化，應該可以和此處的正文相互發明。（彰
　　師大國文系人文講座 2005/4/13）
16 參見洛夫〈石頭與舍利子 ── 小論杜十三〉，《石頭因悲傷而成為
　　玉 ── 世紀末詩篇》頁 2。
17 參見瘂弦前揭文，頁 1141。

時，他又以絹印版畫、立體裝置和多媒體的共現形式進行再創作，
從而把文學文本的《火的語言》轉化爲視覺藝術的「光的對話」，
此即以多媒體個展形式來營造「詩的視覺劇場」。作爲文學版的《火
的語言》，所收錄的並不限於那首長達千行的寓言詩，集中另有詩
作五十五篇，同時也摘選了部分照片翻印的千行詩絹印版畫長
卷，蓄意醸造一種文字聲音影象交錯的「詩」情「畫」意。

　　因爲杜十三詩的創作走向是：符號→影音→空間…的迴環往
復，致使他的詩藝不僅訴諸語詞只偏重於在時間中的流動，當他
將詩篇音樂化、繪畫化、雕塑化、劇場化時，詩藝也就滲透了再
現藝術的風貌，得以在數度空間中展開，讓時間凝結在空間上。
此際讀者面對藝術空間裡的實體，他的審美知覺可能因爲更直接
而更強更深，所激起的多層次想像也連帶擴大「閱讀」與「詮釋」
的各種可能。[18]當然，也有可能恰恰相反，因爲作者周邊的「引
導」太多，而導致了讀者審美官感的被「限定」，有時甚至形成始
料未及的干擾。[19]也就是說，當詩篇「文本」自身的空隙被許多
「越界的演出」過度「塡補」時，相對會壓縮讀者美感世界的創
造。「書寫」朝「口語」傾斜，好處是「文學大眾化、通俗化」，
但由於語言文字與看似沉默的靜音狀態，乃是一種辯證的關係；
所以書寫文字所擁有的時空特色，諸如文本中等待詮解的「空
隙」，將因其他藝術元素的介入受到影響，而任何的「影響」，必
然逃不掉雙面性、多面性。

　　聞一多很早就在《詩的格律》中主張：「詩的實力不獨包括

18　參見章亞昕前揭文，頁 81-83。
19　簡政珍〈杜十三論〉，傾向這樣的看法。參見簡氏編著《新世代詩
　　人大系》頁 141-143。（台北　書林　1998/10 修訂版）

音樂的美（音節），繪畫的美（詞藻），並且還有建築的美（節的
勻稱和句的均齊）。」可謂賦予詩篇極高的期許，要求無止境去錘
鍊詩篇的內外「形式」。杜十三「越界演出」的藝術探索，也正是
如此，一方面藉以銘記詩人的存有，同時也讓閱聽者穿透詩篇豐
繁的音聲色相，得以逼視自我，觀想人生。即使多媒體的演出，
會隨聲光而逝，他書寫下來的美好詩行，還是能夠將時間空間化，
把瞬間凝結成一些永恆的標誌。在這個文字幾被電子傳媒統編的
時代，他的詩作確實以醒目動人的姿勢成為新世紀的「符徵」。[20]

三、存在與災難：從人間地球到宇宙洪荒

　　杜十三早期的《人間筆記》（1984）、《地球筆記》（1986）、《行
動筆記》（1988）和詩選《嘆息筆記》（1990），已經透露出他「憂
鬱書寫」的傾向，到了一九九〇年代以後的《太陽筆記》── 含
《愛撫》（1993）、《火的語言》（1993），與後繼的《新世界的零件》
（1998）、《石頭悲傷而成為玉》（2000），這樣的生命基調依舊不
變，無妨名之為「存在的焦慮」。當然不能說二十年來杜十三詩的
形上意識處於凝滯的狀態，而是指他對現象界的洞察始終是「哀
傷」的，這個「哀傷」之感，既回顧又前瞻，一直滲透在他所有
的創作當中。或者可以說，他在無可療癒的人世創傷裏，既矛盾
於不許傷口「結痂」，因而不停地重溫複製它，一方面又試圖尋繹
各式各樣的「新出口」，形成兩者間的同音複調，弔詭並存。這是
他對人間眾生相和身處有限時空的一種悲觀視角，亦源於把「存
在」當成「災難」的哲理性思維。

20　此處雖借用簡政珍前揭文的「部分文字」，但看法不同。簡氏認為
　　「文字」本身才是最重要的「詩質」之所在。

　　杜十三對災難的體認多向多維，即使從孤獨渺微的自我出發，也能抵達廣土眾民的心靈深處。他詩篇中所謂的「災難」，有遠近即臨的天災地變，有層出不窮的社會動盪，有看似無解的兩岸僵局，有日日隨在的生老病死貪嗔愛痴，有無時或已的「地球崩落去分聲音」…。如他的〈耳朵〉所聽到的：「…世界原來只是/幾根鐵釘/對著一塊棺木沉重敲擊/空！/空！/空…/的一句格言」[21]；如他的〈眼睛〉那般，「…把人間看成/孫子教堂柺杖泥土和墓碑」！[22]「存在」何以變成災難性的負荷，主要還是因爲「慾望與生俱來」，其纏縛難解，至死不休；再者是「無常住」的大千世界，讓困頓有限的此生，終歸無償難償。這些根深蒂固的生命感知，一直沒有從杜十三日漸精進的體悟和詩作中消褪，但他極少流於煽情的吶喊，和嚴酷的社會譏刺，反倒將之冶鍊成敏銳多情的觀照，溫柔淒涼的傾訴，希望轉化普世恆在的苦痛，昇華爲詩意的藝術創造，以爲殘破眾生的慰安。我們不妨略舉例證，且看他以〈繩子〉[23]喻指的「生之慾」之一斑：

　　……

　　遞一根繩索給我罷

　　從喉嚨到腳底

　　請把我的慾望緊緊的捆綁起來

　　請把我吊在妳或妳的紅唇之前

　　而後咒詛我的一生

21　參《新世代詩人選集》頁166。
22　參《新世代詩人選集》頁167。
23　參《石頭因悲傷而成爲玉》頁106。

　　直到我溶化

　　直到我剩下一童稚的骸骨或者

　　一撮灰老的魔髮

　　無可否認的，詩篇最直接指涉的慾望是愛情和死亡，常與「痛苦」、「咒詛」相間，成為輪迴不盡的宿命。杜十三寫「宿命」最動人的是〈蛇〉[24]這首詩，詩中說「兩千年之外的對岸/許仙落寞的站著…/曾經挂杖吆喝掀起萬丈狂濤的法海和尚/也已成為頹壞冷寂的石像/雷峰塔倒塌了/只有小青用過的那把癡情的傘/…而白娘娘/…//…又脫殼蛻變成人…//銜命去面對另一世的寒冷/曲折/與濃豔的紅塵/卻莊嚴直行/…/直行/…　」。雖然此詩的副標題云：「寫給台北的妓女」，但整首詩作揮之不去的宿命感，所引發的弦外之音，幾成互古的愛慾原型。他曾在〈槍〉[25]這首散文詩前，佈傳杜十三式的憂鬱「福音」，指出身為人類的一份子：「必須抵抗自己對自己的侵略，趕在死亡之前誕生一次」；又以〈墨〉[26]的印刻意象，載述綿纏難已的世代傳承，方死方生。杜十三以「生之慾」作為主題的詩作頗多，其中尤以情愛為最。但是，即使再熾烈的激情，如〈愛撫〉[27]一詩所云，詩篇的結局仍然不脫「之後我們一齊燃燒/妳焚成經文/我化成灰燼」的模式 —— 或像被〈閃電〉[28]擊中的尾聲：「而我已經著火/手中提著妳如夢如幻的/髮與臉/在空曠的野地裏/悽愴的呼喚 —— /逐漸的/化/成/一/堆/灰/燼……」。至於所遺留的愛的結晶，通常就「等著我們繼續供給血

24　參《新世代詩人選集》頁 161-165。

25　參《石頭因悲傷而成為玉》頁 178。

26　參《石頭因悲傷而成為玉》頁 176。

27　參《石頭因悲傷而成為玉》頁 96-98。

28　參《新世代詩人選集》頁 173-174。

淚餵他/然後看著他迅速長大成人/走開/學習更為煽情的愛撫」，這
些新生命泰半「彼此吸引團結　共同叛逆//…找不到自己」（〈青
玉案 —— 仿辛棄疾「元夕」〉）[29]。然則這林林總總因燃燒而生成的
灰燼，卻又不是杜十三覺識的盡頭終點——他在〈火的語言〉[30]中
反覆告白：

> ……
>
> 光
> 是懺悔過的火
> ……
>
> 在向上然燒的過程中
> 懺悔的火把灰燼還給大地
> 把光獻給天空
> ……
>
> 懺悔的人把血淚還給泥土
> 把語言還給沉默
> ……
>
> 你們知道灰燼裡面藏著光嗎？
> ……
> ……
>
> 你們知道光裡藏灰燼嗎？
> 是我們住在宇宙中還是
> 宇宙住在我們心中？
> ……

---

29 參《石頭因悲傷而成為玉》頁 113。
30 參《火的語言》第 50 節。（1993）

　　他把「個我」的血淚焚燒和「宇宙」恆在的光源連結起來，這就稀釋了人存在的重擔，找到一個帶有宗教意味的攀附點，得以自灰燼中「再生」，因而：「我們都是火燄的前世，我們都是醒著的灰燼」[31]。

　　要之，我以為情愛的書寫只是杜十三生命裏一個「不得不」的美而憂傷的過渡，渡向人間世的眾生，也渡向古往今來上下四方的宇宙。這個無可迴避的「渡口」，已為杜十三創生無數的藝術符號，足堪讀者俯仰哀歡，盪滌提升。我們且再引述幾成經典的數個片段：

> 飛過的天空沒有痕跡
>
> 只是開始下雨
>
> 我躲在黑暗的山谷中叫妳：
>
> 妳用慾望租來的那把傘帶來了嗎？
>
>
> 天空繼續下雨
>
> 我的全身都是妳飛過的痕跡
>
> 　　——〈痕跡〉[32]

這是現實界情慾顛連的詩意盜採。再看韻致迂迴的性隱喻：

> 等妳躺成溫柔的兩岸
>
> 我乃如一條甦醒的江河
>
> 朝妳幽遠的深處
>
> 流
>
> 去

31　參見〈火〉，《石頭因悲傷而成為玉》頁 186-187。
32　參見《石頭因悲傷而成為玉》頁 104。

　　　　　　　——〈岸〉[33]

　　　我已經決定
　　　用一枚沉默的癡情引爆自己
　　　在生鏽的心底炸開一條通往永恆的隧道
　　　等
　　　妳
　　　　　　　——〈隧道〉[34]

　　距離當然是美感，但畢竟不能訴諸心靈層面的純粹，（如早期〈212 公車〉[35]驚人的超浪漫抒情：「…一段票到妳的背影/兩段票到妳的髮梢/下車的地點/是妳深邃的瞳底/一條新建的/沒有盡頭的公路」），其中必定少不了「曾有但已不再」的傷感追憶，像是〈妳〉：

　　　……
　　　秋天來了　　我趕在往事的途中
　　　隔著一道皺紋悄悄的想妳
　　　暮色之中
　　　我把妳想成一棵楓樹
　　　斑髮之端
　　　我把妳想成一朵流雲
　　　想成一片月光

33　《石頭因悲傷而成爲玉》頁 142。
34　《石頭因悲傷而成爲玉》頁 144。
35　參《新世代詩人選集》頁 151-152。

而在寒冷的冬夜裡啊

我癡情的隔著一層冰雪　輕輕吻妳

隔著夢

我把妳吻成一座青山

吻成一條河流

含著淚

我把妳吻成一隻蝴蝶

吻成一朵

帶血的玫瑰

　　撫今追昔，美麗的故往，盡成苦澀的當前。杜十三擅以短暫情愛的邂逅、易逝，對比山水自然的永恆流轉，以映襯浮世一瞬的滄桑。聲情合一的詠嘆情調，更使詩篇暢通世態人情。再看屢被引述的〈傷痕〉[36]：

手與手分離之後

眼與眼仍然相偎廝磨

千條語絲是凝固的聲音

萬盞燈火

是醒來的昨日

我們心中都藏著千山萬水

蜿蜒曲折難以攀行

不是順著兩行淚水就能找到方向

也不是藉著一聲再見就能辨出歸途

36　《石頭因悲傷而成為玉》頁140。

我們迷失

是因為山崖水際

日出　　月落

沒有痕跡

唇與純分離之後

臉與臉仍然相互留連

⋯⋯

　　「千條語絲是凝固的聲音/萬盞燈火/是醒來的昨日」，景語盡是情語，依然爲人間無數錯失的情緣，感喟，造象。這類苦苦愛戀尋不著出路的詩篇，一直佔了杜十三作品大量的比例。饒富意味的是，幾乎都離不開「罪咎」與「懺悔」的元素。

　　相較於這類情傷之作，杜十三有時會出現一兩首被收編在生活「軌道上」的單調樂章，卻一樣觸動人心：「女人躺下來/夜色就/深了//男人脫光衣服/從夜色的那一邊/游/泳/過/來/⋯女人站起來/太陽跟著/昇起//男/人/開/始/工/作」（〈女人〉）。[37]彷彿帶著一種無可無不可的幽默，和自我揶揄。其實，沒有異色狂情的人生，也許更貼近大多數人的現實人生。只是狂情異色的「續篇」在杜十三的筆下不是驚心動魄的〈懸崖〉[38]，就是〈不敢和妳相擁〉[39]的虛空決絕⋯，而大部分的「結尾」會被他陳述成「代表性」的這樣：

37　《石頭因悲傷而成爲玉》頁 128。
38　《石頭因悲傷而成爲玉》頁 108。
39　《石頭因悲傷而成爲玉》頁 118。

　　黑暗中

　　遙遠的妳突然哭泣　不再說話

　　只把話筒貼在胸口

　　用噗噗的心跳回答我殷切的呼喚

　　如此

　　我學會了從妳的心跳聲中

　　打聽宇宙所有的消息

　　卻逐漸的聽到了　大水的聲音

　　　　　　　　　　砲火的聲音

　　　　　　　　　　地球墜落的聲音

　　　　　　　　——〈打電話〉[40]

　　寫實的「打電話」之後是，一波緊似一波的「大水的聲音/砲火的聲音/地球墜落的聲音」，如此強勁的「末世」景觀，在杜十三的詩裏屢見不鮮，既具象又抽象，早已成為他極端焦慮的象徵，有時簡直是文字版的「地獄變」相圖。最嚴重的是，這樣的道德焦慮與生之慾望都屬於〈輪迴〉性的，既相生相剋，又相反相成，彼此間形成某種迴環線路的關係。如果沒有過鉅痛的傷口，也許無須最壯麗的超越。順著如此的思考理路下來，才有道場說經式的〈肉身大懺〉[41]，才有複製再複製，永不休止的「背叛」「罪孽」「淫蕩」「懺悔」「灰燼」「涅槃」…的孿生符旨。可怕的原慾就濃縮成杜十三詩的〈密碼〉[42]，導致他痛切不過的〈金剛持〉[43]

40　《石頭因悲傷而成為玉》頁 120。
41　《石頭因悲傷而成為玉》頁 78-79。
42　《石頭因悲傷而成為玉》頁 86。
43　《石頭因悲傷而成為玉》頁 88-89。

「說法」：

> 我會在西藏高原為你們插上風旗
> 祈你們慈悲
> 我會在龐貝古城為你們埋下姓名
> 消你們罪惡
> 我會在台灣海峽為你們丟下浮瓶
> 求你們智慧
> 我會在終端機裡為你們設定咒語
> 祝你們幸福
> 嗡 嘛 呢 唄 咪 吽
>
> 我會把你們全身洗潔剖開掏出心臟
> 祈你們慈悲
> 我會把你們全身血肉風乾剔淨骨頭
> 消你們罪惡
> 我會把你們全身慾望抽離摘下陽具
> 求你們智慧
> 我會把你們全身細胞複製繁殖晶體
> 祝你們幸福
> 鎢 鎷 鋰 鋇 銩 鈞

　　這樣的詩語言是罕見的，這樣強烈區隔「你們」和「我」的敘述主調完全是宗教式的警世喝眾，讀來血肉橫飛，動魄驚心。以私密甜美的身體經驗，用「悔罪」 的調子向「自我」的幽黯

意識[44]致意,是強大「超我」與「本我」間的劇烈拉扯。既徹底貶抑肉身之慾,又希望據此以為修行的「道場」,其間的矛盾張力概可想見。

另與杜十三「末世」情結有關的作品,還有〈黑面琵鷺 —— 末世紀飛翔〉[45]、〈世紀末情詩 —— 獻給天下所有的女人〉[46]、〈天空已經關閉 —— 寫給虛擬世界〉[47]……,都喻指科技凌越人文,生態遭劫,真理破碎的末世紀圖象,是杜十三重整道德人心的另類新宣言。幸好「天人相感」「與萬物同春」的信念,始終是他與人世瀕於潰毀的最大支撐。〈新《蝴蝶理論》〉[48]可視為他既科技又人文的一首好詩,尤其是在古典新詮的創意上,少人能及,姑舉一二段落:

> 在沉默的曠野裏
>
> 我隨手摘下一片樹葉
>
> 一隻狼突然在遠方哀嚎了起來
>
> 整個曠野跟著呼痛

---

44 「幽黯意識」一詞為張灝所創,意指以強烈的道德感出發,正視人生和宇宙的陰暗面,並予以反思批判。參見氏著《幽黯意識與民主傳統》頁 3-32。(台北 聯經 1989)

45 《石頭因悲傷而成為玉》頁 58-61。

46 《石頭因悲傷而成為玉》頁 64。

47 《石頭因悲傷而成為玉》頁 70-71。

48 《石頭因悲傷而成為玉》頁 74。杜十三在這首詩後附的「註釋」說,「蝴蝶理論」是量子力學發達以後新興的,和「測不準原理」以及「超導理論」有關的「因果論」。在這之後,「貝爾定理」(Bells theorem)也指出:一個物理體系如果分裂為二,在這物理上屬分離的體系間,必然仍存在著某種關連性,例如,一隻在北京拍動翅膀的蝴蝶,經由某種匪夷所思的因果途徑,可能會導致歐洲北部某處的一場大雪。這就是所謂的「蝴蝶理論」的概念。他的〈頓悟三行〉或是受此觸發而作:「因為他摘了一朵花/曠野因此留下了傷口/一隻狼在遠方嗷嗷呼痛」。

......

在空白的電腦終端機上

我隨意的鍵入一首情詩

所有南方的植物突然一齊開出花朵

整個地球軌道跟著傾斜

這首詩黏合了「天人相應」的神話思維與當今「蝴蝶理論」的科學概念，復出之以溫潤滑美的修辭策略，的確相當杜十三。大體上他寫男女情愛，往往勾連倫常情誼，社會習尚，政治家國，與地球環境…種種「災難」的癥兆，欲以寫詩讀詩的「此時此刻」，將「過去」的記憶重新定義，予「未來」的希望歡喜命名。如是的情致〈在 21 世紀的第一道曙光中〉[49]和〈21 世紀第一班列車來了〉[50]最為清朗明麗。詩是詩人「公開的秘密」，杜十三廣義的情詩確實柔化無數乖戾的人心。

一九八四年的〈煤 —— 寫給 73 年 7 月煤山礦災死難的 67 名礦工〉[51]，很早就預告了他對人間苦難的關懷矜憫，與一九八八年的〈美麗新世界 —— 探母病路過兒童癌症病房偶見有感〉[52]遙遙相契。近幾年來，杜十三寫出許多與現實「災難」有關的詩篇，這些詩篇表彰了遼闊深遠的「仁民愛物」精神，極具個人宗教色采，像〈安土地真言〉[53]，標明是要「寫給世紀末的台灣」，〈在斷層上與妳相擁〉[54]為「祭 921 台灣世紀末大地震」，〈汝有聽著地球

---

49 《石頭因悲傷而成為玉》頁 26-27。
50 《石頭因悲傷而成為玉》頁 90-91。
51 《石頭因悲傷而成為玉》頁 132-134。
52 《石頭因悲傷而成為玉》頁 76-77。
53 《石頭因悲傷而成為玉》頁 28-29。
54 《石頭因悲傷而成為玉》頁 36-38。

崩落去兮聲無？〉[55]是要「寫給世紀末的台灣祭 921 台灣世紀末
大地震」,〈震後元年就是千禧年〉[56]則是「寫給公元 2000 年的 20
行」⋯⋯。一九九九年的南投大地震,是杜十三「末世災難」一
再使用的隱喻符號,已然成為不只他個人,也是當代台灣一道深
刻的歷史性創痕,他再三為自己生斯長斯的土地、識或不識的罹
難同胞,安魂祈福,希望〈在 21 世紀的第一道曙光中〉,所有的
黑暗倒在斷層,所有的破碎還給震央,失序的山河回歸原位,紛
亂的星宿重返軌道,所有的淚被蒸發成雲,血被曬乾成花瓣,仇
恨懺悔成光,讓信仰的真理修補殘破的斷層,以愛的倫理重新組
合排列我們的世界,再次航行尋找靠岸的聖地。〈安土地真言〉、〈20
世紀祭〉[57]和〈傾斜的基因〉[58]⋯⋯,以「天人相應」「自作孽不
可活」的觀照,為整體人類的罪咎弔唁,如同啓世經,一旦喃喃
頌讚,則猶似靈魂的大悲咒:

> 南無三滿哆 沒 喃 唵 度嚕度嚕
>
> 地尾 薩婆訶
>
> ⋯⋯
>
> 不論體內體外
>
> 血的流域都是苦海
>
> 在猜忌與妖言交織的迷霧中伸出的手
>
> ⋯⋯
>
> 在貪婪與淫慾浮盪的漩渦裡張開的眼

---

55 《石頭因悲傷而成為玉》頁 32-34。
56 《石頭因悲傷而成為玉》頁 30-31。
57 《石頭因悲傷而成為玉》頁 54-55。
58 《石頭因悲傷而成為玉》頁 40-41。

看不清命運的羅盤

在不公不義擠壓的斷層中崩塌的人形

撐不住靈魂的記憶

因此你們必須不斷的在血與淚的流域中航行

無法靠岸

……

這塊島上有神祇愛日夜環繞傳誦啟世經

南無三滿哆沒喃唵度嚕度嚕地尾薩婆訶

——〈安土地真言〉

在生活周遭不斷看到「歷史向仇恨傾斜/愛情向淫慾傾斜/人類向禽獸傾斜/光向灰燼傾斜」(〈傾斜的基因〉)的杜十三,忍不住以傳道師的口吻向讀者訴說:「親愛的父老兄弟姊妹/我必須以此星座的倫理秩序呼喚你們/才能阻攔那些佔領真理軌道/不斷射出虛假光芒的疑惑眼神繼續疑惑你們……」(1999 年 12 月某日月蝕轉日蝕)[59],詩中的「我」儼然乎救世主矣。瘂弦曾在〈大眾傳播時代的詩 —— 有聲詩集《地球筆記》的聯想〉一文中,提到杜十三的「人生信仰」,說他「敬拜祖宗神明,每日上班前一定焚香默禱,十多年來從未間斷」,是一個「既現代又傳統,既新銳又保守,既活潑又古板」的人。[60]這些看法可為本文前此的論述,提供一個重要的參照點。

晚近的杜十三,愈來愈毫無矯飾地披露他對人間苦難的承擔,幾乎弭平詩與生活的界限,他的〈淚如潮湧〉[61]可為一例,

---

59 《石頭因悲傷而成為玉》頁 44-45。
60 參瘂弦前揭文頁 1140。
61 《石頭因悲傷而成為玉》頁 46-47。

此詩副題:「夢見共軍攻台醒來有感」,夢中的景象是 ——

舉目盡是屍骸斷壁烽火煙硝　父母的哭喊
童稚的驚叫　恐慌互踏的人群　擠斷公路的車龍
以及傾斜的天空和崩裂的大地

我捧著破碎的心臟上岸到處尋找我的妻兒
穿過轟隆的砲彈　穿過殘垣　穿過隧道　穿過大火
穿過斷橋　穿過腥風　穿過血雨
穿過死亡　穿過地獄

穿

過

……

卻在床邊腳旁逐漸清晰的看到
仍在熟睡中微笑的妻的面孔

醒來　依然淚如潮湧

這樣的描繪,雖說是「恐共症」幻想的形象化,卻相當誠實
記錄了台灣民眾潛藏的巨大隱憂。另一首同質異構,夾雜華/台語
的〈阮只是在等待風吹〉[62],杜十三的「後記」說這首詩「以閩
南語代表台灣,以國語代表大陸,模擬兩岸談判交流的種種,可
以一行一行的讀,也可以先讀完閩南語部分再讀國語,或先讀完
國語再讀台語的部分。」所交待的當然不僅是表面上「讀詩的方
法」而已,其實是在建立一個雙方平等互信的溝通平台。姑舉數

62　《石頭因悲傷而成為玉》頁 48-49。

行為例：

> 阮兮心因為被新希望坐著咧所以變成山變成島
> 那可是嚮往獨立的山渴求獨立的島那不是希望
> 阮從來無講獨立雖然石頭早著因為獨立變成玉
> ……
>
> 那是歷史的錯不是我的本意我對妳始終一片情
> 唉兄哥汝甘不知舊灶點新火要結做伙要慢慢吹
> ……
>
> 汝看大海波那青藍看來攏無變其實變過千萬回
> 都 21 世紀了不要告訴我妳的心也像大海回來吧
> 四百年來阮攏坐置這惦惦等汝等汝來看阮兮心
> 但是為何妳坐過的石頭長滿苔痕遠遠離開岸邊
> 因為我是玉也是竹阮有感情阮只是在等待風吹

詩篇揣摩離異男女的心情口吻，暗示感情的事 —— 和家國的事一樣，不可勉強，一來一往的應答，彷彿在為兩岸四百年來的歷史恩怨尋找對話的可能，同時為統獨立場鋪陳轉寰的空間，讓緊繃的政治議題在詩意的浸染下，釋放出充滿人情義理的溫和氣息，文字的表層義看似無解，其實讀者自有會心。

宇宙自然的流轉與人世生老病死、戰爭愛情的變化，是他一寫再寫的題材，兩者之間又以複調協奏、反覆糾葛的方式展開，因此，杜十三的每首詩幾乎都有一座巨大的時空座標，藉由兩者的強烈撞擊，迸出瞬間的火花。生活細節的種種，屢屢被他提昇轉化成為寓言或象徵。鴻鴻談到他的《新世界的零件》時說，杜十三的作品「雖然率多城市文明的器物，卻被大量烈燄、野草、

海浪、月光…這些自然界的原型所包圍、所詮釋。」[63]這樣的觀察其實也可以拿來對照杜十三別的詩篇，我們不難發現巨大的人爲災難、原始蠻荒的回歸、無法紓解的層疊欲望，與及破碎失蹤的自己…在其中觸目即是。鴻鴻並指出「欲望和記憶的糾纏拖曳，與精神的迫切渴望躍升」在杜十三的作品背後「構成一道位置懸殊的強烈拉鋸。」[64]當然這些豐繁的生命本質，如果沒有精準的意象捕捉，和不可思議的藝術邏輯，很容易流於文字遊戲；然而杜十三恰能在此現出他純粹的感覺質地，讓詩篇維繫既美麗又危險的均衡，不管是形式或內容。他是一棵不斷成長的樹[65]，從人間私我出發，卻迂迴曲抵宇宙的核心邊緣，囊括一切最精微最渾沌的聲音與視象，在廣袤多情的詩心深處，蘊藏著宗教無限的慈悲，和智慧。

四、一棵不斷成長的樹 —— 語言形構種種

　　杜十三的詩極擅於切割並整合異質元素，「散文詩」不過是其中之一，詩以散文的形態出現，必須犧牲字質稠密，以及部分的意象思維，好處是朝通俗大眾化傾斜，缺點或許是述義性的文字太多。不過，杜十三仍然有很成功的散文詩，既掌握了繪畫性與圖象性的「魔幻逼真」，還兼攝了詩和散文的優質；例如〈火〉[66]，尾聲中的流浪漢用斗笠猛力搧火，「整條河水突然點起了彩色的火，霓虹燈、星星和月亮，隨著一齊升上天空裏閃爍……。最

63　參見鴻鴻〈文體與慾望的躍升試煉 —— 記《新世界的零件》〉，《台灣詩學季刊》第 25 期，頁 78-79。
64　同前註。
65　這是高行健喻況杜十三的形容。參見高氏前揭文頁 195。
66　《石頭因悲傷而成爲玉》頁 186-187。

後，他用煮過的水沏了一壺茶，坐到河堤上，靜靜的欣賞一幅燒好的夜色。」在一個小小的文字高潮處打住，暗中瞬間呼應了早先的一句警語：「我們都是火燄的前世，我們都是醒著的灰燼」，又氤氳出一股禪味的美感，爲讀者留下創意閱讀的空間。高行健〈發現杜十三〉一文將這類散文詩稱爲「文字禪」，認爲其文字棒喝的力度就像要人參破「公案」一般，具有非凡的「敘述美學與文體美學」。[67]然而，以詩的標準論，處處「警語」的散文詩，仍然太落言詮了些，如〈錄相機〉[68]，不失爲一篇內容精湛的散文，但題目旁特別標示的「無實相，無真相，無相，凡以音相求我，必妄。 ──《金剛經》」，看來頗具「導讀」效果，卻非必要。要之，對杜十三而言，文字層面的磨勵固然重要，然而詩的傳佈與普及也應受到重視，他期望能把現代詩推向社會各個角落。所以，一些他被視爲「前衛」的行動，其實只是試圖將詩拉回平常生活的視野，將文字慣性不斷「雅化」的方向，轉回到普遍大眾的口味而已。這樣的作風迥異於媚俗。

　　從我們前面引述過的一些詩作，大抵能夠窺知杜十三極端講究詩語言的節奏感，與意象的經營，當然他也相當措意於詩篇整體的意境和思想的深度。這種種關乎材料運用的語法和修辭策略，他都別具一格，即使初期的作品也已表現得相當成熟。他擅長自生活中提煉一些反常、異常的感官經驗，喚醒我們在習俗裏昏睡的心靈，使平凡事物重現驚奇的魅力。雖然他獨創的超現實邏輯屢見其間，卻能夠因爲「口語」的傾向，而不失自然的美感。他在〈詩想錄〉中說：「…即使在去除了文字符號的媒介之後，『口

67　參高行健前揭文頁 206-207。
68　《石頭因悲傷而成爲玉》頁 180-181。

語體的詩』應該仍能藉由言語本身進行有效而清晰的傳達，在這種情況之下，『符號』已經融化於人之中，只剩下『人』的聲音、嘴巴、耳朵和心 —— 詩成了『嘆息』，是一種呼吸，一種體溫，一種韻律，一種節奏，一種生命和一種自然。」[69]又說，「所有的詩都必須回歸到『人』的本位來審視，以免遭到語言繁蕪的表象折射，而見不到本質。」[70]這種極其自覺的「語言體」製的要求，不僅使他大部分的詩語彙毫不晦澀，還要在詩的「分行」與「分段」上無比精工，以彰顯生命與詩「誦嘆合一」的音韻，旋律和節奏感。他的〈妳〉、〈傷痕〉、〈鳥叫〉、〈黑與白〉…等作，都是運用口語化的文字，斟酌音樂性的搭配而完成的作品，其中蘊含的曲式與意象的淬鍊息息相關。《火的語言》可說是一個高峰的表現。

當然不只是《火的語言》。就詩的形構技巧而言，「分行分段」也會游向「分塊分區」的嘗試，由文字表象的組列變化衍生詩義的多歧與閱讀反應的多元，本來就是詩人的絕技之一，傳統行之已久的「迴文詩」和現當代的「圖象詩」（或譯「具體詩」），杜十三都得心應手。他的〈出口〉[71]是一個極佳的範例：

69　《石頭因悲傷而成為玉》頁 199。
70　《石頭因悲傷而成為玉》頁 201。
71　《石頭因悲傷而成為玉》頁 50-51。

出口●杜十三

我　　　　　　　　　　　　我

那們　　　　　　　　　　們那

排群豐　　　　　　　　豐群排

飛列鷹饒　　　　　　饒鷹列飛

從過成在的　　　　的在成過從

從前的你你慫　　慫你你的前從

一黎世軌我心望　望心我軌世黎一

在群明低跡今中是　是中今跡低明群在

在我鷹飛飛導世築地　地築世導飛飛鷹我在

在天們在到到引的巢的　的巢的引到到在們天在

你前空體飛黑此星命已母　母已命星此黑飛體空前你

啊看方裡內翔夜生座運久親　親久運座生夜翔內裡方看啊

　　這首詩連「出口」二字及「杜十三」三字都成了詩的一部分，要尋找出口的不只是「我們體內的一群鷹」，還包括堵在頸部的「杜十三」。左右兩邊對稱的詩句彷彿暗示命運無盡的輪迴，[72]渴求飛翔的鷹既受制於時間也遭困在空間，似乎唯一念頓悟的剎那，始能物我兩忘，天人合一。另一首：

罈中的母親[73] ── 泣亡母

此一瓣香根蟠劫外　　童年您指的那顆星

枝播塵寰　　　　　仍在旋轉

不經天地以生成　　輻射著您的體溫

豈屬陰陽而造化　　期待著我的仰望

72　參見白靈〈文壇異形杜十三〉，《石頭因悲傷而成爲玉》頁 11-12。

73　《石頭因悲傷而成爲玉》頁 56-57。

熱向爐中	然而此刻
專神供養	如此冰冷
常任三寶	如此沉默
剎海萬靈	我把母親
極樂導師	放在罈中
阿彌陀佛	一齊旋轉
觀音勢至	從火轉出
清靜眾海	從雨轉出
悉仗真香	從血轉出
普天供養	從淚轉出
南無香雲蓋	我捧著母親
菩	從
薩	灰
摩	爐
訶	轉
薩	出

　　整首詩看起來就是母親張臂昇空的形象，和〈出口〉的迴文不同的是，右半詩白話，左半詩是文言經文，兩相映照，內容與形式互植，使詩意與詩境轉深，聖諦和俗界俱泯，陰陽輪轉的生死分殊，乃終得和解。其他的〈青玉岸 ── 仿辛棄疾「元夕」〉[74]、〈不敢和妳相擁〉[75]、〈TOUCHING 愛撫〉[76]和千行長詩〈火的語言〉…，也異曲同工，形構往往看似切割其實互為主體，並時發

74　《石頭因悲傷而成為玉》頁 112-114。
75　《石頭因悲傷而成為玉》頁 118-119。
76　《石頭因悲傷而成為玉》頁 116-117。

聲。例如：語字的排列或上下左右，或以空白虛斜線連結、或參雜電腦鍵盤符號標點、或中/英文相對、或古典今文一前一後、或對話和獨白互滲、或圖文音響暗通款曲、或藏瑣碎細節於無垠時空…，幾乎「後現代」式的風采都觸及到了。像這樣把外在景象與內在意識，平行並置，交叉重疊，彼此因對比、映襯、流動而形成衝突、張力、吸納…的作法，一可藉以托呈現象界紛亂之「苦海無邊」，一可藉以昭示色空無極，宜「回頭是岸」的大義微言。恰似杜十三在〈體內的島嶼〉所提示的：「如果人身是苦海，心，即是人身中的島，和台灣一樣。」[77]因此「趕快上岸趕快回到你唯一的島上　用心/繼續燃燒/繼續用沉默航行/在千億劫波之中脫掉疤尋找共鳴/在天空關閉之前/趕快/找到自己的靈魂」[78]…

羅門〈世紀末的音爆〉說，杜十三是帶著「現代主義」與「後現代主義」一同邁向二十一世紀的，既容納最新的網路資訊，也蘊藏濃厚的人文精神；對於後現代的多元、解構、去中心…他能熟諳操作，又努力維持一種「前進中的永恆」的創作形態，重認詩與藝術嚴肅的存在意義和價值…。[79]可以說，杜十三的「時新」作風，不是但襲「後現代」的技術面，而是深思熟慮後的本質汰取；這種種敬謹的行動使他得以避開後現代浮淺造作的潮流，他的敬謹來自一種崇高的宗教性情操。

對詩的語言與形構技巧一再試驗的杜十三，除了前述的散文、圖象、迴文、對話詩…外，一九九〇年代以後，還有甚受矚

77　《火的語言》頁 16-17。
78　同前註。
79　《石頭因悲傷而成爲玉》頁 17-20。

目的閩南語歌詩:「台灣十二唱」[80]、〈汝有聽著地球崩落去兮聲無?〉、〈思念兮大火〉[81]和〈阮只有在等待風吹〉[82]…等作。這固然相應了台灣社會的本土化趨勢,同時也是杜十三詩藝與生命的同步開展,錘鍛。這些閩南語歌詩全是對於「現實台灣」的刻畫,其中必然有深沉的文化心理因素在。每一首都註明爲何而作(雖然作者的現身說法並不能概括限定讀者的接受反應,但仍然不失爲一項閱讀指示),〈搶菰〉[83]係「寫給三〇年代認命、搏命的台灣」;〈一支弦仔〉[84]是「寫給四〇年代,光復後至228,被時勢壓迫的台灣」;〈看阮兮目睭〉[85]〈鐵路兮聲音〉[86]是爲「七〇年代真情流露、充滿期待的台灣」而作;〈地下少年〉[87]「寫給八〇年代物慾飛騰的台灣」;〈海風落帆〉[88]是「寫給九〇年代沉思、重整的台灣」…。從杜十三加在每個年代上之後對台灣的形容詞,可以看出他對台灣這塊土地深厚的感情 —— 詩中的「阮」(我)一聲聲對「汝」(台灣)召喚,勉勵,傾訴,愛戀;有時像血脈相連的兄弟、父母親子,有時是同甘苦的伙伴,更多時候是情人、知己。如果書寫能重建歷史記憶,爲當前和未來尋索朗暢的自我定位,那麼,這些歌詩無疑是既個人又群體的藝術指標。〈看阮兮目睭〉說:

80　《石頭因悲傷而成爲玉》頁 146-168。
81　《石頭因悲傷而成爲玉》頁 42-43。
82　《石頭因悲傷而成爲玉》頁 48-49。
83　《石頭因悲傷而成爲玉》頁 146-148。
84　《石頭因悲傷而成爲玉》頁 150-152。
85　《石頭因悲傷而成爲玉》頁 154-156。
86　《石頭因悲傷而成爲玉》頁 158-161。
87　《石頭因悲傷而成爲玉》頁 162-165。
88　《石頭因悲傷而成爲玉》頁 166-168。

　　阮ㄣ目睭內底有汝生命ㄣ火

……　　　　　有汝一生ㄣ夢

……　　　　　有汝溫柔ㄣ海岸

……　　　　　有汝清楚ㄣ天地

看阮ㄣ目睭　看阮ㄣ目睭

……

　　「阮」願意承擔作爲「汝」台灣子民的責任，無怨悔爲她發光發熱。〈鐵路ㄣ聲音〉不但被聽成「阮故鄉ㄣ聲，阮少年ㄣ聲，阮心頭恨悔ㄣ聲」，當「咱ㄣ心肝是兩個未當相堵ㄣ車站」時，鐵路ㄣ聲就成了「咱分別ㄣ聲，老去ㄣ聲，不再相會ㄣ聲」——「轟隆　轟隆　啪啦啪啦/位汝ㄣ心肝內底　直直響　直直陳/直直直直喊——嗚嚕嗚嚕　切決切決/位汝ㄣ心肝頭　直直去　直直去/直直　直直去……//鐵路　是土地ㄣ吉他」。沒有真誠在地的情感是寫不出這樣的詩篇的。

　　杜十三的〈人間感想——人間的抽象與具象〉強調，「聲音肌理」對詩的語字的滲透，「以口語化的文字形式進行『意象』的構築」，尚須顧及「聲韻節奏之外的『意象的節奏感』」[89]。是以不只此處引述的台語歌詩，他其他的詩篇的質地，幾乎都不只侷限於文字的姿態之美而已，必都兼具了「歌的詩境」。縮影當代台灣社會各種亂象的〈地下少年〉，一樣洋溢各式各款的「聲音」意象，與詩的文字互爲表裡，相得益彰：

　　少年ㄣ　汝敢無聽著

　　這就是世界沉落去ㄣ聲

89　參見《行動筆記》頁73。（台北　漢光 1988）原載 1984/11《新詩月刊》。

欺騙兮聲　搶劫兮聲　六合彩兮聲
國會相打兮聲　槍子相碰兮聲
…
咱只有拼命搖動雙手
互相解救
…
置這兮烏暗兮世界中
…
置這兮寒冷兮世界中
…
少年仔　汝敢無聽著
嗟　這就是世界怨嘆兮聲
相嚷兮聲卜巧兮聲
…
「關說」兮聲陷害人兮聲
父母相罵兮聲
跳啦跳啦　呼啦呼啦
咱只有認真踩著地球　互相搗燒
…　　　　　　　互相解救

　　其中有都會治安的、政治經濟的、家庭教育的、環境生態的…
紛至沓來的人間問題，是杜十三對當今社會的浮世繪，不但敘述
出「事件」的嚴重性，尚且憂心忡忡地指出，唯有全民「認真踏
實、相濡以沫」，彼此才有出路。雖然方言歌詩的鄉音特質，最直
接的效應是「在地情懷」，但絕不僅止於此，其中必定還有更多的
語字經營、親情關注，社會觀察與文明批判。其實這種「感時憂

國」結合個人情傷的詩篇主調，在杜十三早期的〈台北一九八一〉[90]〈中山北路〉[91]〈卡拉OK〉[92]〈歡〉[93]〈青玉案 —— 仿辛棄疾「元夕」〉…已一再出現，但較諸〈地下少年〉，前者顯然傾向壓抑、虛無、絕望的氣息，即使帶有諷諭，也多半是無奈無力感的；然而〈地下少年〉卻代表性地標識了：「因為苦難所以奮鬥」的生命意義。到了一九九〇年代的〈海風落帆〉，杜十三復將之轉化為更婉約深沉的歷史思索：

> 位淡水河行轉來兮時辰
>
> 海風一陣擱一陣
>
> 直直吹來
>
> 阮兮心肝親像搭起兮船帆
>
> 順著海風吹來兮方向行動
>
> 忽然間
>
> 剎來想起台灣兮過去
>
> 一項擱一項
>
> 台灣兮過去親像斑駁兮紅毛城
>
> 恬恬佇置黃昏　向著無聲兮海岸
>
> 戲已經散
>
> 城猶未空
>
> 台灣兮過去親像漂泊兮鄭王公
>
> 位對岸兮明朝來到此岸兮清朝

90　《新世代詩人精選集》頁153-154。
91　《新世代詩人精選集》頁167-168。
92　《新世代詩人精選集》頁168-169。
93　《新世代詩人精選集》頁172-173。

　　夢已經醒

　　心　猶未放

　　台灣兮過去親像鹹鹹兮海風

　　位遠遠吹動阮心內搭起兮船帆

　　直直吹來直直送

　　寂寞兮人影親像孤單兮船出港

　　海水冷冷

　　天地茫茫

　　位淡水河行轉來兮時辰

　　海風一陣擱一陣

　　漸漸恬去

　　阮心內過去搭起兮船帆

　　向著滿天星星

　　慢慢來放空

　　忽然間

　　剎來想起台灣兮將來

　　一項擱一項

　　這首歌詩用閩南語發聲讀誦，猶如纏綿悱惻的愛情詠嘆調，和〈汝有聽著地球崩落去兮聲無？〉、〈思念兮大火〉、〈阮只有在等待風吹〉…，一樣樸質真醇，一樣對台灣有形無形、已發生或即將發生的災難，念茲在茲。「台灣十二唱」以台灣風土歷史人情為主要吟詠對象，〈阮只有在等待風吹〉明確涉指兩岸難解的恩怨情仇，〈汝有聽著地球崩落去兮聲無？——祭台灣世紀末大地震〉對台灣斯土斯民的關注矜憫，尤其激切，那是面對浩劫時血脈相

連的呼喚，更是把這裡當成永續奮鬥的家鄉的共同心聲：

　　　…

　　　汝有聽著地球崩落去兮聲無？
　　汝有看著火金姑為阮鄉親兮靈魂照路
　　　四界去找壞去兮身軀無？
　　汝看！汝看！汝看彼也人倒在斷巚面頂
　　　　　　無頭也無面
　　只有雙手攔著一粒天置噗噗跳兮心
　　　　親像日頭派到紅紅紅
　　　　　親像在講：
　　　　　這就是汝兮屍體
　　這就是阮大家等待魂魄轉來重建兮故鄉！

　「這就是阮大家等待魂魄轉來重建兮故鄉！」多麼明確，有力！災難突出罪孽醜陋，也見證血淚真性。另一首很容易被當成情詩來閱讀的〈思念兮大火〉，是否隱喻兩岸關係的曖昧，似乎宜就文本的開放性去斟酌；值得注意的，恐怕還是詩本身的審美意涵。杜十三把〈思念兮大火〉當成「散文詩」，因此詩篇得以容納散文的敘事性與戲劇性，其中「汝/阮」的「設問」和「對答」，一方面看似分手情人的哀怨糾纏，一方面又暗藏難為外人道的「玄機」：

　　親愛兮，汝甘知就是位彼兮時辰開始，阮麼同時感覺整個大海就是汝也身軀，因此，阮每工攏來這夾汝相睇，想會看汝也變化，會聽汝用海湧透過海岸回答阮也問題，但是，每一拜阮問汝：「汝在叼位？」早時，汝攏是回答：「唰啦，唰啦」，黃昏時辰，汝攏是回答：「未記哩嘩！未記哩

嘩！」然後置暗時，阮那問汝：「天有愛阮麼？」汝就恬恬，親像這時辰兮海洋全款無聲無說。

真想夾汝相攬，真想會夾汝纏綿一回。烏暗中，阮一面看著天邊，一閃一爍兮汝也目神，一面褪去阮也衫褲，攤開雙手，慢慢兮，位白色兮海岸行入妳溫柔清冷兮身軀內底，體會著汝，波浪輕輕安撫阮也胸坎，阮剎忽然間感動，不由自已開始大聲悲嚎起來。就按爾，整個海洋配合著阮捶胸頓足兮節奏，一粒親像汝也心肝遐爾紅兮太陽，一寸一寸，過一寸，位遠方海平線面頂悶出來了。

親愛兮，彼粒紅紅兮心肝內底，為何，攏是思念兮大火？

以戰後台語（歌）詩寫作的風潮來看，自一九七〇到八〇年代中葉是試驗階段，此後即逐漸邁向成熟期。對敏感於時尚的杜十三而言，他夾雜在國語裡頭的一系列「閩南語歌詩」寫作，乃是隨題材更易詩的語言和語法，與他前此的作品相較，基本精神並沒什麼太大的改變，仍然以文學為質，以人性為本。但這樣的屢踐，或也可以將之視為另闢一「文學新生地」。

張漢良嘗說：「運用方言是文學傳播上的兩難式。就正面價值言，方言能生動的表現地域色彩，能增加人物塑造的真實感。方言的逼真性，是『逼』現實世界的『真』，亦即俗謂 true to life，就反面價值言，方言為一部分人所共有，因此其傳達面有限，缺乏普遍性，對於不熟悉此語言的讀者，會造成欣賞時『隔』的現象。」[94]這是所有「方言」文學的寫作者必然要面對的問題，杜十三的因應之道是，在詩篇後面「附註」，例如〈思念兮大火〉

---

94 參見《現代詩導讀》導讀篇三，頁276。（台北 故鄉 1979/11）

── 兮：的；位：從；恬恬：靜靜…。這種以聲音為主的「依聲托字」，接近六書中的假借，要真正做到「義不隔音不乖」── 讓讀者可看復可聽 ── 是很不容易的。方言詩既要以文字為媒又要以聲音傳達，其精神及感情需同時並存於文字和聲音中。杜十三的閩南語歌詩有意無意間運用了各種對偶、押韻、頂真、類疊、排比、層遞、重複…的修辭技巧，在「文學性」和「歌謠性」的綜合上，堪稱表現優異，而蘊藏其中誠摯濃郁的情感更是最菁華的所在。也許，杜十三積極入世的「人間愛」，潛隱著超拔苦難的強烈出世動機，這乃是他所有藝術品的精神背景，一切語言形構的才藝演出，都只是他拿來操作「藝術美」的工具而 已。

五、結　語

　　杜十三認為，凡物沒有定象定則，任何事物，都有可能在時間和空間的遞嬗過程中產生質變。[95]對他而言，「詩」可以「純文學」的面貌存在，也可以同時存於現代多媒體的聲光文本之中。他在〈人間感想 ── 人間的抽象與藝術的具象〉認為：「所謂的『詩』，乃是除了音樂之外和其他各種藝術最能融合的藝術形式，在繪畫、小說、雕刻、舞蹈、戲劇，甚至電影的表現之中……都脫離不了詩的本質範疇。」[96]他顯然關注詩的傳播歷程所展示的多層次面貌，而未必只專注於文字書寫本身，是以從《人間筆記》、「中義視覺詩聯展」、「一九八五年中國現代詩季」到《地球筆記》的行動

---

95 參見杜十三〈詩的「第三波」── 從宏觀角度論詩的未來〉頁 1。（彰師大國文系人文講座 2005/4/13）
96 參見《行動筆記》頁 73。

中，都可以看出他對詩的傳播方式的考量。他所策畫的「現代詩的傳播」（1985）活動，將詩分成四層階段，一是詩的原貌（手稿），二是詩的生活（器物上的詩），三是詩的集冊（印刷傳播的詩），四是詩的聲光（聽覺加上視覺化的詩）。[97]可以說，近二十年來杜十三一直將這些進階式的理念，不斷用行動讓它問世出現。

　　作爲文學文本結構的語言層，本來就含蓋「語音」與「語義」的成分，語音的音韻、節奏、旋律，看似獨立，其實都應該和語義的表裡相互完成。尤其一切詩歌美感的焦點，即在於所運用的語言（口語體）文字（書寫體）必須兼攝音樂性的流動。本文前此討論杜十三的詩作，很難深入顧及以影象合成「詩的造型」，以及以散文隨筆方式演繹成的「詩的演出」部分，大體上設定他「以口語化的文字形式進行『意象』的構築」所經營的「詩的聲音」部分來談。我們不難發現，杜十三大多數的詩篇都是斟酌口語化的文字，搭配音樂的元素而完成的，這點一向跟他的「詩觀」密切相連。他明白表示：「一首詩應除了以閱讀進行了解之外，還能獨立的透過口語傳誦的方式進行完整的意象表現，而讓一般水平的讀者也能體會到作者的『詩心』，…現代詩的步履應該不會老是…只限少數『高級知識分子』欣賞而已」[98]。他也坦承要將詩從菁英文學的象牙塔釋放出來，不僅希望讀者能直接「閱聽」他詩作的「原味」，還要「讓不懂國語的老一輩新台灣人繞希望過文

97　參見杜十三〈現代詩的傳播 —— 寫在一九八五年中國現代詩季〉，《行動筆記》頁 122-123。原載 1985 年 7 月 5、6 日《自立晚報》。
98　參見《行動筆記》頁 76。

字障，直接欣賞所謂的『現代詩』」[99]。這也是杜十三一再開拓適合傳播他詩作的媒材的原因。

而這樣誠摯的用心，二十多年來無稍移易。羅門說，做爲「社會人」，杜十三的色采很淡；做爲真正的詩人藝術家，他優越的原創力是理想的形象。[100]洛夫說他藝術表現的多元次多式樣，是「爲塡補自然未完成的職責」。[101]「石頭因悲傷而成爲玉」，正是杜十三自我設定的「悲劇精神」。[102]事實上，「詩」的變化，就是「人」的變化。他嘗慨歎：「身爲『基因奴隸』的人類，究竟要累積多少的慧根和心靈能量，才有可能達到『神』的創造之境，將自己從不變與恆變的矛盾深淵中拯救出來呢？」[103]藝術和科學一樣，都是人類在追求宗教式「頓悟」過程中的掙扎「痕跡」。「詩人…藝術家從宇宙得來的片面感觸，經由自身的文化習性和生理結構歸納反芻後，演繹成爲血跡斑斑的生之真義，用來讓其他人類依循同樣的頻道、節奏和視野，而產生共鳴，以求得時空中『恆變』中的一絲『不變』，並賴以互通氣息，共同朝拜生命底淵的一點吉光返照。」[104]就是在這樣的燭照下，杜十三將受想行識所及的人間哀愁，盡化爲語言文字永恆的智慧和愛。每一首詩篇，都是他一再轉換說法形式的大悲咒。■

99 《石頭因悲傷而成爲玉》杜十三「後記，」頁 213-214。
100 參見羅門〈杜十三作爲詩人的存在 —— 他的內層創作生命的「基本面」〉，《台灣詩學季刊》第 25 期，頁 84。。
101 參見洛夫〈石頭與舍利子〉，《石頭因悲傷而成爲玉》頁 3。
102 參見杜十三〈詩的「第三波」—— 從宏觀角度論詩的未來〉頁 4。（彰師大國文系人文講座 2005/4/13）
103 同前註，頁 2。
104 同前註。

發現杜十三

高　健

在台灣，杜十三給人的印象是一個點子很多、創作種類多元，有點離經叛道又有點傳統保守，可以稱爲詩人，又可以稱爲藝術家，難以言喻的什人。由於他的創作種類包括了詩歌、散文、評論、小說、劇本、造形藝術、設計、音樂，甚至舞台表演策畫與導演，從上述那樣對他的感覺出發，如果一個人沒有讀過他的作品或只是讀過他的小部分作品，那麼，和一個能夠耐心下來閱讀、欣賞過他所有創作的人相較，兩種人對他的評價肯定是大大的不相同的，我個人就曾在不同的時間扮演過上述的兩種人，也因此對杜十三這個人以及他的作品有了截然不同的觀感：

被充分閱讀前的杜十三是個「不講究專業，炫才傲物，善憑發想像譁衆取寵的文、藝工作者」，是個「到處放風點火，什麼都要出一手的人」……，依照聽聞、觀察，這個「被充分閱讀前的杜十三」在台灣文藝圈的某些圈圈裡似乎仍然佔有某種程度的比例，甚至還有某些圈內人對杜十三這種形象存有些許「嫉恨」的情緒，並進而對他進行間歇的排擠與扭曲，依照這些人在這種情況之下對他的感覺是這樣的：「沒有人可能樣樣都行的啦，攪什麼局嘛。」、「樣樣都行？樣樣不深入」、「喜歡玩形式，內容夠份量嗎？」。如此，這個「被充分閱讀前的杜十三」正因爲他創作的種

類數量繁多，仍在為他從一九八二年積極縱身文壇、藝壇以來，至今依然熾烈的創作熱情背負自己的「原罪」，直到一九九八年末的現在，我才發現：他似乎是一棵不斷成長的樹，只因為被不停的文風吹襲而搖曳不停，讓人很難看清他的面貌。

　　被充分閱讀後的杜十三又是什麼面貌呢？讀過、看過、聽過、思索過杜十三所有的作品，包括：詩集《人間筆記》、《地球筆記》、《愛情筆記》、《嘆息筆記》、《火的語言》、《新世界的零件》，散文集《雞鳴人語馬嘯》、小說劇本集《四個寓言》、行動記錄論評集《行動筆記》、手工詩集《愛撫》、《台灣十二唱》詩與藝術專輯、《杜十三藝術探討展專輯》、未結集論評數十篇、視覺藝術創作（含繪畫、裝置）百餘件、有聲創作（含歌曲、詩歌朗誦）數十首、視覺展出錄影帶二卷、導演策畫演出錄影帶四卷，以及其他有關藝術的書型及各類設計數十件之後，先不論他作品的質是如何，光是從「如大量的創作是在杜十三卅二歲到四十八歲十六年之間產生」的這個事實上來看，我們不得不承認杜十三對文學藝術創作的熱誠、執著以及不斷推陳出新的用心，的確不是一般人可以比擬的，他的背後如果不是具有強烈的創作動機與使命，不可能從一開始到現在幾乎每年都有新作出版、展出或演出。這個動機與使命是什麼呢？試看杜十三在千行詩「火的語言」第廿六節的一段詩文：「親愛的　固體的火呀／你們真的聽得懂我艱深的沈默嗎？／我已經焚燒自己成為文字／就在這裡　此刻／就在你們沈默的眼睛之前／我正以自己的心跳輻射出我的每一句沈默──／給你／你聽得見一絲光的聲音嗎？」我相信杜十三是以一種接近宗教情懷的動力來從事他創作，以創作當成他完成自我與超越自我的救贖之道。

　　在這些林林總總的作品當中，詩（分行詩與分段詩）應該是他最有表現的主力，整體而言，他的詩作是綜合了象徵主義、超現實主義、後現代主義與新表現主義的特色，在意象經營、思想深度與語言節奏上均具有相當的原創性，同時他也是個悲天憫人與深沈睿智，感性與理性兼具的詩家。在此，我們不妨先回應他過去十六年來不同時期的幾首代表詩篇再作縮結：

一、早期作品

　　之一：「風起的時候／一隻蜻蜓從池塘的皺紋上起飛／一株花拒絕了一隻蝴蝶／一朵雲推開了一座山／／一棵松樹的影子學會了走路／一公頃的稻子想起了海洋／一粒果實發現了土地／⋯⋯／／風吹了三十年／童年的那一支斷了線的風箏／才於昨天午後三時／沿著兩行新長的皺紋／疲倦的在我的臉上降落」（風／一九八三年）

　　之二：「他把一句謊話吐在地上／變成一座橋／架在兩岸之間／／河水不相信／從橋底下走過」（橋／一九八四）

　　之三：「攝氏三十七度的夏日奪門闖進的時候／你以牆的姿勢端坐窗前／任一道凶猛的陽光／恣意的在你臉上搜索／你依然不動聲色／拒絕交出藏在心底的／一幅春天的風景／／熾烈的煎熬使你的雙眼明亮／使你的孤獨挺拔起來／在接踵而至的／風與蟬鳴放縱的甜言蜜語蠱惑之下／你還是固執的使用傲岸的嘴角／抵抗所有多餘的溫度／讓一滴滴高貴的汗水淌向內心陰涼的角落／結晶成為一株蘭花／／而在你的胸前左側／幾條皺紋的上端／滴答的時鐘正和日曆交談／太陽走了之後／一盞燈把他們的談話翻譯成你的影子／「嚓」的一聲／烙在牆上」（煉・一九八三）

之四：「手與手分離之後／眼與眼仍然相偎廝磨／在站著的夜色和躺著的的離愁之間／千條雨絲是凝固的聲音／萬盞燈火／是醒來的昨日／／我們心中都藏著千山萬水／蜿蜒曲折　難以攀行／不是順著兩行淚水就能找到方向／也不是藉著一聲再見就能辨出歸途／我們迷失／是因為山涯水際／日出月落／沒有痕跡／／唇與唇分離之後／臉與臉仍然相互流連／在站起的離愁和躺下的夜色之間／默默的用香菸點起一陣晨霧／妳偷偷的用口紅塗去一片／紫色的傷痕」（傷痕，一九八四）

以上這四首詩作收錄在杜十三一九八四年出版，而後再刷八次，發行達近兩萬冊的《人間筆記》裡。從他早期這些詩作中我們已然可以感知他那情感真摯，意境突出，不落俗套的詩創作藝術已經儼然有甚為可觀之處，而且絕無其他現代詩家的晦澀難懂與扭捏做態之處，這早期的詩不僅適合用眼睛沈默的閱讀，即使用口朗誦亦有極佳韻味。我們在他的「詩想錄」一文中可以得知如下的印證：「……即使在去除了文字符號的媒介之後，『口語體的詩』應該仍能藉由言語本身進行有效而清晰的傳達，在這種情況之下，『符號』已經融化於人之中，只剩下『人』的聲音、嘴巴、耳朵和心——詩成了『嘆息』，是一種呼吸，一種體溫，一種韻律，一種節奏，一種生命和一種自然。」

二、前期作品

之一：「妳終於醒來／從心底最深的一條隧道走出／在坑口與我會面／長久的黑泥塵封／我發現／妳已經不能言語／不能表情／只能癡傻的／等著陽光再度承認／妳那張模糊不清的／臉／／妳一定很累／在長途跋涉／與尋找光源的努力之後／面對著美

麗的世界／卻已經目盲／而多年以前我在前世為妳準備的——／
一封簡易的情書／此刻對妳而言／也因為長滿苔蘚而變的艱深難
懂／因此／妳必須重新學習／從微笑的基本動作／到做愛的複雜
姿勢／用心摸索——／我已經決定／用一枚沈默的癡情引爆自己
／在生鏽的心底炸開一條通往永恆的隧道／等妳」（隧道，一九八
五）

　　之二：「黑夜中／遙遠的妳突然哭泣　不再說話／只用話筒
貼在胸口／用噗噗的心跳回答我殷切的呼喚／／如此／我學會了
從你的心跳聲中／打聽宇宙所有的消息／卻逐漸的聽到了　大水
的聲音／砲火的聲音／地球墜落的聲音」（打電話，一九八八）

　　之三：「霓虹夜放蝶萬雙（我們是從你們冷漠的眼角起飛的）
／上高樓　舞街巷（沿著你們筆直堅硬的格言／我們在地下降落
在繽紛的燈下取暖）／碧男紅女煙茫茫（並且　在酒精裡萃取勇
氣／在煙霧中尋找夢境）／搖滾聲動　儷影逐光（終於學會了用
DISCO舞步接觸地球／用白粉大麻接觸亮光）一夕數迷茫（以及
把一個輕盈的夜色／分裝成無數個上升的泡沫……）紅中白板黑
金裝（金屬是最光鮮的質材／黑色　是最迷人的顏色了）媚眼生
波濃香喘（我們散發相同的氣味　突出相似的個性／彼此吸引團
結　共同叛逆）／眾裡尋他髮如浪（如此你們再也找不到我們／
正如同你們再也找不到自己一樣——）驀然回首（請努力的回頭
想想／你們所曾擁有過的青春吧）／那人躺在（那兒是不是也有
一個青純如玉／名叫愛的小孩／只是因為迷路）／安非他命床（就
被人陷害／至今仍然躺在火車轟隆來去的鐵軌上？）」（青玉案，
一九九〇）

　　杜十三這一時期的作品大都收錄在他的詩集《嘆息筆記》

中，主要還是延續了他早期的「語言體」風格，但在創作語言上
則有朝向「並置、拼貼」的後現代風貌與新表現的技巧發展，不
變的是，我們依舊可以從他這一時期的作品中強烈的感受到他悲
憫的胸懷，和意象、技巧的深刻與精準，正如他所言：「所有的詩
都必須回歸到『人』的本位來審視，以免遭到語言繁蕪的表象折
射而見不到本質」，這期的作品也確實體現了他上述的主張，並且
強而有力的以他的清澄透澈，直搗人心的詩藝說服了我們。

三、近期作品

之一：「因為他摘了一朵花／曠野因此留下了傷口／一隻狼
在遠方　　呼痛」（頓悟三行，一九九一）

之二：「一隻用謠言孵出的鷹／從他喉底深處的巢穴中／興
奮的／飛出／謠言展開刀刃般的翅膀／殘忍的劃過天空／讓白晝
的風景／染成帶血的黃昏／／天空始終沈默／用沈默結成繭／孵
出了太陽」（孵，一九九二）

之三：「愛撫之後／所有的歷史都像衣衫一樣落盡／只剩下
赤裸裸的真實以愛恨交織的姿勢掙扎／躺在時間的床上受孕／／
而後／我們正正經經的閱讀他所生的小孩／從他的容貌閱讀自己
的容貌／從他的悲苦閱讀自己的悲苦／直到我們驀然發覺——／
他的複雜竟然是由於他的無辜／他的深刻／竟然是由於他的宿命
／／新的歷史此刻正在窗口吮著奶嘴偷笑／等著我們繼續供給血
淚餵他／／然後看著他迅速長大成人／走開／學習更為煽情的愛
撫」（愛撫之二，一九九三）

之四：「光是沈默的／光／是懺悔過的火／／在向上燃燒的
過程中／懺悔的火把灰燼還給大地／把光獻給天空／／神是沈默

的／神／是懺悔過的人 —— 把追尋真理的過程中／／懺悔的人把血淚還給泥土／把語言還給沈默／／沈默　是懺悔過的語言」(火的語言第二十一節，一九九三)

　　之五：「沈默是血／是循環／在黑暗的體內沈默循環的血一經體外陽光的誘引／會像傷口呼痛說出鮮紅色的寓言 —— ／凡逃離心臟　逃離循環的必然淪為黑色」(火的語言第卅六節，第一段，一九九三)

　　之六：「你們知道灰燼裡面藏著光嗎？／撥開看就知道／撥開看你自己的心 —— ／灰燼裡的光就是你心中的光／／你們知道光裡藏灰燼嗎？／是我們住在宇宙中還是／宇宙住在我們心中？」(火的語言第五〇節，一九九三)

　　之七：「島　是你們生命中的中點啊／心　是你們充滿慾望與仇恨的血中的島／心　是易燃物是光與灰燼的中點」(火的語言第九六節，一九九三)

　　杜十三這時期的作品都收錄在詩集《火的語言》中。《火的語言》包括了〈頓悟三行〉、〈月亮之歌〉、〈台灣十二唱〉與千行長詩〈火的語言〉等共四篇。「頓悟三行」是仿徘句的新創小輯，「月亮之歌」是延續前期風格的作品，「台灣十二唱」是閩南詩輯，從台灣光復前寫到九〇年代，每個年代用一首詩做切片式的展現，「火的語言」則是以二二八事件為主軸的台灣寓言史詩。依本人之見，杜十三這時期作品的可說是他風格轉變最劇烈、鮮明的創作，和之前最大的不同，乃是他把自己詩的知性語言推向了一個高峰，尤其在「火的語言」中，我們看到了他在龐大的結構中讓「火」與「語言」的意象，不斷的以各種不同的語言節奏和超乎想像的敘述變化，燃燒、輻射出有關生命、信仰、歷史和死亡

的溫度和光韻，讓人在溫暖熾熱之餘，不得不也和他同樣的以滿懷虔誠的宗教感去體悟人類的過去、現在與未來而心生感動。無庸諱言，在整體一貫、深沈有力、充滿睿智、節奏分明、意象如焰火，可說是重、大、樸、拙、美兼具的這首鉅構裡，我深深的感悟到杜十三的詩從展現細沙水珠的靈秀到宇宙洪荒磅礡氣勢的不凡成就，這是我發現杜十三之後第一個最大的驚奇。據他所言，寫作這首詩的時候，他是以苦行僧的心情，每天三個小時以上坐在書房苦想苦作樂半年多，這又是何等的毅力。

　　除千行詩「火的語言」之外，「台灣十二唱」也展現了他寫作閩南詩的獨到功力，無論是語言節奏、韻律的掌握，意象、詩素的營造或是時空肌理的展現，這十二首組詩都有其獨創性與開拓性，是不可忽視的閩南語歌詩傑作。試看「台灣十二唱」第七唱「看阮的目睭」最後一段：

　　「看阮的目睭／阮的目睭內底有汝生命的火／看阮的目睭／阮的目睭內底有汝一生的夢／看阮的目睭／阮的目睭內底有汝溫柔的海岸／看阮的目睭／阮的目睭內底有汝清楚的天地／看阮的目睭／看阮的目睭……」

　　這些詩用閩南語發聲讀誦，聽來更是動人，樸拙、真摯有如久釀的陳酒，讓人回味無窮，這樣的片段在這首組詩裡所見都是，請看第八唱「鐵路的聲音」第三段：

　　「喔　鐵路的聲音　是火燒的聲／鐵路的音是大水來的聲／鐵路的聲音是地球崩去的聲／阮的心肝是兩個未當相堵的／車站／只有拽一下手／看著火車來來去去／去去來來……」

　　如此的音韻和時空的想向所激發出來的歌詩的質，清澈有如台灣過去未曾污染的溪流，是可以穿透讀者的夢境的，我相信，

如果杜十三能多寫一些閩南語詩，成果一定不俗。

四、新近作品

　　杜十三新進出版的作品主要是他前後創作達十六年的結集「世界的零件」（一九九八）。該書收錄了他精選的散文詩九十九首，每一首都是日常生活中的「零件」，諸如：「泉水」、「霧」、「傳真機」、「樹」、「螢火蟲」、「墨」、「鹽」……等等，去「解構」或「再現」包括「先驗式第一自然」、「人造式第二自然」與「再現式第一自然」、「人造式第二自然」與「再現式第三自然」，美麗或不美麗的「新世界」。杜十三在這本被譽爲可能是「中國文壇的重要收穫」（見該書王一川博士序）的作品裡，淋漓盡致的展現了他獨門的「破」與「立」，「格物致知」或「格物致頓悟」的敘述美學與文體美學，在九十九種幾乎各不相同的敘述手法中，，每一篇讀罷都會出其不意的讓人悚然一驚或是拍案叫絕，其原創性之高，表現之高明，確是我在其他的散文詩閱讀中所難得的經驗。事實上，這本散文詩選集應可同時視爲「文字禪」的力作，其以文字「棒喝」讀者的力度有時就像要讓人參破一個公案那般，這或許是這本書另外取名「末世法門九十九品」的緣故吧。試看他的「蠟燭」：

　　「蠟燭是喜歡站著看，用火張開看的眼睛，卻把看到的一切都還給了灰燼」（這是該作品的引言，作爲和內文呼應的警語），「該書幾乎每一篇之前都有不同的警語」，接著，他顛覆了中國詩詞中喜把蠟燭做爲兒女情長或離傷懷的借託寫法，在一段對書桌上蠟燭的細膩描述之後，大膽的把蠟燭寫成了歷史的控訴者：「之後，我闔上攤在旁邊讀了一半的《南京大屠殺》，那根已經哭到盡

頭的蠟燭卻倏然間變得冷靜了，滾燙的淚水在桌上堆成了一層蠟，像捧著遺書那樣的，悲戚的撐著一粒靜止不動，即將在瞬間滅去的如豆火焰。

我好奇的回過頭去，想從地下和牆上斑駁的影子裡看看她最後想說些什麼，卻看見了一個還未投降的日本兵，正奮力的從書逃出，爬向桌子底下向我的影子進攻。」

類此佳構，如「石頭因為悲傷而成為玉」（石頭）、「霧非霧，樹非樹，只有在霧中及在樹下的人」（霧）、「人身如墨，因為懺悔而氣韻生動」（墨）、「必須抵抗自己對自己的侵略，趕在死亡之前再誕生一次」（槍）、「人身是床，心是鬧鐘」（鬧鐘）、「每個人都是打火機，都忙著打出火焰，用來尋找自己的影子」（打火機）、「灰燼懺悔成為光」（螢火蟲）……等等，在本書中不勝枚舉，基本上都能展現合乎邏輯的荒謬，意韻豐足，直指人生，是本人發現杜十三之後的第二大驚奇。我相信，這本杜十三花了十六年的時光，「用純心打造」，從兩百多篇中精選出來的獨創文體散文詩集「新世界的零件」，應該在當代的台灣文學表現上獲得應有的地位。

在我們以縱時列展的方式，把杜十三早期、前期、近期與新近的重要詩創作進行重點式的回顧之後，我們似可比較清楚而客觀的發現，今年四十八歲的杜十三確是一個原創性十足，質量兼具的一流詩家，把他放在當今兩岸華人詩壇上，和老中青三代比較都毫不遜色的一位難得的傑出詩人，問題是，為何他始終沒能得到文壇給予他應得的評價呢？我的看法是，因為他在純文學領域之外的多元創作模糊了別人看他的焦點，雖然這種情況在別人身上或者國外藝文生態先進的國家是不成問題的問題。為什麼呢？

　　「詩」的定義對杜十三來說並不只是純文學的詩而已，由於受到黑格爾「詩美學」，以及他個人在視覺藝術和音樂的潛能與造詣的影響，他很早就在純文學創造之餘也同時從事他的「視覺詩」與「聽覺詩」的展演創作，在他的主張裡，和中國傳統詩的表現一樣，詩除了以文學的面貌存在之外，多年來他除了參與純視覺藝術與歌曲的創作之外，也和其他幾位詩人同好策畫、導演了多次有關現代詩的展出和演出，如「詩的聲光」、「弘一大師五十年祭」、「因爲風的緣故」、「貧窮詩劇場」、「詩的新環境」等，並獲得一定的好評與爭論。此外，他在「台北雙年展」中獲得國際評審團大獎的視覺藝術創作也帶有濃厚的詩質，他出版過的歌曲作品也都有詩的味道，因此可以這麼說，杜十三只不過是用他嫻熟的全方位途徑去寫詩而已，他並沒有逾越他作爲一個詩人的本分，反而是以一種前所未見的方式去實踐一個前衛詩人獨特的美學思想，如果有人因爲他多方面的在純文字領域之外展現他的詩創作，就因此認定他的異類，或因此以非文學、非藝術評斷標準的「文學政治手腕」將他扭曲、排除，那不只是對他的傷害，也是對台灣文學、藝術本身的傷害。

　　杜十三一九五〇年生於台灣，大學畢業於師大化學系，曾經擔任過高中教師、廣告公司創意指導、雜誌社總編輯，現任某研究機構出版室的總企畫同時兼任台灣中華書局的總編輯，工作之餘，他仍然不停的創作，預定明年底的世紀末推出他全新的詩集《石頭悲傷而成爲玉》。以他如此忙碌，必須同時扮演不同的吃重角色，又如何能兼顧一連串大量的創作呢？事實上，除了努力之外，他的學習能力之強，運用資訊的敏銳也是值得一提的，比如說，他從沒有學過做菜，卻能在短短三個月內燒出滿桌色香味俱

全，從沒見過，卻讓人吃了之後大爲驚訝讚賞的好菜；他沒學過多媒體演出的劇本編寫，卻可以憑感覺寫出包括燈光、聲音、臺詞、動作、音樂、與舞台變化等十多種演出要素同步行進的複雜劇本並徹底實行導演步驟；他沒學過設計與企畫，卻能考進台灣的國華公司的廣告設計部門，也能獲聘進入台北的華美建設擔任房地產銷售企畫師……，凡此種種，在在說明了杜十三的天賦異秉，以及他勤於學習嘗試，用功讀書，努力創作的人格特質，這些深受尼采「衝創意志」學說薰陶的特質對於成爲一個詩人或藝術家都有正面的助力才對，相信稍假時日，杜十三重新調整步伐、視野並且改正他的缺點和不足之後，應該會帶給我們更動人的作品。寫到這裡，突然想起杜十三一篇名爲「鑽石」的寓言，文中提起一個形象不整的村婦來到都市裡和一群衣著光新的貴婦比鑽石的大小，正當眾貴婦每個人手裡拿著三克拉上下的鑽石在那裡比來比去時，村婦卻掏出了一顆十克拉大小的鑽石來，嚇得眾貴婦連忙說那顆十克拉的鑽石是假的。文末，且以杜十三在這篇寓言裡的一句話和杜十三互勉並作爲結束：「**鑽石是：必須先在別人眼裡成為鑽石而後才是鑽石的，一種類似命運的才華。**」

（一九九八年十一月，《詩學季刊》25 期）

我讀杜十三

辛　鬱

在文字藝術與造形藝術這兩個領域中，杜十三都有「展望性」的出色表現。

展望性在時間上顯現過去、現在與未來的多重含意，聯繫了人與歷史。展望性也在空間上顯現人世、宇宙、天與地、以及具象與抽象的多種含意，擴展了生命領域。

正因爲作品中綿密的「展望性」，杜十三旺盛的創作力，便難以用一套公式來規範；硬性的設限，不但不易捕捉到杜十三作品的精髓，反而會因成見將它讀死。這便也引出一個問題，「善變」是杜十三作品的特色，它是一種良性表現嗎？

我認爲是的。

但是，閱讀杜十三，不要因爲他一下子寫詩，一下子寫散文，一下子繪畫，一下子譜曲，一下子編劇，一下子又玩裝置藝術……這多樣形式的表現，去體認他的變；這些都不重要，對杜十三來說，是表現工具的運用吧了。重要的是，他這首詩表現了這件裝置藝術作品表現了什麼？杜十三的「善變」，就在於這些不同作品的表現各有主題與意義。

也許有人會說，現在是什麼時代，還講什麼主題與意義？我們只需要形式的完成；無論詩、散文、繪畫……追求主題與意義

是多麼陳腐落伍啊！

　　顛覆如果不是爲主題與意義的再造，毫無必要；所以我始終堅持作品中主題與意義的重要。

　　杜十三一貫地重視主題與意義，他的作品所顯現的良性善變，就在於明確的呈出主題與意義。

　　我喜歡杜十三作品中的即時反映，用電影手法，自身所處場域（社會、城市）取景，半虛半實的予以攝錄，其間帶入個人的觀點而起了篩選作用也可說是批判性。另一方面，由於詩畫的某些微妙的共通性，杜十三作品中的詩，常有繪畫的質感，如文字的色感，句構的造形。而在畫作中，則有詩的情愫，非常炫麗動人。

　　這種特色擴張了杜十三作品的感染力。

　　其次，杜十三作品的多樣選材，由於適度的控制，而不致於過份繁複，陷於混沌。他很清楚身處的場域，面臨的問題之多之雜，常會使心魂迷失其間，但他有所選擇，因此他寫本土而不會自陷狹義的泥淖，他寫史實而不致僵化或虛化，他寫科技對於生活的影響而不致手足失措或盲目附從。取材、選樣的慎重，在中年一代詩人中，杜十三最得我心。

文體與欲望的躍升試煉
── 記《新世界的零件》

鴻　鴻

　　每一個提筆寫作的人，難免都覺得過往的語言不夠用。當然我們為已被寫出的文學驚嘆（那不正是我們被文學吸引的理由嗎？）但又覺得無法命中我們今日的生存（那不正是我們提筆的理由嗎？）「為了那人性中還未曾被任何語系穿透的部份」（夏宇詩）。無疑是因為這個理由，杜十三將他的新書命名為《新世界的零件》，朝向一個我們未知的（但詩人已預見的）世界。

　　這本書的文體事實上來自一個值得懷念的舊世界：面貌是散文，但體質更接近小說與詩，魯迅、商禽、渡也那種超現實風的戲劇性，結尾經常有逆轉。歐亨利的逆轉是真相大白，杜十三的逆轉則往往弔詭或甚至一腳踢翻邏輯。「散文詩」這稱謂當然是不準確的，詩人在後記中斷然支持克羅齊的說法：「所謂『詩』就包含了一切純文學。」然而胸懷新世界的詩人卻又無論如何「純」不起來。杜十三這九十九帖小品，有戲劇性的情境動作，有電影的鏡頭掃瞄，而其整體的排列裝幀，又如同一件裝置藝術。從詩人「紙上多媒體」的各種「筆記」出版品開始，這些觀念的雜交（或說融合）一次次豐富了文學的表現行為。

　　雖然謙稱「零件」，杜十三卻時時持有一座巨大的時空座標。

二十年前、百年後，轉瞬老去的女孩、見面不相識的自己……時
與空的強烈撞擊，迸出電光石火。廝殺、變形、死亡、血管、心
臟、淚水……詩人偏好澎湃的情緒、極端的境遇，主題一再回到
男人與女人的權力交戰關係，或是生命終點與起點的相唧。日常
生活的細節一概被提昇、轉化成為寓言。雖然率多城市文明化的
器物，卻被大量烈焰、野草、海浪、月光這些自然界的原型所包
圍、所詮釋。在詩人心靈的新世界中，我們遭遇的竟觸目是原始
與蠻荒，無法解決的欲望與尋回的自己。翻回書前「趕在死亡前
再誕生一次」的宣言，我感到詩人透露的不是鬥志，反而是一種
焦慮。欲望和記憶的糾纏拖曳，與精神的迫切渴望躍升，在所有
作品背後又構成一道位置懸殊的強烈拉鋸。或許，這正是詩人旺
盛的創作力、泉湧不絕的情節與意念來源。

　　「他在海風中吻她，感覺到她是鹹的。」這樣簡單、準確、
又充滿美感的描述，保證了杜十三在感覺上的純粹質地。〈鋼琴〉
描述一架已成為鼠窩的鋼琴，在精彩的演奏會後「吐出老鼠的骨
頭」，則展現詩人的幽默和想像力。為詩人想像所網羅的意象相當
駁雜，有時也會屈從欲影射的外在意念而非作品的內在關聯，例
如〈刀子〉為何將蘋果當作敵人戮刺、〈銅像〉的母鷹為何對近代
史感興趣，都較欠缺說服力。但另一方面，同一種活躍的特質也
造就詩人最擅長的，匪夷所思的邏輯辯證，如「真理是沈默的唇，
謊言是口紅；謊言是紅唇，真理是唇上一顆迷人的痣。」之屬。
走在文字遊戲的邊緣，詩人的深沈同情心給予這些事物的新關聯
豐厚的支撐。最動人的演出當推〈墨〉和〈銅〉。〈墨〉描述戰士
的屍骨溶入地底碳層，百年被製成墨條，為他的玄孫買回家，畫
出一幅歸家的戰士圖，圖中臉孔「和他的曾祖父的父親長得一模

一樣。」〈銅〉則以一塊古戰場的銅作爲主角，寫它被製成「銅7」避孕器植入女人體內，執行殺伐精子的任務；後來又被冶煉爲槍砲，「把在人體內的戰爭經驗擴大」，「在女人的哭泣中」繼續殲滅生命。寫世間無所不在的殺伐，驚心動魄，莫過於此，當然巧妙也莫過於此。

　　這種意象邏輯推演的極致，可見諸〈超級市場〉：「一群黑色的蒼蠅跟著一隻白色的小狗，一隻白色的小狗跟著一個肥胖的婦人，一齊走進熱鬧的超級市場。」在一堆血腥的「動物屍體」間挑選完畢後，「一群白色的蒼蠅跟著一隻肥胖的小狗，一隻肥胖的小狗跟著一個黑色的婦人，面目迥異的從輪轉門迴出了超級市場。」遊戲性的、現代繪畫式的「無厘頭」顏色換位，冷靜地傳達了世界的無情與人的異質化，真是神來之筆。在這樣的作品裡，文字美學成就了所書寫的內容，杜十三自許的新文體試煉，也真正成爲開啓新世界的鑰匙。

（「台灣詩學季刊」25 期」）

從灰燼中掙扎出樹
—— 讀杜十三

白　靈

　　年底的「三合一」選舉逼到台灣每個人的眉睫來，張眼所見，旗幟與手勢滿街飛揚，而叫囂聲吶喊聲竟然無法用任何一面窗戶將它們關住，抹黑加上賄選，遊行加上塞車，棍棒加上摔豬，民主嘉年華乍看真像人性沸騰的大賣場。然而轉瞬之間，結果揭曉，半座城，應該說半座島嶼的人歡聲雷動，另半座的人哀聲嘆氣，緊接著就好像「灰燼」樣死寂，所有的熱情一夜之間全燃燒光，再沒有人興趣去翻攪它。就這樣，世紀末最後一次全台灣的光和熱、在「迴光返照」之後，又一回被星光「偷偷調暗」（杜十三語），正等待伸出僅餘一點力氣的腳尖，把二十世紀的後門踢翻，站到另一個世紀的前門去。

　　年近半百的杜十三正是一個「屬於未來」—— 台灣最早想踢開廿一世紀大門的詩人，他在許多媒介中展現的意圖令不少藝評家詩評家大傷腦筋，他的散文詩被詩評家說不是詩，被散文同道說不是散文，他的複合媒介的創作，被這一群人認為不是畫，被另一群人說也不是雕塑。而「無法歸類」正是「未來式的」。而「未來」往往也是最「原始」的，試問，有哪一種形狀該是「火」的固定形狀，或「金」的，甚至「陰」的、「陽」的固定形式？未來

的世紀也將告訴我們，當人的基因與世間其它基因結合時，連「人」的形式都有可能複合化、複雜化，以致歸類困難。

杜十三似乎「預見」了這些，從一起初他就像個預言家，站在「灰燼」的當中，指著到處可見的灰燼對人們說：「看哪，光是它的前身，樹是它的未來。」他是樂於翻攪「灰燼」的人，像翻攪著一堆堆死寂的文字，從殘餘的氣味中分辨灰燼成形前可能的形質，以及灰燼成形後掙扎出什麼芽什麼樹的可能。他是擅長站在「世紀之交」、「媒介之交」、「男女之交」、「陰陽之交」、「文體之交」，借以反思人生各種困境、糾葛，但並不試求解脫逃遁的人。他像站在刀刃上，且意圖滑行，而這的確需要不少冒險的勇氣。

杜十三「二而一」的企圖其實極合乎人性，也吻合自然的規律，試問時間的流轉何處是始、何處是終，既無始終，則「世紀末」可以是終；「世紀初」可以是始。春末夏初、年終年初、清末民初、……無不如此，當其時，正是變動劇烈之交，隱沒之時包含再生。然而一切只是「時間的相對論」罷了，並無「絕對」可言，以是「心的相對論」、「男女相對論」、「愛與怨的相對論」、「文體的相對論」、「陰陽相對論」、「媒介相對論」、「石與玉的相對論」、「罪惡與智慧的相對論」，乃至「天空與大地」、「月球和海洋」、「謊言和信仰」、「現實與夢境」、「歷史與未來」……等等都可作如是觀，他在「相對」中發現了宇宙的真貌。因此，當杜十三在他的近作中說「淚珠的下半球和上半球擁有不同的時代」（見〈二十一世紀第一班列車來了〉），「我們喜歡在火中飛，我們喜歡在血中飛」（〈黑面琵鷺〉）、「在每一片黑暗的背後／我們都可以看見因為羞愧而低頭不語的燈」、（〈心的相對論〉）、「接近地球的那一顆在你的體內引起了潮汐／讓它用所有回憶的姿勢拍擊妳心中

的岩岸／轟然聲巨響之後／我在上漲的淚水中看到了你浮起的靈
魂」(〈世紀末情詩〉)、「我們看海／看著我們浪濤洶湧的一生／
看著你盯著海洋發問／看著潮水帶著答案來」(〈看海〉)、「讓我
們在我們的靈魂內裡驚恐著我們的驚恐／直到我們在天地交合的
那一點頓悟／發現我其實是種在妳身上的一棵樹」……等詩句
時,當不難明白他時而「二合一」又時而「一合二」的兩面手法,
其實正隱含人生和人性深刻的觀照。

　　簡而言之,杜十三是「人生的相對論者」;因為相對,故時
時變動,故「測不準」,乃有輪轉、循環、互動、死而復生的可
能。然則杜十三的創作並無固定的周期,他將不同周期的相對物、
相對能量皆納入自我隱秘的乾坤袋中,由此發展出「杜十三式的
相對創作觀」;若有人亟欲將其歸類,不僅自討苦吃,也恐怕很
難明瞭他不斷地「從灰燼中掙扎出樹」的能耐究竟如何得來?

杜十三作爲詩人的存在
── 他内層創作生命的「基本面」

羅　門

　　如果我們覺得在創作世界中，寧可「重視」仍難免有缺點但具有原創力、傑出性與特異性的不凡作品，而不會去關注那些「完妥」在缺乏才思與創意中的「平凡」作品，則我相信讀過杜十三的「火的語言」與「新世界的零件」……等書中的作品，都會認爲他應是屬於受「重視」的詩人。

　　如果詩人與藝術家是進入生命與一切事物存在的深處，在將「美」的一切喚醒，則杜十三在作品中，是確實一直堅持這一個具有永恆性的創作信念，並印證自古到今，世界上任何一個作家，無論從田埂路到石板路到洋灰路到柏油馬路到電視網路……，都必須在作品中帶著有深處「美」且確實感人的思想與生命上路── 因爲詩人與藝術家絕不只是耍巧與玩弄媒體，更是在符號背後呈現具震撼性的生命力與具有深度美的思想世界。

　　如果說沒有才氣的詩人與藝術家，等於大肥子跑百米，矮子打排球；則杜十三這兩本書中，便是證實他做爲詩人與藝術家是確實有才思與才情的，確是寫詩與從事藝術的那塊好料子；他明銳的靈視、廣闊深微的想像網路，以及思考在臨界線的爆發力與原創性，都是使他能碰擊到創作世界精彩與驚異的部份，而發出

亮光，也使作品顯示出具有深度、質感與傑出非凡的內涵力。

　　如果離開「人」的一切，不是尚未誕生，便是已經死亡，如果詩離開「人」，詩寫給誰看呢？所以做為詩人的杜十三，他一直是用人的生命寫詩，他不是用書本與學問寫詩；他不是「文人」而是「詩人」在寫詩，他是藝術家在寫詩，他是將人跳動的心臟放在時鐘齒輪的磨坊裡去，聽人存在的生命同聲，來寫詩的詩人……，於是，他的創作世界，流溢著濃厚的人性、人道、人文與人本精神。他無論是通過第一自然（田園型）第二自然（都市型）的兩大人類生存空間，他都把「人」緊緊的抱住，讓田野流動的「河水」與機械文明流動的「汽油」，都同人的血溶合的流在一起……讓人心進駐機器的心，讓物象與心象相互動，在詩中確實建構起人文思想活的場域，是值得重視與予以肯定的。

　　如果詩是將智識與學問變成思想、將思想變成智慧、將智慧變成生命思想的一門學問，則杜十三的詩，便是企求在其他門類的學問（包括哲學、科學、政治、宗教……）之外，創造這一門屬於「美」的學問，用來「美」化其他的學問，「美」化物理與心理空間所有的景物畫面與造型，美化時間與詩的創作思想指標，便勢必要不斷超越朝向「美」的巔峰，去探視一切存在於高層與深層世界的真實，也因而使他確實抓住詩創作價值的著落點與終極目標，成為有覺識與實力的詩人。

　　如果將杜十三書中的詩作，也看成有「後現代」的傾向，有將「現代主義」向頂端超越的高層建築，進行解構、朝舒放的平面與多向發展的情形，但他並非滑溜在「表面性」的多元書寫的「平面」上；而是深入內層世界，去呈現作品多面的「立體」思維空間與景面，並持續展示出創作意涵新的深度乃至新的形面上

性，以防止後現代消費文化驅使所謂沒有精神深度的創作意念，可能帶來創作某些盲點，可見杜十三的詩作，對「後現代」是採取理性的選擇與接受角度，基本上他的創作，不是「平面」反光的玻璃板，而是具有立體多面交映的水晶體；同時具有由點向線向面向立體擴展的生命張力，以演變與拓寬詩思的感應磁場。

如果存在必須有所選擇；做爲詩人在創作中，也必須有所選擇，杜十三除選擇創作的原創力與前衛意識，他面對「後現代」，並不讓自己「來貨照收」，也不勉強自己去仿效輕佻的「戲謔」或任意的「顚覆」，但使作品於內在產生連鎖的演化、突變與新穎的藝術能量以及呈示對存在的冷靜反諷與批判，是顯有特別的關注與表現的，尤其是他確實抓住後「現代」創作的大方向 —— 那就是「後現代」給詩人可自由進出古今中外的生存環境，可自由使用地球上所有的媒體材料，可自由使用所有藝術流派主義的包裝方法與形式……，這所有的「自由」，都的確充份的「自由」在杜十三創作的思想觀念及其作品中，使他不但擁有創作開闊的無限境域、與富足的資源，而且在創作世界，他幾乎是可拿到「上帝」通行證與信用卡來去無阻的詩人與藝術家；同時當不少詩人在各種主義流派框架形成的鳥籠與鳥店裡看鳥之際，忽然天空張開成一隻大鳥籠，我意想杜十三企圖將自己飛成一隻「遠方」，管它「遠方」是鳥不是鳥的飛向無窮，飛越現代、後現代的「存在與變化」，飛往「前進中的永恆」，終於都要飛回「內心第三自然」的無限之境 —— 詩人與藝術生長的原鄉與永久的居地。

如果詩被認爲解讀自己、人與世界最切實可靠的力量，便專誠的將生命投給它，這種執持不變的信念，的確已有如將物體拋出去，被地心吸力吸住，沒有更變的方向，如此，回想廿餘年前

認識杜十三迄今，看到他一直沒有停止透過詩與藝術向前探索與追究生命的存在，這種不中斷將自我奉獻給詩與藝術的精神，的確是可貴與值得讚揚的。

如果我們認為「詩與藝術的世界」同「現實勢利的世界」的確有很大的差距，是基於前者可把世界坦露在客觀公平的判斷中，後者常躲在「面具」裡，使是非不明，對錯不分。如此，做為真正的詩人與藝術家，即使不能改變後者，也不能在行為上助長後者，應切實維護做為詩人與藝術家的良知，對確實「卓越」與「美好」的存在應重視與關注。當然我們也不難看到，有些詩人做「社會人」很成功，但做「藝術世界」裡的人，似乎「血型」有問題，生命的基本結構也有問題；有些詩人因堅持原則與有是非感，做為「社會人」或許不太成功甚至吃虧，但做「藝術世界」裡的人，有很好的血緣，成功地為藝術坦露出至為誠摯、自信與狂放的真情，此刻，面對杜十三，在我廿餘年的觀感中，做為「社會人」，他的色彩很淡；做為真正的詩人與藝術家，他色彩較濃，同時他對詩與藝術本身的專誠、尊重與獨來獨往的精神，在時下價值失控與面目模糊的藝文空間裡，確給我留下他做為詩人與藝術家的理想形象，而且他在創作中，以優越的原創力與前衛意識，使作品獲得傑出非凡的表現與成就，也是獲得批評界重視的。

基於我認識杜十三有廿餘年（應是相當早同他認識的詩友），對於他整個創作生命型構與他個人做為詩人與藝術家生命深層世界的精神思想「基本面」，以我個人長期的觀察所做的一些概觀的掃瞄，留下的具體印象，並用上述一連串的「如果」，來求證他做為詩人與藝術家，確具有創作很好的思想「基本面」，能有效與向前經營他詩與藝術的世界，能通過股票風波般起伏的

「後現代」，不致於停擺，而使自己在邁向未來也能成爲「前進中的永恆」的詩人與藝術家。

第三波詩人
── 杜十三論

章亞昕（山東濟南）

　　詩之道古往今來，詩人與時俱進，如何適應並超越實用感性文化環境，已成為當代詩壇上的一個重要課題。現代大眾傳播媒介，挾其聲光電化造成巨大優勢，強烈地作用於人們的視聽官感，從而確立了訊息時代的實用理性文化氛圍，而詩歌藝術則相對處於一種邊緣的狀態。詩人杜十三，面對人類文明的「第三次浪潮」，主張詩歌也要接受新潮流的洗禮，使詩思維的傳統可以實現創造性的轉換，這實在是一種很富於創意的藝術探索，具有相當深遠的美學意義。

　　至少就藝術形式而言，詩歌的面孔從來就不是一成不變的。文學史上唐詩、宋詞、元曲的交替，說明每個時代都擁有自己的「文化方言」，文人心有所感，唐人往往會去寫詩，宋人則多半去填詞，文化的風氣總是成就了相應的文體。而元曲的散曲與雜劇兩分，更能在文學藝術的重心從表現轉向再現之際，凸顯出古典文學重在「唱」的，戲劇是「演」的，而小說即「說書」所本，亦即是「說」的，它們均富有「表演」性，離不開面對面的發揮。論及古典文學，杜十三更進一步指出：這一時期「人與人的交流除了面對面的言語和表情之外，只有筆墨符號的傳遞，每個人對

外界和其他心頭的認知，都必須藉由『原音』或『原件』，在一定的時間順序和空間的轉換過程中才得以完成，因此在中國，我們直接將詩情伴隨著畫意以筆墨符號創出。」[1]所種種古代文體便「兼俱聲韻之美、文學意象之筆與書法造形之氣」，這種文學史觀實在很有興味，它十分細緻，又擁有恢宏的視野。

古詩重音韻，新詩重義蘊。近代人的社會理性文化取代了古代人的實用感性文化，新文化運動高揚科學與民主，於是有新詩運動的重義趨向，那是追求社會美理想，高揚意象美原則，造成散文美趨勢，具有一種理性內容壓倒感性形式的「崇高」藝術傾向，而新詩分行排列的「建築美」形式感，也分明離不開「日益發達的印刷術」。杜十三敏銳地發現，「現代詩」之所不同於一般的近代藝術形態，是因為其中「融匯了其他現代藝術潮流中各種有關的影像思維，時空角色替換思想，甚至電影藝術的蒙太奇運鏡思維，使文字的意涵和本身擴張了原有的質感和意象結構的功能」。[2]正是這種「功能」上的轉換，使現代詩可超越近代藝術特有的工具理性文化氛圍，不再是侷限於功能性追求的結構化形式，而是真正張揚抒情主體的個性化範式。

杜十三回顧詩歌的藝術史，是為了探索詩藝的發展規律，尋找新詩脫離困境的出路。人們的活法、想法、說法本就是相通的，詩意要深入人心，首先要通過適宜的物質形式訴諸人們的官感，詩的"第三次浪潮"便著眼於詩的媒介更新。他認為：

---

1 杜十三：《詩的「第三波」》，載《台灣詩學季刊》第 8 期（一九九四年九月）。關於古代文學和近代文學藝術特質的論述在此不便展開，可參閱拙著《近代文學觀念流變》（漓江出版社，一九九一年），頁九，頁九二。
2 同注 1。

　　在「第一波」階段,「詩」配合著人類的生活節奏從「部落社會」轉變成「農村社會」的生活形態 ——「文字」符號的出現,使人類的時空觀從「人對人」的「默狀傳達時空」演變成意旨符號的「線性傳達時空」;在「第二波」階段,詩則追隨著人類從「鄉村社會」轉變成「城市社會」或「都會社會」的生活形態 —— 印刷術的精進使人類的時空觀從符號傳播的「線性傳播時空」演變成文字發散的「平面傳播時空」和「立體傳播時空」。現在,距離末世紀還有六年的一九九四,詩,是否誠如許多悲觀的人預測的那樣,即將由影像文明所稀釋、取代,並將跟著人類的頹廢而步向滅亡之路?或者,詩有可能進入「第三波」階段,再認追趕著人類從「都會社會」轉進「地球(資訊)社會」的生活形態,並藉語資訊電波科技的發達,使人類的時空觀從「平面傳達的時空」、「立體傳播的時空」,全面的躍進一個嶄新的「四度空間的傳達時空」?

　　詩歌是一種最富於創意的藝術,所以詩之道古往今來。一個時代有一個時代的詩藝,體現著時代的風尚與理想,而詩人也永遠尋找著時代性的「文化方言」。儘管最新的詩未必就是最好的詩(這一點不同於科學技術的發展規律),然而創新卻是詩人的藝術使命之所在。有關詩的「第三次浪潮」,目前雖然只是一個大膽的假定與設想,然而杜十三的藝術探索已經頗為引人注目。也許有一天,我們會面對《創世紀》詩刊的音像版?這前景著實誘人之極。無論如何,詩歌媒介的革新將創造詩美學的新天地,本身即帶有「創世紀」的超越性意義。僅此一端,我們就不難體認杜十三在新詩藝術發展史上的重要位置。

　　杜十三是一位極具前衛意識的詩人和藝術家。他兼修詩歌、

散文、音樂與繪畫，曾經在台灣創下了第一個舉行觀念藝術展、第一個出版有聲詩集以及第一個將現代詩搬上舞台等紀錄，先後策劃和導演了「詩的聲光」、「貧窮詩劇場」、「因為風的緣故」、「詩與新環境」等等多媒體現代詩在舞台和畫廊上的演出與展示；其創作諸如詩畫集《地球筆記》、現代詩行動記錄文集《行動筆記》、詩選集《嘆息筆記》、散文選集《愛情筆記》以及雜文集《雞鳴、人語、馬嘯》等，也很是引人注目；而文學版《火的語言》詩集，脫胎於《太陽筆記》第二部，該最能代表詩人近來的藝術創作成就，確實給人以深刻印象。

　　《火的語言》本是千行詩絹印限量詩集。在台北市「誠品藝文空間」舉行「杜十三個展」時，詩人又以絹印版畫、立體裝置和多媒體的共現形式進行了再創作，從而把文學作品的《火的語言》轉化為視覺藝術的「光的對話」，乃是以多媒體個展形式來營造「詩的視覺劇場」。詩集《火的語言》作為「文學版」，所收並不限於上述那首長達千行的寓言詩，集中另有詩作五十五篇，同時也摘選了部分照片翻印的千行詩絹版畫長卷，造成一種詩情畫意交錯的藝術氛圍，尤其在附錄中那些有關「詩與藝術」多元媒體的創作系列摘選，更是令人耳目一新，感到「詩中有畫，畫中有詩」。原來，走向「第三波」藝術世界，需要擴大美感的範圍，而且「要從全方位閱讀的觀念開始著手」：

　　　　全方位的閱讀包括了符號閱讀、影像閱讀、空間閱讀……等「蒙太奇」手法的運用，使「符號文本」和「影像文本」有溝通的線索，擴大了多元「閱讀」的可能。在全方位閱讀的趨勢下，同一個作品產生了多元的「文本」，引起多元詮釋的形式，比方說：唐宋時期是中國詩的黃金時代，這時期的詩，在內涵上除以文字

符號傳達美感外，又有筆墨書法上的視覺美，吟哦詠唱的聲韻
美……等等多元詮釋的文本。

　　「全方位的閱讀」意味著審美時官感多元化。我們知道，詩
歌是表現藝術，其語言偏重於在時間中流動，意象的空間隨著時
間而流轉；一旦詩情與畫意相對照，甚至將詩雕塑化、劇場化，
詩藝也就滲透了再現藝術的意味，可以在空間中展開，使時間凝
結在空間上，而物質材料的運用及可以直觀的造型，都使審美知
覺與空間中的實體存在有內在聯繫，造成詩意可能直接感知的藝
術屬性。

　　詩人以雕塑和繪畫訴諸視覺，以音樂訴諸聽覺，詩歌就不僅
僅以語詞來喚起人們的表象和想像。聞一多主張：「詩的實力不
獨包括音樂的美（音節），繪畫的美「詞藻」，並且還有建築的
美（節的勻稱和句的均齊）。」戴望舒也提出：「詩不是某一個
官感的享樂，而全官感或超內感的東西。」[3]但是，語言在詩句中
很難像音樂中的聲音那構充份表現自身的情感，文字的排列和語
言的表象較之建築、繪畫等等，也失去了具體的可視可觸的藝術
感染力量，而且增大了在理解詩歌內容方面的歧義性。平心而論，
倒是杜十三的藝術探索恰恰使作為精神性表象的詞語可以藉畫面
而得以直觀，使意象可以介於直接性與非直接性之間、可感性與
非可感性之間。即使是隨手翻上一翻詩集，那詩行下面的海浪畫
圖，也彷彿波濤起伏，像動畫片一般響起了潮音……這並不是為
了好玩，通感本就易於引起聯想，詩人又早就在《自序》中提示
過我們：「事實上」，如果人身即是苦海，心，即是人身中的島，

---

3 聞一多：《詩的格律》，戴望舒：《望舒詩論》，載《中國現代詩論》
　上編，（花城出版社，一九八五年），頁一二五，頁一六一。

和台灣一樣。」[4]當我們讀到：

> 趕快上岸趕快回到你唯一的島上　用心
>
> 繼續燃燒
>
> 繼續用沉默航行
>
> 在千億劫波之中脫掉疤痕尋找共鳴
>
> 在天空關閉之前
>
> 趕快
>
> 找到你自己的靈魂

就不難從中感受到一種生命體驗，如羅門所說「杜十三便是將經驗體認與智識以及緣自其他空間與時間藝術所賦給他的技巧策略，都溶入詩中，統化成為用『生命』在『美』中思想的一門學問。」[5]我們有所直觀，又有所思辯，在審美經驗中滲透理念，在藝術官感中把握人生，「海」與「島」的對比就很是啓人深思。「島」在身外，又在心中；「海」是環境，又是人生。詩人的探索，乃是生命力、創造力、想像力三位一體，在形式感中包蘊了更爲深刻的內容，亦即羅門所謂「『生命』的學問。」那波浪也象徵著電波！

原來，千行寓言詩《火的語言》，乃是一部借「火帝」之口講出的、人類精神生命的史詩。全詩分爲《疤》、《沉默》、《共鳴》、《無所不在》和《波》五卷。「火帝」說，在普羅米修斯盜火時，「我是比詩更高溫的語言是比愛情更狡點的／語法」，而且「從煙霧到火焰到光到能，是燃燒的四種方式／是語言的四個階段／是

---

4 杜十三：《體內的島嶼》，載《火的語言》（台灣時報出版公司，一九九四年），頁 16-17。

5 羅門：《邁向「前進中的永恆」的詩人》，載《火的語言》，頁 11。

人的四種可能」。所以我們必然走向「第三波」，藝術世界。

猶如「火帝」所指出的，「淚」是液體的火」，「人　是固體的火」，三者是一體的，而且「這個島上生長過的悲劇　和你們也是一體的」──燃燒的歷史，燃燒的情感，爲人們的心靈留下了「疤痕」：

> 適度的言語是光
>
> 過度的語言則是疤痕
>
> 對我而言或是對你們而說
>
> 這都是燃燒的準則

唯其如此，「一句句充滿能量的語言／可以昇華為邏輯的蒸氣推動文明的火車／也可以轉化為頓悟的電波重組一座輝煌的城」，而「歷史」主要由「火」組成，「島」卻構成了「海的疤」。這是極爲恢宏的境界，詩人以其超凡脫俗的想像力滲透了當代人內在的心態，引我們去回顧種種話法、想法、說法，去參與「光的對話」。他告訴我們：「輻射是沉默的文法」，「光是火的文字」，「沉默是般若在血中的執行」，即「『生命』的學問」，之所在，而「心　就是宇宙」。生命火在燃燒，火帶來了文明，然後就產生了文化：

> 心與心的共鳴發現了人
>
> 波與波的共鳴發現了星球
>
> 人與宇宙的共鳴發現了神
>
> 有與無的共鳴發現了宇宙

詩意就在共鳴中，美感就在共鳴中，共鳴如磁場，似電流，在我們面前展開了「第三波」的藝術世界：「以火的燃燒和山水大地花草樹木的共鳴是第一／種體外的美」（第一波），「以電的流動

和金屬水泥機械電虹的共鳴是第二／種體外的美」(第二波)，「以光的波動和螢幕衛星電腦傳真的共鳴是第三／種體外的美」(第三波) ……

於是，電波與磁波構成了精神生命的外在形成，「波是一切渡」、「波是不立文字的經文」，而「島」即在「海」中，「第三波」即是新一代人精神的載體。波濤與電波，就就樣環繞著現代人的生存。「火的語言」，正是一個關於詩藝「第三波」的藝術宣言，所謂「『生命』的學問」，並不是空洞而抽象的理念，也不是濃響而費解的意象，其中自有我們民族的生態、時代的心態、生存的姿態。

無論在千行寓言詩《火的語言》裡，還在閩南語歌詩《台灣十二唱》中，詩人都表現出說唱與朗誦的傾向 —— 走向「第三波」藝術世界，勢必要追求具有聲情之美的表演因素，力求聲情並茂，曉暢傳神，在不長的時間內，強烈地吸引並感染讀者。運用閩南方言、回顧台灣歷史，顯然有助於加大抒情強度，所以章法結構的安排，以便充份發揮在情感交流中的時間效應。

為了詩歌的「好聽」和「好看」，杜十三「刻意減少文字意象的密度而以節奏的變化和氣勢的營造為形式表現的主軸，是因為希望有機會將它延伸成朗誦詩的緣故。」[6]朗誦詩的美學特徵，不同於閱讀的詩，它的音節重於義蘊，更看重吟味節奏，以複沓的音樂性取勝，因而口語多，鋪敘多，運用同一意象的重疊或對比，在時間的延伸中造成意象的複沓，故主要是感染力見長。上述特點，都多少體現出詩人努力整合大眾傳媒的意圖與苦心。一

---

6 杜十三：《體內的島嶼》，載《火的語言》（台灣時報出版公司，一九九四年），頁 16-17。

旦朗誦者步入劇場或進入螢幕，詩歌使不再是可以反覆回味的「悄
悄話」，面對面的一次性情感交流，完全改變了抒情詩的欣賞習
慣，使本來隱蔽的抒情主人翁可以直觀，使「好詩不厭百回讀」
的反覆欣賞方式被代之，以一呼百應的交流形式與劇場效應……
在這個領域裡，詩歌的「第三次浪潮」有的是用武之地。

　　值得注意的是，杜十三面對大眾的抒情姿態，又主要著眼於
入主，即改變社會上的「文化陸沉」現象。他面對風雨中的人生，
面對變幻中的風尚，以自己的創造來超越種種侷限，用心，努力
的探索著詩壇的未來出路。

　　　　　（作者係山東省「社會科學院文學所」研究員評論家）

大眾傳播時代的詩

── 杜十三「地球筆記」的聯想

瘂　弦

　　在年輕一代詩人中，杜十三是近年與我時相往來的一位，主要是彼此談得來。他的詩畫我愛讀愛看，對於他奇怪的筆名與那些被視爲異端的想法、語法、做法，我自認能夠了解，也能產生共鳴。在視覺詩寫作上，他是我合作的伙伴。在人生信仰上，我對他敬拜祖宗神明，每日上班前一定焚香默禱，十多年來未間斷的堅持，也很欣賞。像這樣既現代又傳統、既新銳又保守、既活潑又古板的青年人，我是把他當成藝術的同路人看待的。

　　今年（一九八六）二月初我有印度之旅，臨行前杜十三交給我他的新詩集「地球筆記」，囑我撰序。我是久輟創作也疏於思考的人，不敢言序，只能說是在書卷前說幾句話作爲彼此友誼的記念；然而心裡還是感覺責任沈重，於是便帶稿上路，讓這部詩集與我同行。

　　漫漫旅途，車上舟中，零碎時間倒也不少，「地球筆記」著實被我披讀再三，最後在恒河邊還遵照十三的囑咐把河中的聖水潑灑在詩集封面上祈福。如今遊印歸來，面對這卷滿是聖河水痕的詩集，倒覺得其中際會頗有深意。

　　現代學術研究的特色是分工專細，行與行之間界線嚴格、涇

渭分明，但在科際整合觀念的努力下，似乎又使這劃分清楚的界線變得模糊。在歐美現代文壇，就有人嘗試把詩、散文、小說、戲劇、電影等多種形式同時表達在一篇作品裡，書成之後，使圖書館員大傷腦筋，不知道該歸入那一類。在藝術上，也有把文學、音樂、雕塑、繪畫、戲劇、電影等八大藝術溶一爐而冶之野心，創造出名副其實的綜合藝術。

　　而我國詩壇，杜十三是這方面勇敢的實驗者。他的第一本詩集「人間筆記」，便大膽嘗試以繪畫、散文和詩的形式來傳達詩在造型、演出、聲音等方面的複合意象。第二部詩集「地球筆記」則更系統化、更具創意。這部「有聲散文詩畫集」一共分為三卷：無聲卷、有聲卷與附卷。附卷是他的創作理論；無聲卷分左、右兩卷，分別收錄散文詩與分行詩；有聲卷包括 A、B 兩卷，由詩的聲音、歌的詩境組成，並以一卷三十二分鐘的錄音帶來呈現。另外，還有作者自繪的插圖八十一幅。從這個簡單的勾勒裡，便可以約略看出杜十三的企圖了，無論是從傳播的立場或是只就文學作品的創新變化來說，都值得滿足。

　　在杜十三的觀念裡，首重詩的造型美，他以繪畫來為詩顯影，並認為是詮釋現代詩本質的最佳方式。而散文的形式，則借重散文的情節與戲劇性的美感，顯現作者在心、物的衝突糾結後的溝通、和諧，以及一種屬於人間性的感懷。音樂形式，目的在探求詩的聲音，藉日常口語、音樂曲式來建構意象，使詩的抽象性得到無限的延展。這種繪畫、散文、語言三者的綜合表現，已成為杜十三一貫的詩觀、詩法，也逐漸形成他特有的語言系統。

　　像這樣「十項全能」的嘗試，難免給少數人士炫才逞能的印象，但從文學藝術整合的觀點看，杜十三寫作模式的出現，自有

其嚴肅的意義與影響。這是我對他作品的第一個肯定。

媒介是「人的延伸」：大眾傳播學者麥克魯漢有如是名言。的確誰能掌握媒介，使人們以你的耳目為耳目、以你的觸覺為觸覺。在今天，最有力的傳播媒介莫過於廣播和電視，舊媒介 —— 文字，已趨於式微；身為現代人，處在這個視聽傳播光怪陸離氾濫成災的時代，任誰都無可遁逃。在這樣無孔不入的「按摩」（麥克魯漢語）下，我們逐漸喪失了新聞學上所謂的傳播權，而淪為傳播媒介的奴僕。同時，由視聽傳播帶來的意識型態，也改變甚至扭曲了現代人的價值觀，產生許多速食麵式的文化現象；以文學為例，出現了形式簡易、便於閱讀而內容貧乏的「輕文學」，就文學藝術的純粹意義而言，這種寫作傾向是媚世的、妥協的。

其實，視聽傳播混亂的現狀足以說明現代社會對資訊工具的濫用與誤用，毛病在於掌握傳播的人而不是媒介的本身；廣播、電視、錄影帶、錄音帶等傳播工具絕對是好的媒介，端在操作的人如何運用。從這個立場來觀察，現代文學藝術工作者把自己的作品與視聽媒介作聯想是有意義的。有人說，莎士比亞在世，他也會放棄他的小劇院而成為學視劇家，理由無他，為什麼放棄這麼銳利的工具不用？

這個觀念可以為杜十三的作品形式作很好的理論基礎。杜十三主張現代詩要參與廣播、打進電視、灌入唱片的錄音帶，便是以優秀文學作品駕駛傳播工具，掌握延伸先機的實踐。有聲詩集「地球筆記」，便是現代詩第一次的罐裝出售！是第一次與現代電子媒介結合產生的。以現代詩的推廣來說，杜十三的試驗不但新銳，而且有實質意義。這是我對他作品的第二個肯定。

詩與生活結合，詩與現代工商社會結合，是杜十三近年用力

最勤的一項嘗試。他曾寫過一些文章或做過一些演出，來鼓吹這個構想，希望得到廣泛回響。詩的生活化原本就是中國人文化生活的傳統，自五四新文學運動以來逐漸衰微，在這段青黃不接的時空裡，傳統詩（舊詩）固已成為孤芳自賞的貴族文學，現代詩（新詩）也疏離於大眾生活之外；為彌補現代生活，通過視實、吟唱、映象等多元藝術形式的交匯共溶，創造詩文學視聽的新領域，探索美感的新經驗。此外如街頭海報、貨品包裝、車廂廣告、鷹架看板、日常器物等，都可以輔助詩的傳播，讓詩的芳香，彌漫整個社會。

現代詩的大眾化、功用化，會不會干擾詩人的寫作、影響詩的純度呢？我的理解是：傳統的改變應屬形式而非精神，也並非有了新形式，舊有的就該淘汰，印刷傳播，永遠是詩最重要的形式。現代詩走向街頭的思考，毋寧說是詩向社會大眾札根的一種運動，一種脫胎而不換骨的運動，運動雖然並不一定等於創作，但卻可刺激創作，宏揚創作。一首偉大的詩，也許永遠不在熙攘的街頭而在一盞孤燈下完成，但詩成的傳佈和推廣，那是另一種運作過程。中國有很多悠久的反商業主義的思想傳統，所謂「桃李無言自成蹊」，認為推銷自己是可恥的事，但這種古老的想法，現在應該調整了。杜十三的構想，乃是基於他對現代人，現代社會與文學藝術等各種層次的揚棄、適應與吸收，自有其主、客觀形勢的盱衡和認知，也充分代表了年輕一代中國詩人時代的敏感，超越的勇氣。這是我對杜十三的第三個肯定。

此外對於杜十三詩藝上的特色，我也想提出三點來討論：

一、簡潔短小的形式：「小就是限」，這是現代經濟學提出的口號，杜十三的作品一向講求密度，不管散文詩或分行詩，篇

章均極短小，成為他作品的一大特色。五、六十年代詩人強調堂廡寬，視域廣，主題龐大，意象繁複，刻意擴展作品的涵蓋面，大有鯨吞一切的藝術野心。杜十三則偏愛規模較小的製作，不好大，不貪大，每每以現實的題材，精煉的語言，簡約的形式，得到表現的最大效果。「以小為美」，杜十三深得其中奧秘。在他的世界裡，幾乎任何小載系物都可以入詩，手錶、杯子、電話、電梯、計程車、垃圾堆、超級市場、卡拉 OK……都可成為作者寄託抒感的對象，他以齊物論的態度進行造境，以最經濟的手法，賦予這些事物以美的意涵，哲學的情趣。年輕人多半不諳由繁入簡、化繁為簡的道理，小中見大，平中見奇的表現，代表作者對形式認識的老到與成熟。

　　二、奇妙的超現實意象：巧思妙想，原是文學想像的一種奔馬，有時是出於感覺的自然流動，有時則是出於理性的設計。十多年前我曾以「理趣」（見吳望堯現代詩獎評語）一詞形容羅青的作品，杜十三的詩，也常作這樣的表現，不過所展露的卻是以邏輯方法所設計的非邏輯趣味，以及童稚的美。在杜十三的詩，也常作這樣的一顆樹（「樹」）；一壺茶可以煮好夜色（「火」），謊話吐在地上變成了一座橋（「橋」）；女子的身軀躺成溫柔的兩岸（「岸」）；整個海泛起了胃酸（「米」），木棍掙扎為了變成枴杖（「枴杖」），嘴巴忙著在餐桌和講台之間來回奔波（「嘴巴」），一支鑰匙不停的與一扇賭氣的門辯解（「床」），而一張臉突然唏哩嘩啦掉下來碎滿一地（「玻璃」）…這些特異的意象，配合上他那保羅・克利式的抒情畫，構成一個奇幻的夢的世界，充滿了驚奇的魅力，令人神往，沉醉。

　　三、誠摯的人間關懷：杜十三雖然擅於作形式的實驗，但他

卻不是個形式主義者，充盈作品字裡行間的是他對人間的關懷，大大提昇了他作品的藝術深度，他在意象遊戲（文學詩本來就是一種莊嚴的遊戲）的背後，總不忘文學表現的實質，而隱隱然流露人間的悲苦，生命的掙扎和廣泛的同情。杜十三說「地球用愛旋轉，滋生萬物」，我借他的話形容這部詩集是「用愛旋轉而滋生字句」。他雖然像雕刻家一般經營意象，但這絕對不是獨孤絕的藝術至上主義者，他無時不忘傳達的可能性（幾乎是想出了一句可能的方法）他希望讀者通過他對事物的歌詠和讚嘆，醒悟到佬大的一個地球，在現代資訊生活中，原只是一個村莊，人與人，物與物，都是芳鄰！

這部可能自五四以來中國第一部多媒體詩集就要揚帆出發，航向時間的大海了。對於一個成長中的年輕詩人，我深信杜十三敢於面對他作品中的侷限和缺失，不斷地調整帆纜裝備和航向，忍受暴風狂浪的擊打，直到他尋找到夢中的文學海岸。而我這篇冗長的序言，雖然還不必自眨爲佛頭著糞，但意義究屬有限。我對本書所做的一件最具功德的事，恐怕還是曾經帶著它走遍全印度蒼老的原野山陵，並把這中國年輕禮佛者的詩歌新篇，吟給恒河聽！

（民國七十五年三月四日寫於芳齊）

行動詩人杜十三

林燿德

處身在八〇年代，當我們論及一位藝術家時，似乎不再僅僅滿足於單件作品的孤立詮釋。越來越多的評論家相信，藝術家不可能孤立在他所處的文化環境之外來創作，作品也無法不經由外緣研究的輔助而獲得歷史的定位。

視察藝術家的作品，如果不和當代雜然紛陳、煙江疊嶂的種種流派做並時的對照比較，不和歷史上站定腳跟的大家釐清統脈承傳做貫時的研考，顯然難以清晰地勾勒出他的形貌神髓。

杜十三，這麼一位台灣的觀念藝術家，如果我們要肯定他的出現確實在某些方面具備劃時代的意義時，究竟要強調他作品中那些特質呢？八〇年代的台灣，農業社會、工業社會、後工業社會的現象和意識型態盤根錯節。交雜並置，因此，生活在這裡的讀者、觀眾、聽眾，他們對於藝術觀念的統一共識，可說是不再存在了，多元的價值系統已經呈現在前所未有的文化氛圍中，在這種新情勢下，任何涉及評價、定位的說辭，都不過是個別期望眼界的相對性見解，文學、藝術史上分類標準的規範也因而一一解構；從另一個角度來說，散布在時間之流裡的各種風格，也被壓縮在當代的藝術創作裡。張漢良曾經以「並時階段」——接受美學強調的「貫時性被置換為並時性」——來形容八〇年代美學

觀念及藝術風格的多元化現象。

在如此一個迴異於過去的文化階段中，杜十三正扮演一個以藝術行動見證時代的角色。假設誰要認定杜十三的許多藝術觀念和行動，的確具備劃時代的意義，那麼他的理由應該不是因為杜十三的詩畫音樂如何神理周洽、情趣俱全，也非因為杜十三的觀念足以「成教化、助人倫」，而是因為他在觀念的提出和行動的實踐雙方面俱有出人意表的成績，這些成績，有助於他確立一條專屬杜十三的藝術道路，也有助於刺激我們對當代藝術整合趨勢的思考。他將科技因子 —— 當代的製版印刷術 —— 以及傳播行為 —— 製成品的直接郵遞、讀者反應的交叉分析 —— 視為整個創作的環節，締造了資訊文化的藝術新型態，將是台灣後現代年表中一項不可遺漏的例證。

杜十三，本名黃人和，一九五〇年生於台灣濁水，本家姓杜，排行十三，三歲時被竹山黃家收養，養父是當地一位私塾漢學的先生。因為家學的關係，杜十三自幼就學習書法、背誦古籍，小學五年級（一九六二）開始閱讀聊齋、水滸。國一時（一九六四），當時新遷入的卓姓鄰居藏書十分豐富，杜十三也在新鄰居的慷慨下借到許多未曾見識的籍冊，其中對他影響至鉅的《文星》雜誌，透過《文星》，西方的文史哲學觀念和藝術思想，重新訓練了他的思考方式，現代主義對於他早期創作的影響也種下根苗。

一直到一九六九年杜十三在台中一中校刊發表四萬餘字的論述 ——〈論人類存在與本質的來去〉，杜十三一直是一個封閉自我的慘綠少年，一方面因為他的早熟，另一方面也因為家教嚴謹，父親的形象造成少年潛意識裡的自我壓抑，他遁身於存在主義的圍牆裡，冥思默想，不斷反芻他閱讀到的艱深理論。高三時，（一

九七〇），他的劇本《偉大的樹》得到復興文藝營創作比賽首獎，這一年，台大森林系出身的王杏慶出版了《伊底帕斯王的悲劇》，這兩個人都是當時一項學生運動的領導者，竟也不約而同地在作品中透露出對存在主義的神往；大學生涯對杜十三而言是一個全新的階段，脫離了家庭的束縛，在保守的師大他打開自閉的心靈，大一即介入了保釣運動。

　　一九七二年，當時還只廿出頭的杜十三合畫、曲、散文、詩、小說、戲劇、論述為一輯，命名《偉大的樹》，由周世輔主持的陽光出版社印行，發出他未來整合藝術趨勢的雛聲。在這本頗具紀念價值的合集中，戲劇及短篇小說的表現已現突創之勢，其他創作仍嫌青澀，缺乏個人的文體特色。《偉大的樹》說明了杜十三早期思想的分裂狀態，在不同的藝術形式中，有現代主義的孤絕深沉、浪漫的頹廢感傷……，他以仍在摸索，不憚於呈現多種發展的可能性。有趣的是，在下一個階段，他的小說、戲劇創作等於中輟，卻在詩、散文和繪畫等項目找到自己修築的道路。

　　一九七四到七八年間，杜十三離開校園到竹山教書，繼而結婚生子、服兵役，除了入伍期間以一首五百行長詩「黃花魂之歌」獲得陸軍獅獎首獎外，可說是他創作生命的真空時期，直到七九年後才恢復創作，不過經過這一期間的沉潛，人生歷練增加，也促使他再度拾筆後風格的日趨成熟，邁入一個嶄新的階段，一九八一年《室內》系列獲得第四屆時報文學獎，一九八二年轉入廣告界擔任藝術指導，透過實務，他對現代大眾傳播有較深入的體驗與考察，也對資訊社會與文學發展的關係進行反省，這一年《杜十三藝術探討展》的構想也已成熟，他成功地運用時報文化公司等機構的資源，將精心創作的作品冊頁直接郵遞給讀者，回收意

見，匯編整理、交叉分析，再將結果公諸於世。這次紙上藝展實踐了杜十三的「複數型藝術創作」觀念，以現代製版印刷術完成的冊頁，被視爲國內第一個完整的觀念藝術（Conceptual Art）成品，突破了現代主義的藝術觀，而將讀者回饋的反應報告做爲一項藝術展出的終結，更是檢驗創作者理想與現實間裂縫寬度（換言之，也就是預設讀者和實際讀者反應之間的差異）的試金石，這是五四以來首度嘗試的藝術理念行動計畫，其他「爲時代而藝術」的理念，就自探討展出發，不斷鼓舞他進行文學與現代生活結合的各項行動，他成爲一個行動詩人或多媒體詩人的形象也在一連串有關現代詩的實驗活動中建立起來，杜十三曾經參與或策劃並提出理論觀點的重要「行動作品」包括「詩人畫會藝術上街展」（一九八三 —— 複數型觀念 II）、「中義視覺詩展」（一九八四～一九八六 —— 現代詩的再創作理念）、「中國現代詩季」（一九八五 —— 現代詩的傳播）、「詩的聲光」（一九八五 —— 詩的多媒體再創作觀念）、「詩的俱樂部」（一九八四）重新倡議現代詩畫合一的「再創作」，《地球筆記》（一九八六）進一步整合了文學、繪畫、音樂三種藝術領域。

　　一九八〇年代，杜十三的確是台灣詩人中的「行動首席」。他一連串令保守者心驚肉跳的藝術行動，類似美國詩人和觀念溝通家BOIS的行徑或眼鏡蛇（COBRA）藝術群的身段，使得現代詩不只停留在文字符號的世界裡，而將觸鬚綿延到其他藝術的領域中，化身爲其他藝術形式的素材。多媒體也好，詩畫合一也好，原非杜氏首創，至遲在六〇年代末期，台灣已出現雷射藝術與詩朗誦的結合演出，詩畫合一的濫殤更可遠溯到南朝時期，不過開拓出「複數型藝術創作觀念」的杜十三，他在八〇年代的出現可

謂恰如其分，他製作的規模和整合的領域又是前所未見的寬闊，足以當選後工業社會藝術家中的模範生，他的轉型和社會的變遷同步，提供藝術型態的新款式和新思考。

在輩份相當的藝術系中，我們可以發現羅青和杜十三兩者的創作生涯之間有若干巧合，他們年齡相仿，羅青只長杜十三兩歲，他們都橫跨幾種藝術領域，許多發展的重要歷程相疊在同一年份，例如：

一九六八年，羅青試寫出新詩稿一冊，杜十三在《中央日報》發表第一篇散文。

一九七二年，羅青第一輯詩集《吃西瓜的方法》問世，杜十三處女作《偉大的樹》出版。

一九七三年，羅青首度畫展在西雅圖第一國家銀行展出，杜十三首度個展在台北美國新聞處舉行。

在八○年代中，許多現代詩的傳播活動中，兩人曾經攜手合作；而當杜十三將他八○年代種種藝術行動紀錄彙編為《行動筆記》之刻，羅青也推出他鑽研記號學多年粹煉而得到的詩集《錄影詩學》。

當然，羅青自《吃西瓜的方法》始，已逐入成熟的階段，開創出現代詩的新格局，即劇獲得余光中的品題，一炮而紅；杜十三則直到《人間筆記》出版才找尋到一條堅持的創作道路。兩人在創作的實踐途徑上，也有不同的開展，羅青的學院訓練根柢深固、慎思明辨，他的圖象思考和詩畫記號系統發展史的研究關係密切，自當代錄影帶文化、資訊網路中找尋出「錄影詩學」的理論。杜十三重視生活經驗，他偏重「並時」的思考，不如羅青注意貫時的脈絡，他的詩作在文字理趣的經營之外，更重視從生命

人裡發出的吶喊質感。

不過他們兩人在八〇年代都不僅止於一個優秀的藝術家，他們對文化環境的思考以及藝術上的實踐，已具備造勢者的氣度，而證明了全新的社會生活型態的成形。

杜十三的觀念藝術受到國內的肯定，也獲得若干國際上諸如英國 VICTORIA & ALBERT 博物館和美國詩人藝術家 STEPHEN SEREFE……等的呼應，不過或許由於其從事創作的項目繁多，國內對於其作品內容本身的討論，相形之下就顯得寥落。在《人間筆記》之後，杜十三的各類創作以「散文詩」的成就最高，語言警醒，結構詭奇，可說是當代台灣少數傑出的都市散文家之一，其純文學詩作亦多可觀動人之處，且普獲共鳴。

《行動筆記》的出版是杜十三第二個階段的總結，可以看出杜十三一直稟持其信念，將他的創作生涯視為發展中的整體藝術生命。那麼就他整個發展的趨勢來看，下一個階段性的使命，可能不再是版型的觀念設計、各種傳播理念的推演和多種藝術類型的整合嘗試，而是提出整合藝術的細部思考，讓積分性的集合提昇為微分性的化合。

「行動」之後的反省，是為了下一波的「行動」。杜十三如是說。

一九八八年十月

附錄二：杜十三創作與行動年表

　　杜十三，1950 年生於台灣南投竹
山，國立台灣師範大學畢業，詩人、
藝術家、公共藝術策展人，文化、藝
術論評人，職業設計師、企畫師、總
編輯、創意總監。

一、、展出、策展、導演：

（一）「四十二屆巴黎大師與新秀展」（法國巴黎/2000）

（二）「四十屆巴黎大師與新秀展」（法國巴黎/1998）

（三）「歷史的超渡」（巨型裝置藝術台北市立美術館/1996台北雙年展）

（四）「不銹鋼書型藝術展」（巨型裝置藝術台北市立美術館/1994台北現代美術展）

（五）「從火的語言到光的對話/個展」（大型裝置藝術/成品藝文空間/1994）

（六）「弘一大師五十年祭/策劃、導演」（多媒體跨領域大型演出/1991/國家音樂廳）

（七）「詩與新環境展演系列/總策劃」（多媒體跨領域大型展演/1990/誠品藝文空間）

（八）「因為風的緣故/策劃、導演」（多媒體跨領域大型演出/1988/台北社教館）

（九）「行動的行動的行動/個展」（多媒材跨領域展出/1987/台北「三原色畫廊」）

（十）「詩的聲光」（多媒體跨領域大型演出/1986/台北「國立藝術館」）

（十一）「杜十三郵遞藝術探討展/個展」（海內外 2000 個對象/1982）

以及其他各種個人及群體展演活動數十場

二、著　作：

（一）詩集：

1.《石頭因爲悲傷而成爲玉》（手工限量版，有聲普及版/思想生活屋出版/2000）

2.《新世界的零件》（獨創文體散文詩/台明出版社、北京友誼出版公司出版/1997）

3.《火的語言》（千行詩集、閩南語詩與其他合集/時報出版公司出版/1994）

4.《愛撫》（書型藝術，限量手工詩集/1993）

5.《嘆息筆記》（時報出版公司、北京友誼出版公司出版/1990）

6.《愛情筆記》（時報出版公司、北京友誼出版公司出版/1990）

7.《地球筆記》（多媒體有聲詩集，時報出版公司出版/1986）

8.《人間筆記》（詩畫集，時報出版公司出版/1984）

（二）小說戲劇：

1.《四個寓言》（南投縣文化中心出版/1995）

2. "FOUR FABLES"（美國 TODD COMMUNICATION 出版公司出版/1997）

（三）論評/論述：

1.《跨領域論述》（探索出版社出版/2002，即將出版）

2.《行動筆記》（漢光文化出版公司出版/1988）

3.《雞鳴人語馬嘯》（漢光文化出版公司出版/1988）

（四）畫集：

1.《杜十三藝術探討展》（觀念藝術展出記實，時報文化出版公司

／1982）

2.《詩與藝術》（月曆型詩畫集/1994）

三、得　獎：

（一）年度詩人獎（2000）

（二）中國文藝獎章詩歌創作獎（1999）

（三）「第五屆耶路撒冷國際詩人節」國際詩人勳章（1998）

（四）「創世紀四十週年」詩歌創作獎（1994）

（五）1994 台北現代美術國際評審團大獎（1994）

（六）第四屆時報文學獎（1982）

（七）陸軍文藝金獅獎詩創作首獎（1976）

（八）台灣電視公司全國作曲比賽首獎（1972）

四、創作記事

一、藝術創作

一九七一　（大二至大四）入選全省美展、台北市美展、台陽美展、全國書畫展等國內畫展，並應邀參加國立歷史博物館和中國畫學會主辦之「第二屆當代名家畫展」。

一九七二　應邀參加第九屆亞細亞美展（日本東京上野美術館）。

一九七三　在台北美國新聞處舉行「山河魂」水墨畫個展。

一九七四　作品「太陽的臉譜」系列由美紐約 Stanley Wool co.，和國立藝術館收藏。

一九八〇　應邀參加第十六屆亞細亞美展。與張永村、袁金塔等

人在台北春之藝廊舉行「台北十二人展」。

一九八二　舉行「杜十三郵遞藝術探討展」。

一九八五　參加韓國漢城寬勳美術館「中韓現代美術交換展」。

一九八六　參加義大利米蘭 Mercato 畫廊「中義現代視覺詩展」。

一九八九　在台北「三原色畫廊」舉行「行動的行動的行動」──
　　　　　──「書型藝術行動藝術」個展。

一九九四　在台北「誠品藝文空間」舉行「杜十三個展」，從「火
　　　　　的語言」到「光的對話」。獲「一九九四台北現代美術
　　　　　雙年展」國際評審團大獎。

一九九六　參加「一九九六雙年展」，提出巨型裝置「歷史的超度」。

一九九八　參加第四十屆「巴黎今日大師與新秀大展」（巴黎布朗
　　　　　麗大展館）；作品「生命塔」選入龍展版高中美術課本
　　　　　第二冊。

一九九九　參加「磁性書寫聯展」（台北伊通公園）。

二〇〇〇　參加第四十二屆「巴黎今日大師與新秀大展」（巴黎布
　　　　　朗麗大展館）

二〇〇三　巨型裝置作品「生命塔」入選《台灣當代藝術》國際
　　　　　推廣版。

二〇〇四　巨型裝置作品「生命塔」入選國中全國版教科書《藝
　　　　　術與人文》第六冊

文學創作

一九八一　散文詩《室內》獲第四屆時報文學獎。

一九八二　出版《杜十三藝術探討展》複數型作品集與《媒體 II》。

一九八四　出版詩畫集《人間筆記》。

一九八六　出版有聲多媒體詩集《地球筆記》。

一九八二　詩、散文多次選入國內主要選集，廿歲所作小說《無賴》選入希代版 —— 八八《小說大系》。

一九八八　出版現代詩行動記錄文集《行動筆記》。《地球筆記》無聲版出版。

一九九〇　出版散文選《愛情筆記》、詩選《嘆息筆記》。

一九九二　出版雜文集《鷄鳴、人語、馬嘯》。

一九九三　出版《太陽筆記》第一部《愛撫》（手製限量詩集）。

一九九三　出版《杜十三的詩與藝術》月曆型畫冊詩集。

一九九三　出版《太陽筆記》第二部《火的語言》（千行詩絹印限量詩集）。

一九九四　出版文學版《火的語言》詩集。《四個寓言》小說、劇本集。獲創世紀四十週年詩創作大獎。

一九九八　出版散文詩《新世界的零件》（北京友誼出版公司），《四個寓言》（Four Fables）英文版在美國出版（Todd Communication）。《新世界的零件》五篇選入金安版高中國文課本第二冊。

一九九九　出版詩集《石頭悲傷而成爲玉／世紀末詩篇》（有聲版與手工限量版）。

二〇一〇　出版論評集《杜十三主義》（文史哲出版社）

五、社會經歷

（○）文化大學駐校詩人、藝術家（2009/08～）

（一）天采國際集團創意總監（現任 2004/06～2006/08）

（二）前瞻公關股份有限公司執行長兼創意總監（2002/03～2004/06/負責全公司整合行銷業務開拓與執行）

（三）讀者文摘台北編採處主任（2001/08～2002/03/負責中文版內容編輯本地化）

（四）台灣中華書局總編輯兼華克國際中文版雜誌出版集團編輯總監（1996/08～2001/08，負責中華書局編輯部管理與出版業務；負責 5 種國際中文版雜誌（哈潑、柯夢波丹、雅砌、風尚、蔻麗）編輯、企畫、管理業務）

（五）中華經濟研究院出版室總企畫（1985/05～1996/05，創辦「經濟前瞻」雜誌，與院方研究結果之出版規劃）

（六）禮蘭國際化裝品公司企畫設計部經理（1981/05～1986/05,負責潔身化妝品整合行銷與廣告企畫、設計）

（七）林肯建設公司企畫師（1978/06～1981/05，負責房地產之整合廣告行銷）

（八）省立竹山高級中學教師（1976/09～1978/06）

聯絡處：傳真/ 28286471

　　　　E 郵/ doing13o@yahoo.com.tw

附錄三：杜十三視覺藝術創作 13 件

作品 1：共鳴

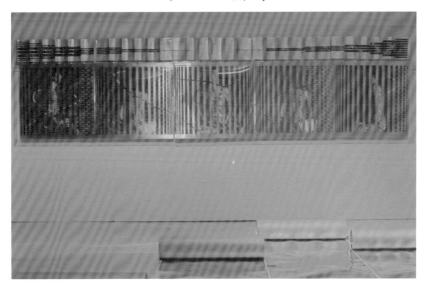

材質：不銹鋼、壓克力顏料、照片、詩文、人身
尺寸：500CM╳102CM
1994 台北美術雙年展國際評審團大獎作品之 1
1994 台北市立美術館展覽大廳
台北市立美術館收藏

作品2：生命

材質：不銹鋼、玻璃版、照片、詩文、鐳射

尺寸：1000CM ╳ 300CM

入選國中《人文與藝術》第六冊教材 /2005 ，《台灣當代藝術》
　　　（中英文版）/2003

1994 台北市立美術館展覽大廳

作品 3：

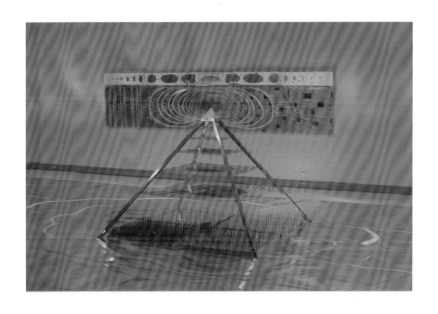

材質：不銹鋼、鐳射、玻璃片、照片、壓克力顏料、詩文
尺寸：500CM╳300CM /1994　台北美術館
1994　台北市立美術館展覽大廳

作品4：在書本裡的

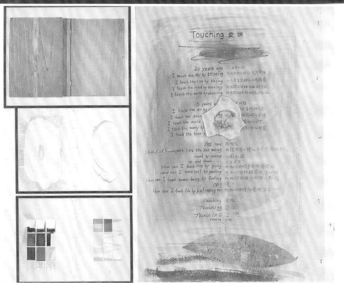

材質：紙、墨、詩文、壓克力顏料、木材、樹葉、不銹鋼
尺寸：60CM✕45CM　1994　台北市立美術館

作品 5：新世紀的吶喊

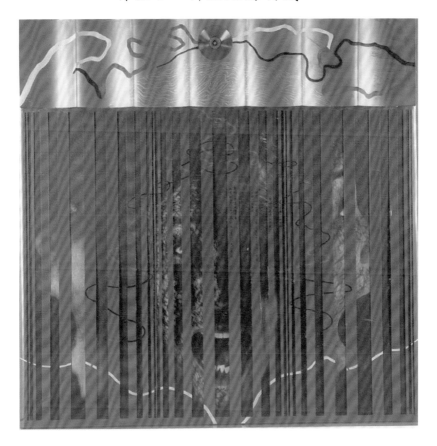

材質：不銹鋼、詩文、CD 片、照片、壓克力顏料
尺寸：150CM ╳150CM/2000　法國巴黎「大師與新秀大展」
佛光大學收藏

作品 6：滿牆的詩／詩與空間

材質：室內磚牆、詩文、墨、石頭

尺寸：300CM ╳ 200CM

1992　台北伊通公園　前衛藝術空間

作品 7：詩與時間

材質：不銹鋼時鐘、詩文
尺寸：35CM ╳ 35CM
1990　台北誠品藝文空間

作品 8：一臉盆的詩╱詩與物質

材質：鋁製臉盆、塑膠片、詩文、指南針、水

尺寸：35CM ╳ 35CM

1992 台北伊通公園 前衛藝術空間

作品 9：行動的行動的行動

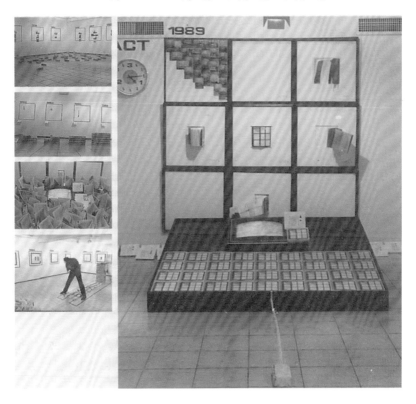

材質：木座、電視機、書本、磚塊、詩文、人

尺寸：30 坪房間

1989　台北三原色畫廊　個展

作品 10：弘一大師五十年祭

材質：多媒體銀幕、詩人、詩歌、舞蹈、光（導演兼舞台設計）

尺寸：無限

1989　台北國家音樂廳

作品 11：《天書》

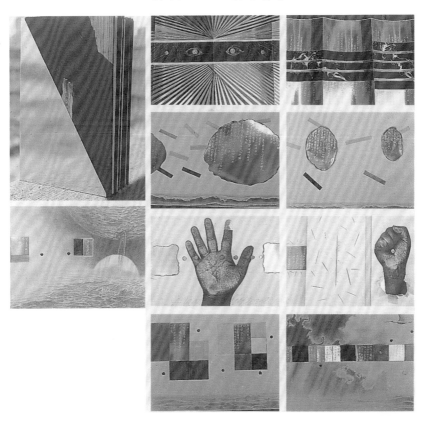

材質：不銹鋼、木、紙、詩文

尺寸：20CM ╳17CM ╳ 12CM

1994　台北誠品藝文空間

作品 12：
清水詩路
（公共藝術）

材質：嵌地燈、詩文、
　　　燈光
尺寸：1200CM
　　　　X9000CM
2004 年「清水休息站」
　　　公共藝術作品
　　　（策展兼創作）

作品 13：不鏽鋼詩集

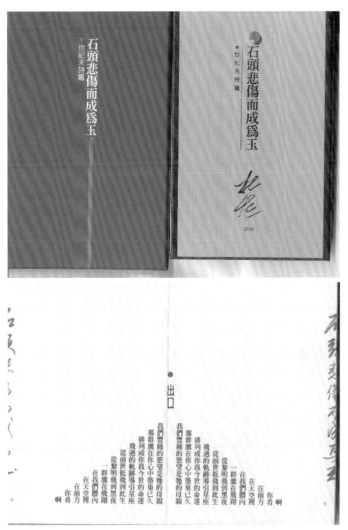

材質：不銹鋼片、紙、詩文、詩文、螢光粉、印刷
　　　油墨、壓凸機、金銀粉、布、台灣珊瑚
2000 年「社會雕塑個展」

附錄四：新現代詩 8 首

化成水的我淹沒妳時地球從床開始傾斜

妳我湧向深邃的兩極撞擊冰原

在望向天空出口瞬間哭了

雙眼因此呈金屬反應

卡在靈魂裡生鏽

刺進妳的肉

像把刀

愛

愛

像把刀

刺進妳的肉

卡在靈魂裡生鏽

雙眼因此呈金屬反應

在望向天空出口瞬間哭了

妳我湧向深邃的兩極撞擊冰原

移秘花實路經心梯
位密開果成頌是是
的的刻成躺即鎖
殼洋立結崖獸宇是
地海子朵懸禽宙是
與與種花祭楚露
光死後中成司清是

口顆十像纏
蛇開一我變
心暗執片想
始意黑快從
中星的遠一
念觸的以很
球縮探平很
到地收深可
時天的高水
堂知的以很
到動跳直很
時苦切一可
難財切一垂
富匕是刺是
首希是夢是
望月焰火是
光類人亮是
看開鵡鸚明
口輪爐灰悔
迴息嘆的告
聲吸呼的悟頭源切一是即心
之情愛觸仰漸逐界真的為黑
星蝕日知感懺的心虔妳為因
口胸妳在掛禱的誠回一每在
架字十成變了刻深次一每在
心顆一像想信滿充縮收平水
始開無虛從以可時動跳直垂
中暗黑片一以可時動跳直垂

赤道上

男人的影子消失了

女人熾燙的身形到腳底下

所有人類朝肉體傾斜的軌道行走

太陽審判後復出的人影匍匐懺悔冷卻

用褪下的鹽分混合熱帶花粉 繁殖慾望

赤　道

用褪下的鹽分混合熱帶花粉 繁殖慾望

太陽審判後復出的人影匍匐懺悔冷卻

所有人類朝肉體傾斜的軌道行走

女人熾燙的身形到腳底下

男人的影子消失了

赤道上

出口

我們豐饒的欲望是牠的母親　　我們豐饒的欲望是牠的母親
那群鷹在你心中築巢已久　　那群鷹在你心中築巢已久
排列成你我今世的命運　　排列成你我今世的命運
飛過的軌跡導引星座　　飛過的軌跡導引星座
從前世低飛到此生　　從前世低飛到此生
從黎明飛到黑夜　　從黎明飛到黑夜
群鷹在飛翔　　一群鷹在飛翔
在我們體內　　在我們體內
在天空裡　　在天空裡
在前方　　在前方
你看　　你看
啊　　啊

月光中我把頭顱取下放在石桌上讀經
讓身體自行走開蹲在床上裏被取暖
一輩子的情慾趁機鼓動體內基因
在胸口複製女人的呻吟與淚水
教唆身體使用雙手猥褻自己
要頭以下的身軀魂銷骨蝕
在晨曦的頭喃喃讀著經文
發現自己已成灰燼
心中有一顆心
舍利有名舍利
法相有法相
無即無
無無
無

魔法詩篇

無
無無
無即無
法相有法相
舍利有名舍利
心中有一顆心
發現自己已成灰燼
在晨曦的頭喃喃讀著經文
要頭以下的身軀魂銷骨蝕
教唆身體使用雙手猥褻自己
在胸口複製女人的呻吟與淚水
一輩子的情慾趁機鼓動體內基因
讓身體自行走開蹲在床上裏被取暖
月光中我把頭顱取下放在石桌上讀經

阮只是在等待風吹

四百年來阮攬坐置這惦惦等待汝來看阮的心
但是為何妳坐過的石頭長滿苔痕遠遠離開岸邊
阮也身軀親像月光　坐過　石頭就變玉　變田
因此妳的表情不再唐宋不再河洛不再中原不再
已經未記了汝看這粒石頭因為等待已經變款了
就像妳的心因為太多血淚坐過就變成頑石了麼
阮也心因為被新希望坐著咧所以變成山變成島
那可是嚮往獨立的山渴求獨立的島那不是希望
阮從來無講獨立雖然石頭早著因為獨立變成玉
妳是寶玉我是金鍊讓我們嵌在一齊照亮新世界

阮是結凍的月光容易破碎親像阮也心肝昔一款
那是歷史的錯不是我的本意我對妳始終一片情
唉兄哥汝甘不知舊灶新火要結做伙要慢慢吹
阮只要妳不忘我們仍是互相牽連的上游和下游
汝看大海彼那青藍看來攏無變其實變過千萬回
都21世紀了不要告訴我妳的心也像大海回來吧
四百年來阮攬坐置這惦惦等汝來看阮的心
但是為何妳坐過的石頭長滿苔痕遠遠離開岸邊
因為我是玉也是竹阮有感情阮只是在等待風吹

罈中的母親
祭亡母

此一瓣香根蟠劫外
枝播塵寰
不經天地以生成
豈屬陰陽而造化
熱向爐中
專伸供養
常任三寶
刹海萬靈
極樂導師
阿彌陀佛
觀音勢至
清靜眾海
悉仗真香
普天供養
南無香雲蓋菩薩摩訶薩

童年您指的那顆星
仍在旋轉
輻射著您的體溫
期待著我的仰望
然而此刻
如此冰冷
如此沈默
我把母親
放入罈中
一齊旋轉
從火轉出
從雨轉出
從血轉出
從淚轉出
我捧著母親
從
灰
燼
轉
出

我伸手摘下一片葉子
整片曠野立刻受傷
一匹狼在遠方嚎嚎呼痛
一輪明月跟著
慢慢的從妳的床沿升起
在目睹所有發生的情節之後
旋轉著下弦鼓動漲潮
整個地球開始悲傷起來了
複製的淚流下從海洋的邊緣洶湧
淹沒妳長久日蝕的心
在那裡我遮檔妳的太陽已有多年
現在是二〇〇三年季夏

我們所處的位置是SARS元年九一一後二年威而剛四年愛滋病十九年

現在是二〇〇三年季夏
我們所處的位置是SARS元年九一一後二年威而剛四年愛滋病十九年
已經有人類模仿神創造我們塗改我們已有嶄新的病毒在我們體內複製基因
我們所處的位置是SARS元年九一一後二年威而剛四年愛滋病十九年

我伸手摘下一片葉子
整片曠野立刻受傷
一匹狼在遠方嚎嚎呼痛
一輪明月跟著
慢慢的從妳的床沿升起
在目睹所有發生的情節之後
旋轉著下弦鼓動漲潮
整個地球開始悲傷起來了
複製的淚流下從海洋的邊緣洶湧
淹沒妳長久日蝕的心
在那裡我遮檔妳的太陽已有多年

附錄五：《有聲詩 CD 詩詞 12 首》

作曲：杜十三

作詞：杜十三

一、煤

孩子

我們生命中的色彩

是註定要從黑色的地層下面挖出來的

家裡飯桌上綠色的菜

白色的米

街頭的二輪的彩色電影

媽媽的紅拖鞋

姐姐的綠色香皂

還有你的黃色書包

都是需要阿爸流汗

從黑色的洞裡挖出來的

今後阿爸不再陪你了

因為阿爸要到更深 更黑的地方

再為你挖出一條

有藍色天空的路來

阿爸，你不要再騙我了

家裡所有的色彩

其實，都是假的

我早就知道

家裡的飯菜是煤做的

媽媽的笑容姐姐的衣裳

還有我的課本和鉛筆

統統都是煤做的
甚至連您啊我想念的阿爸
不也是煤做的嗎？
他們說：煤不再值錢了
可是阿爸
我卻寧願丟掉所有的色彩
陪著媽媽姐姐
守在洞口
拼命的用眼睛去挖去挖
挖出一具
黑色的阿爸

二、傷　痕

手與手分離之後
眼與眼仍然相偎廝磨
在站著的夜色
和躺著的離愁之間
千條雨絲是凝固的聲音
萬盞燈火
是醒來的昨日
我們心中都藏著千山萬水
蜿蜒曲折　難以攀行
不是順著兩行淚水
就能找到方向
也不是藉著一聲再見

就能辨出歸途
我們迷失
是因為山崖水際
日出　月落　沒有痕跡

唇和唇分離之後
臉和臉仍然互相流連
在站著的離愁和躺下的夜色之間
我默默的用香煙點起一陣朝霧
你偷偷的用口紅塗去一片
紫色的傷痕

三、風雨飲到空（閩南語歌詩）

一杯苦酒一陣惘
一場風雨一場夢
看著街路邊人照人
窗內只有酒杯空
風聲雨聲
過去的人聲
一杯一陣　一陣一杯
變成目眶紅

想過去　想將來
真像酒杯　白白蒼蒼
想故鄉　想愛人

真像冷冷玻璃花窗
都市燈火一項照一項

恰來一杯　恰來一杯
今夜不怕瞑夢
臺北風雨飲到空
雨乾
月娘照過巷
搖頭問阮
是啥米郎？

四、四重夢

一重山　一重海
我和妳呀　隔著一重天
盼妳的微笑像那陽光
照我！照我！照我！

一重山　一重天
我和妳呀　隔著一重海
盼妳的眼睛像那小船
渡我！渡我！渡我！

一重海　一重天
我和妳呀　隔著一重山
盼妳的柔情像那燈火

引我！引我！引我！

一重霧　　一重淚

我和妳呀　　隔著一重夢

盼妳的纏綿像那春風

吻我！吻我！吻我！

（重複）

五、一百年前

雖然才第一次見面

一百年前在杭州我們已經認識

雖然才才第一次交談

一百年前在江南我們已常思念

妳不是夢　　妳不是風

妳是我今世重逢的故人

妳是我前世未了的詩篇

不是第一次相逢

一百年前在西湖我們曾經相互等待

不是第一次問候

一百年前在長江我們曾經互訴幽怨

妳不是晚霞

妳不是落月

妳是我今世重逢的戀人

妳是我前世未了的纏綿

啊　　姑娘
一百年前的月光仍在窗外
一百年前的夜色仍在門前
且讓我唱首老歌
和著眼淚
等著妳重新記起那段
未了的誓言

六、橋

他把一句謊話吐在地上
變成一座橋
架在兩岸之間
河水不相信
從橋底下走過

七、隧　道

妳終於醒來
從心底最深的一條隧道走出
在坑口與我會面
長久的黑泥塵封
我發現你已經不能言語
不能表情
只能癡傻的
等待陽光再度承認

你模糊不清的
臉

妳一定很累
在長途跋涉
與尋找光源的努力之後
面對世界
卻已經盲目
而多年以前
我在前世為妳準備的
一封簡易的情書
此刻對妳而言
也因為長滿苔蘚而變得難深難懂

因此
妳必須重新學習
從微笑的基本動作
到做愛的複雜姿勢
用心摸索 ——

我已經決定
用一枚沉默的癡情引爆自己
在生鏽的心底炸開一條
通往時間的隧道
等妳 ——

八、汝有無聽見地球崩落去兮聲音無？

●祭九二一台灣世紀末大地震（閩南語歌詩）

汝有聽著地球崩落去兮聲無？
汝有看著河流斷在阮兮目框內底
一群山在阮兮心臟面頂走動無？
汝看！汝看！汝看彼兮孖仔倒在瓦礫仔堆裡
無頭也無腳
只有雙手攔著一隻恬恬兮凱蒂貓當作面
目睭剝金金直直看著汝
親像在問
汝有看著吾兮父母兄弟姊妹無？
吾天有機會佫看著日頭夾月娘無？

其實阮兮身軀就是大地動兮現場
震動了後
位頭到尾　汝我兮骨頭夾血脈攏已經散位
汝我兮頭殼夾目睭已經離線軸
因此阮所看著兮
才是天地裂　才是山河崩　才會是骨肉散……
現在汝有看著我兮心肝無？
置這　置遐
吾兮心肝天置斷去兮河流面頂浮動
天置崩落來的兮山腳滾動

走街

汝有聽著地球崩落去兮聲無？
汝有看著火金姑為阮鄉親兮靈魂照路
四界去找阮壞去兮身軀無？
汝看！汝看！汝看彼兮人倒在斷嶄面頂
無頭也無面
只有雙手攔著一粒天置噗噗跳的心
親像日頭漲到紅紅紅
親像在講：這就是汝的屍體
這就是阮大家等待魂魄轉來重建兮故鄉！

九、鐵路兮聲音

鐵路兮聲音　　是阮故鄉兮聲
鐵路兮聲音　　是阮少年兮聲
鐵路兮聲音　　是阮心頭恨悔兮聲
鐵路兮聲音
一陣一陣　　一句一句
位遠遠直直來
轟隆轟隆　　啪啪啪啦
置阮兮心肝內底　　直直響
直直陳　　直直喊　　直直直直喊….
嗚嚕嗚嚕　　切決　　切決
位汝兮心肝頭　　直直去　　直直去
直直　　直直去

鐵路兮聲　是汝昨昏兮聲
鐵路兮聲　是汝離開兮聲
鐵路兮聲　是汝流目尿兮聲
鐵路兮聲　一陣一陣　一句一句
位過去直直來
轟隆　轟隆
啪啦啪啦
置阮兮夢中　直直響　直直陳
直直喊　直直　直直喊…．
嗚嚕　嗚嚕　切決　切決
位阮兮心肝直直來　直直來
直直　直直來

哦　鐵路兮聲音　是火燒兮聲
鐵路兮聲音是大水來兮聲
鐵路兮聲音是地球崩去兮聲
咱兮心肝是兩個未當相堵兮車站
只有拽一下手　看著火車來來去去
去去來來

嗚嗚…．嗚嗚…．
鐵路兮聲
是咱分別兮聲
鐵路兮聲

是咱老去兮聲

鐵路兮聲

是咱不再相會兮聲

轟隆　轟隆　啪啦啪啦

位汝兮心肝內底　直直底　直直響　直直陳

直直　直直喊……

嗚嚕嗚嚕　切決切決

位汝兮心肝頭　直直去　直直去

直直　直直去……

鐵路　是土地兮吉他

註釋：「嗚嚕、切決」是火車走動的聲音

十、痛

我必須藉由一次真摯的擁抱

用心吸取妳的體溫

才能使自己成熟

就像一粒種子一樣

因為崇拜土地裡血淚的溫度

才能結成果實

妳是我的泥土啊

多年以前

我把自己虔誠的種在妳的體內
就已經註定和妳不能分開
儘管風雨交加
我盤纏的根部早已深入妳的命運
在妳的每一個細胞內掙扎　生長

如此
經由妳的分裂
我興奮長出的每一片葉子都清晰的寫著妳的名字
我顫抖吐出的每一根枝枒
都掛著妳尖銳呼喊
綿綿不絕的
痛

十一、在廿一世紀的第一道曙光中

在 21 世紀的第一道曙光中
樹的濃蔭長出了果子獻給受過傷的土地
山的倒影飛出了彩霞還給破碎過的天空
人類從影子裡捧出自己的心
在光芒中尋找新的夢境的希望

在 21 世紀的第一道曙光中
河流的波光閃出一座橋獻給塌陷過的岸
蜜蜂的翅膀彈出花朵的靈魂
還給不孕的花園

人類從心窩裡捧出自己的影子
在光芒中梳洗新世紀的手與足

在 21 世紀的第一道光芒中啊
所有的淚被蒸發成雲
所有的血被曬乾成花瓣
人類從肺腑中挖出仇恨的灰燼
在晨曦中讓它懺悔成光

在 21 世紀的第一道曙光中
大地以愛的基因重新排列風景
大海以真理的星座巧妙的整理航道
人類已從宿命的原罪中找到救贖的密碼
正在燦爛的光芒中
以光合作用的姿勢調整新世紀的心跳

在 21 世紀的第一道曙光中⋯⋯

十二、看阮兮目睭

這兮時辰　置寂寞兮天地中
阮恬恬直直看汝
親像月娘看著大海　阮
看著汝兮人影置遐漂泊
看著汝兮心事置遐浮動
看著汝兮生命親像海湧

搧著痛苦兮海岸
變成皺紋　一波擱一波
位昨昏捲到今（啊）日兮額頭
恬恬夯起　看著阮兮目睭

這兮時辰　置淒迷兮世界中
阮認真　直直看汝
親像星星看著花蕊
阮看著汝兮面容置遐期待
看著汝孤影置遐彳亍

看著汝兮青春猶未發芽
搧著寒冷兮冬雪
變成目屎
一粒擱一粒
位前世滴到今生兮目眶
恬恬夯起
看著阮兮目睭

看阮兮目睭
阮兮目睭內底有汝生命的火
看阮兮目睭
阮兮目睭內底有汝一生兮夢
看阮兮目睭
阮兮目睭內底有汝溫柔兮海岸

看阮兮目睭
阮兮目睭內底有汝清楚兮天地
看阮兮目睭　看阮兮目睭
……

《杜十三主義》與「2010 年全球 生命文學創作獎章」（生命之筆）

大文豪托爾斯泰曾說：「藝術除了動人，其他甚麼都不是」，文學也是如此。

杜十三在他 2010 年的新著《杜十三主義》中，提出了「悲憫，創意與智慧的融合」這個思想主軸，把「悲憫」放在「創意與智慧的融合」之前，並以他豐盛的詩作與其他創作，大幅而多元的展現他動人與感人落淚的力量與深度，如紀念礦災的〈煤〉、紀念 921 大地震的閩南語詩〈汝有聽著地球崩落去兮聲無〉、紀念去年「八八水災」的〈親愛的那瑪夏〉……等等，不勝枚舉。能夠這樣直指人心，撼動靈魂的文學創作，在台灣文壇中，我們覺得是很珍貴的。

人如其文，杜十三也是一個「悲憫」的力行者，比如，他常買便當或送錢給公園裡的流浪漢（他家就住在公園旁邊），曾經透過「陪你閱讀」的方式，拉拔幾個徘徊在自殺邊緣的憂鬱症患者（朋友介紹或主動打電話找他的），與太太領養孤兒，迄今 25 年未斷（他本身就是養子）……。

　　「周大觀文教基金會」肯定杜十三的文學成就與熱愛生命、發揮人性光輝的人格，因此經過縝密的討論，決定把「2010年全球生命文學創作獎章」頒贈給他。

　　　　　　　　　　　周大觀文教基金會創辦人
　　　　　　　　　　　周進華
　　　　　　　　　　　2010.6.4

全球生命文學獎章徵選辦法
周大觀文教基金會

一、宗旨：為提倡「熱愛生命」之精神，並鼓勵大家在生命的無
　　　　　限領域自我實現。

二、對象：全球各界人士。

三、主題：題目自訂，以華文創作，不論本人或他人真善美的生
　　　　　命故事等體裁，徵選作品必須原創及未於任何媒體發
　　　　　表。

四、獎項：

　　（一）全球生命文學創作獎（字數最少六萬字）。評選最佳
　　　　　　乙名，獎金新臺幣壹拾伍萬元、藝術銅雕乙座。

　　（二）全球生命繪本創作獎（符合圖畫書之形式要件，請將
　　　　　　原稿及樣書一同寄至本會）。評選最佳乙名，獎金新
　　　　　　臺幣壹拾伍萬元、藝術銅雕乙座。

　　（三）全球生命紀錄片創作獎（30分鐘以內，不限定創作媒
　　　　　　材及製作軟體，參賽作品需交DVD〈PAL或NTSC規
　　　　　　格〉5份，請附上1000字內劇情簡介及完整腳本，作
　　　　　　品中若載有任何歌曲或背景音樂，請註明出處）評選
　　　　　　最佳乙名，每名獎金新臺幣壹拾伍萬元、藝術銅雕乙
　　　　　　座。

五、收件時間：每年四月一日起至六月卅日止郵戳爲憑，逾期恕
不受理。

六、收件方式：參加「全球生命文學創作獎」、「全球生命繪本創
作獎」、「全球生命紀錄片創作獎」者，請附兩千字自
傳乙篇、生活照兩張、獲獎著作權捐贈本會同意書乙
份以及詳細聯絡電話、地址、E-mail，自行寄送本會。

七、評審：分初審、復審、決審三階段，由本會敦聘知名文學家、
製片家、學者擔任評審。

八、公佈：次年一月底公佈得獎名單。

九、頒獎：得獎人將在次年十月廿九日周大觀生日出席得獎新
書、新片出版發表會並受獎。

十、推廣：得獎作品歸本會所有與推廣，結集成冊及壓片，得提
供相關公益團體義賣，去照顧更多需要照顧的人。

十一、主辦：財團法人周大觀文教基金會

電話：02-29178770

傳真：02-29178768

地址：臺北縣新店市明德路 52 號 3 樓

網址：http://www.ta.org.tw

E-mail：ta88@ms17.hinet.net

十二、附註：參加徵選作品得獎與否恕不退件。

國家圖書館出版品預行編目資料

杜十三主義 / 杜十三著. -- 初版 -- 臺北市：
文史哲, 民 99.05
頁； 公分（文史哲學集成；583）
含參考書目
ISBN 978-957-549-898-6 (平裝)

1.言論集

078   99007915

文史哲學集成　583

杜 十 三 主 義

著　　　者：杜　　十　　三
著作權所有人：黃　　人　　和
周 大 觀 文 教 基 金 會
e-mail：ta88@ms17.hinet.net
臺北縣新店市明德路 52 號 3 樓
電話886-2-2917-8775‧傳真886-2-2917-8768
郵撥帳號19117127‧http://www.ta.org.tw
出 版 者：文　史　哲　出　版　社
http://www.lapen.com.tw
e-mail：lapen@ms74.hinet.net
登記證字號：行政院新聞局版臺業字五三三七號
發 行 人：彭　　正　　雄
發 行 所：文　史　哲　出　版　社
印 刷 者：文　史　哲　出　版　社
臺北市羅斯福路一段七十二巷四號
郵政劃撥帳號：一六一八○一七五
電話886-2-2351-1028‧傳真886-2-2396-5656

實價新臺幣四五○元

中華民國九十九年（2010）六月初版